Katastrophen

GERRIT JASPER SCHENK (HG.)

KATASTROPHEN

Vom Untergang Pompejis
bis zum Klimawandel

JAN THORBECKE VERLAG

Mix
Produktgruppe aus vorbildlich
bewirtschafteten Wäldern, kontrollierten
Herkünften oder Recyclingholz oder -fasern
www.fsc.org   Zert.-Nr. SGS-COC-003993
© 1996 Forest Stewardship Council

Für die Schwabenverlag AG ist Nachhaltigkeit ein wichtiger Maßstab ihres Handelns.
Wir achten daher auf den Einsatz umweltschonender Ressourcen und Materialien.
Dieses Buch wurde auf FSC-zertifiziertem Papier gedruckt. FSC (Forest Stewardship Council)
ist eine nicht staatliche, gemeinnützige Organisation, die sich für eine ökologische und
sozial verantwortliche Nutzung der Wälder unserer Erde einsetzt.

Bibliografische Information der Deutschen Nationalbibliothek
Die Deutsche Nationalbibliothek verzeichnet diese Publikation in der Deutschen
Nationalbibliografie; detaillierte bibliografische Daten sind im Internet
über http://dnb.d-nb.de abrufbar.

© 2009 by Jan Thorbecke Verlag der Schwabenverlag AG, Ostfildern
www.thorbecke.de · info@thorbecke.de

Alle Rechte vorbehalten. Ohne schriftliche Genehmigung des Verlages ist es
nicht gestattet, das Werk unter Verwendung mechanischer, elektronischer und
anderer Systeme in irgendeiner Weise zu verarbeiten und zu verbreiten.
Insbesondere vorbehalten sind die Rechte der Vervielfältigung – auch von Teilen
des Werkes – auf photomechanischem oder ähnlichem Wege, der
tontechnischen Wiedergabe, des Vortrags, der Funk- und Fernsehsendung,
der Speicherung in Datenverarbeitungsanlagen, der Übersetzung und
der literarischen oder anderweitigen Bearbeitung.

Layout: Wolfgang Sailer, Jan Thorbecke Verlag
Gesamtherstellung: Jan Thorbecke Verlag, Ostfildern
Hergestellt in Deutschland
ISBN 978-3-7995-0844-5

Inhalt

Katastrophen in Geschichte und Gegenwart
Eine Einführung 9

Eine fast verschlafene Katastrophe oder der Untergang eines ›Sodom und Gomorrha‹?
Der Ausbruch des Vesuv im Jahre 79 20

Gotteszorn und Zeitenwende
Die Brand- und Erdbebenkatastrophen in Antiocheia in den Jahren 525 bis 528 37

Meeresmacht und Menschenwerk
Die Marcellusflut an der Nordseeküste im Januar 1219 52

Ein Unstern bedroht Europa
Das Erdbeben von Neapel im Dezember 1456 67

»Drei lebenslange Freunde/ in einer Nacht dem Sand anheim gegeben«
Das Erdbeben von 1556 in Shaanxi (China) 81

»In diesser erschrecklichen unerhörten Wasserfluth, kan man keine natürlichen Ursachen suchen«
Die Burchardi-Flut des Jahres 1634 an der Nordseeküste 93

Ein Blick aus herrschaftlicher Ferne auf »das schreckliche Urteil Gottes«

Das jamaikanische Erdbeben vom Juni 1692   109

»Das Thal in Schutt und Grauen«

Der Bergsturz von Goldau (Schweiz),
2. September 1806   119

»Sie haben festgestellt, dass es keinen Sommer gegeben hat«

Der Ausbruch des Tambora (Indonesien) am 10. April 1815
und seine Auswirkungen   132

Das grosse Wandern

Dürre und Hunger in der Sahelzone 1913/14   147

»Es fühlte sich so an, als ob sich der Boden unter den Füssen in kniehohen Wogen hebe und senke«

Das Große Kanto-Erdbeben (Kanto daishinsai) in Japan 1923   158

Gefährlicher Wasserstand im »Wirtschaftswunderland«

Die Hamburger Sturmflut vom Februar 1962   171

Das Erdbeben, Vater Staat und der liebe Gott

Das Marmara-Erdbeben 1999   182

VORZEICHEN FÜR DAS NEUE JAHRHUNDERT?

Der Tsunami im Indischen Ozean 2004 und der Hurrikan Katrina im Golf von Mexiko 2005   191

DIE KLIMAKATASTROPHE

Szenen und Szenarien   205

ANHANG

Anmerkungen und Literaturhinweise   224

Karte der Katastrophen   258

Glossar   260

Register   263

Bildnachweis   270

Autoren   271

Katastrophen in Geschichte und Gegenwart

Eine Einführung

Gerrit Jasper Schenk

Wir leben auf einem unruhigen Planeten.[1] Die Erde ist eine einzigartige Kugel im Weltall, in eine häufig stürmische Atmosphäre gehüllt, mit bewegten Ozeanen auf einer dünnen Kruste, unter der flüssiges Gestein kocht, bevölkert von einer Vielzahl an Lebewesen. Natürliche Extremereignisse wie Erdbeben, Vulkanausbrüche und Sturmfluten gehören zu dem, was sich auf diesem Planeten ereignen kann und zu seiner Einzigartigkeit beiträgt. Doch die Erde ist nicht nur geophysikalisch oder bioökologisch unruhig, sie ist es auch mit Blick auf den Menschen als kulturellem Gemeinschaftswesen. Wie sich der Mensch in seiner Welt verhält, wie er mit Naturgefahren umgeht, sie meistert und von ihnen bemeistert wird, gehört zu den Bedingungen seiner Geschichte und Zukunft auf diesem Planeten.

Ereignet sich eine Katastrophe, wird auf erhellende Weise ein Licht auf dieses kulturelle Naturverhältnis geworfen.[2] Die Geschichte vom Umgang des Menschen mit Katastrophen vermag aber mehr, als nur die menschliche Sensationslust zu bedienen. Die Geschichte großer Katastrophen der Menschheit klärt über die jeweils ganz eigentümliche Wahrnehmung und Deutung von lebensbedrohlichen Ereignissen auf. Diese prägen in entscheidender Weise auch die Reaktionen und den langfristigen, meist gemeinschaftlich organisierten Umgang mit der Welt und ihren Gefahren. Eine Geschichte der Katastrophen liefert neben faszinierenden Einblicken in die Entwicklung kultureller Naturverhältnisse also auch wichtige Erkenntnisse über den Verlauf der

Geschichte aus einer ungewöhnlichen, aber aufschlussreichen Perspektive.

Doch was sind überhaupt ›Katastrophen‹? Diese scheinbar einfache Frage ist nicht nur schwer, sondern vielleicht überhaupt nicht eindeutig zu beantworten.[3] Das liegt zum einen daran, dass Worte und Begriffe tief in die unterschiedlichen Bedeutungsnetze ihrer jeweiligen Herkunftssprache und -kultur verstrickt und dem Wandel der Zeit ausgesetzt sind. Was in bestimmten Kulturen oder Epochen als ›Katastrophe‹ bezeichnet wird, kann sehr unterschiedlich aussehen. Wer die Wahrnehmung und Deutung ›katastrophaler‹ Ereignisse durch die Zeitgenossen in verschiedenen Kulturen untersucht, wird sich dieser Unterschiede bewusst. Im deutschen Alltagsverständnis wird heute unter einer Katastrophe ein großes Unglück verstanden, das jäh hereinbricht und gravierende Folgen hat, wie die Beschädigung von Leib und Leben und Zerstörungen in großem Ausmaß (aber auch persönliches Pech wie ein verlorener Schlüssel).[4] So werden mit diesem Begriff Ereignisse, die im Zusammenhang mit geophysikalischen oder biologischen Naturgefahren stehen, aber auch soziopolitische Gefährdungen wie Atomkraftwerksunfälle, Kriege und Terrorakte erfasst. Im englischen Sprachraum wird für die geschilderten Ereignisse meistens das Wort ›disaster‹ (von griechisch-lateinisch ›disastrum‹ für ›Unstern‹) verwendet.

Beide Begriffe machen auf die eurasische Geschichte des Katastrophenbegriffs aufmerksam, auf Astrologie und Dramentheorie. Die Vorstellung, dass bestimmte Gestirnkonstellationen für schicksalhafte Wendungen in der menschlichen Lebenswelt verantwortlich sind, ist uralt, in vielen Kulturen verbreitet und bis heute populär. Sterne konnten als gottgesandte Vorzeichen interpretiert werden, so wie der Stern von Bethlehem als Hinweis auf die Geburt eines Gottessohnes (Mt 2), aber auch als natürlicher Grund für ein todbringendes Erdbeben, wie der in diesem Buch beschriebene ›Unstern‹ im Jahre 1456 für ein Erdbeben bei Neapel. In der antiken Dramentheorie wird der Moment, in dem die Handlung umschlägt, als ›katastrophé‹ (griechisch für ›Umkehr‹) bezeichnet. Diese ›Wendung‹ war aber nicht notwendig immer eine Wendung ins Negative, sondern konnte auch als positiv verstanden werden.[5] An der Wende zum 17. Jahrhundert wurde schließlich in einem öffentlich ausgetragenen Streit zwischen dem astrologisch interessierten Arzt Helisäus Röslin (1545–1616) und dem Astronomen Johannes Kepler (1571–1630) das Auftreten eines Kometen als Vorzeichen für politische »Catastrophen« auf Erden diskutiert.[6] Diese kreative Verbindung zwischen Astrologie und humanistischer Dramentheorie sollte Schule machen. Die Wort- und Begriffsgeschichte erhellt also die bezeichnende Verschränkung von Natur- und Kulturgeschichte und die gewisse Ambivalenz des Phänomens ›Katastrophe‹ für den Menschen.

Tatsächlich resultieren aus der intensiven Bemühung der jüngeren Forschung quer durch alle Disziplinen, Katastrophen als ein besonderes Phänomen zu definieren, mehrere wichtige Erkenntnisse, die es nahelegen, die spätestens im 19. Jahrhundert gezogene Grenze zwischen ›Naturkatastrophen‹ und anderen, kulturellen Ursachen zugeschriebenen Katastrophen aufzugeben. Auch natürliche Extremereignisse sind nämlich keine Katastrophen, sondern werden erst dann dazu, wenn sie in der Lebenswelt der Menschen verderblich wirken. Katastrophen sind demnach zutiefst gesellschaftlich bedingte Ereignisse, die zwar einen naturalen Kern haben können, sich aber keinesfalls darauf reduzieren lassen – deswegen hat die jüngste Forschung den Begriff der »Sozialkatastrophe« auch für solche Katastrophen vorgeschlagen, die mit Naturrisiken in Zusammenhang stehen.[7] Ihre verderbliche Wirkung verdanken sie bestimmten kulturellen Konstellationen, die eine Gesellschaft besonders verwundbar für Gefahren machen. Das kann z. B. die bevorzugte Siedlung in potenziell gefährlichen Zonen in der Nähe eines Vulkans, am Lauf großer Flüsse oder an sturmflutgefährdeten Küsten sein. Natürliche Extremereignisse können auch erst durch menschliche Aktivitäten richtig gefährlich werden, wenn z. B. ein Sturm durch die Zerstörung einer industriellen Infrastruktur besondere Umweltverschmutzungen verursacht oder ein Krankheitserreger in den Slums einer Metropole ideale Bedingungen für eine epidemische Ausbreitung findet. Die jeweils eigentümliche Mischung, sogar untrennbare Verflechtung von ›natürlichen‹ und ›kulturellen‹ Faktoren bei der Entstehung jeder einzelnen Katastrophe legt es nahe, die idealtypische Unterscheidung zwischen ›Natur‹ und ›Kultur‹ in dieser Hinsicht aufzugeben: Katastrophen ereignen sich nicht am Schnittpunkt von Natur und Kultur, sie sind von vornherein hybride (›gemischte‹) Ereignisse.⁸ Der Grad der Verflechtung und die Art der Mischung variieren freilich und bieten die Möglichkeit, nach historischen und regionalen Besonderheiten zu suchen. Außerdem ist die Verwundbarkeit (nach englisch ›vulnerability‹) menschlicher Kulturen für Gefahren über den gesamten Globus und innerhalb einzelner menschlicher Gemeinschaften ungleich verteilt. Bestimmte soziale Praktiken können einer Gruppe oder Gesellschaft zu einer größeren Widerstandfähigkeit (›Resilienz‹) verhelfen, die z. B. eine technische Beherrschung oder solidarische Bewältigung von Gefahren und Katastrophen ermöglicht.⁹ Entscheidend dafür ist die wechselseitige Anpassung, etwa die Formung der Landschaft durch den Menschen und umgekehrt die Anpassung des Menschen an die Gegebenheiten einer bestimmten Landschaft. Katastrophen haben daher entgegen der landläufigen Auffassung immer eine lange Vorgeschichte. Ihre entscheidende, sogar grundlegende Voraussetzung ist ihre geschichtliche Dimension – die spezifische Verwundbarkeit einer Gesellschaft ist immer und bis heute das Resultat komplexer historischer Prozesse.

Für eine Einordnung als (Natur-)Katastrophe kommt es außerdem in hohem Maße auf den kulturell vorgegebenen Deutungsrahmen für die erlittenen Ereignisse an. Er kann z. B. religiöse, natürliche, technische oder gesellschaftliche Gründe für das verderbliche Ereignis nahelegen. Auch die Reaktionen auf Katastrophen hängen in entscheidendem Maße von der Interpretation der Ereignisse ab: Wer in einer Überschwemmung ausschließlich nach dem Vorbild der Deutung mythischer Katastrophen (Sintflut, Atlantis) eine Gottesstrafe für moralisches Fehlverhalten sieht, wird sehr wahrscheinlich anders als jemand reagieren, der dafür lediglich Vorgänge in der Erdatmosphäre verantwortlich macht. Allerdings vereinfacht dieses plakative Beispiel einer straftheologischen Deutung die komplexe Vielfalt konkurrierender Deutungs- und Reaktionsmuster. Auch diese sind nämlich ein Resultat langer kultureller Prozesse mit inneren Widersprüchen, überraschenden Wendungen und eigenartigen Konstanten. So liegt etwa die Annahme nahe, dass die gegenwärtige Diskussion über ›Klimasünden‹ irgendwie mit säkularisierten straftheologischen Deutungsmustern über die moralische Ursache von Katastrophen in Verbindung steht. Aber nicht nur Texte und Verhaltensweisen geben

Auskunft über die Deutungsmuster der Vergangenheit, sondern auch die Welt der Bilder. Sie ermöglichen einen ganz eigenen Zugang zu den Ängsten, Vorstellungswelten und Interpretationen der Zeitgenossen. Während z. B. auf dem Cover dieses Buches ein kolorierter Kupferstich Pietro Fabris einen Ausbruch des Vesuv am 9. August 1779 als erhabenes und für die zeitgenössische Forschung festzuhaltendes Naturschauspiel ins Bild setzt, imaginiert ein Titelblatt der Zeitschrift ›Der Spiegel‹ aus dem Jahre 1986 geradezu apokalyptisch die möglichen Folgen der Klimakatastrophe am Beispiel des Kölner Doms, der in den Fluten der Nordsee versinkt (siehe S. 219).[10] Eine Analyse der Deutungsmuster erlaubt es aber nicht nur, den Vorstellungswelten der Zeitgenossen näherzukommen, sondern auf diese Weise auch ein besseres Verständnis für ihre Reaktionen zu entwickeln.

Damit sind auch schon wesentliche Gründe dafür genannt, warum sich in jüngster Zeit nach und neben den Natur- und Sozialwissenschaftlern auch die Historiker verstärkt für die Untersuchung von (Natur-)Katastrophen der Vergangenheit zu interessieren beginnen.[11] Große soziale Erschütterungen wie Revolutionen, Kriege und Wirtschaftskrisen waren schon immer ein Thema historischer Forschung, und manchmal kamen dabei auch ihre möglichen ›naturalen‹ Voraussetzungen wie z. B. Klimaschwankungen, Missernten und Hungersnöte zur Sprache. Naturkatastrophen wurden aber lange Zeit nur als zufällige Ereignisse ohne großen Erkenntniswert für die Geschichtsschreibung angesehen, obwohl Arno Borst schon 1981 feststellte, dass sie in ihrer Wiederkehr, die gegenwärtig nur verdrängt werde, dauernd zum Haushalt gesellschaftlicher Erfahrung und damit zur Geschichte gehörten, auch wenn dies »dem modernen europäischen Selbstgefühl zutiefst« widerstrebe.[12]

Das hat sich mittlerweile geändert, vielleicht auch deswegen, weil gegenwärtig die Frequenz und Größe von Katastrophen und Krisen zuzunehmen scheinen. Außerdem sind nicht nur die »Katastrophenkulturen« von Entwicklungsländern wie den Philippinen, sondern zusehends auch die vermeintlich sichereren »Risikogesellschaften« des Westens von Gefahren und Katastrophen betroffen.[13] Vollends offensichtlich wird die Relevanz der Thematik, wenn man die Diskussion um den Klimawandel, der auch eine Zunahme extremer Wetterlagen mit sich bringen könnte, als ein Motiv für die Erforschung von historischen Katastrophen versteht – und zugleich als ein Element ihres gegenwärtigen kulturellen Deutungsrahmens. Ebenso wenig ist es ein Zufall, dass der »Kollaps« historischer Gesellschaften zur Zeit unter umwelthistorischen Vorzeichen diskutiert wird.[14]

Doch kann man denn überhaupt aus der Geschichte der Katastrophen für das Hier und Heute lernen? Das Denkmodell von der Geschichte als Lehrmeisterin ist spätestens in der Zeit beschleunigten Wandels im 19. Jahrhundert als problematisch erkannt worden.[15] Diese Skepsis verdankte sich der Einsicht, dass sich die Geschichte in ihrer Komplexität nicht wiederholt, keinen kontinuierlichen Erfahrungs- und Handlungsraum bietet und auch die Annahme eines im Kern gleichbleibenden menschlichen Charakters und Verhaltens falsch ist. Geschichte wurde somit zwar als unwiederholbar, im Gegenzug aber auch als plan- und machbar empfunden. Die Geschichtswissenschaft wurde zu einer Reflexionswissenschaft und lieferte statt Entscheidungs- und Herrschaftswissen ›nur‹ noch Orientierungswissen. In diesem Sinne wird bis heute ein ›Lernen aus der Geschichte‹ beschworen. Gerade in Deutschland stellt es mit Blick auf die Erfahrung zweier totalitärer Diktaturen und die Schoah im 20. Jahrhundert ein fest im politischen und gesellschaftlichen Diskurs etabliertes Argument, fast schon eine Art Staatsräson dar.[16]

Wie ein ›Lernen aus der Geschichte‹ im Zusammenhang mit Naturgefahren und katastrophalen Ereignissen theoretisch und praktisch aussehen soll, ist bisher hingegen noch kaum thematisiert worden.[17] Martin Voss formulierte in diesem Zusammenhang unlängst, dass ein Lernen aus der Vergangenheit »nur begrenzt möglich« und auch »nur begrenzt vorteilhaft« sei.[18] Da jedoch gerade von Klimaforschern damit argumentiert wird, dass der gegenwärtige Temperaturanstieg ohne ein historisches Vorbild sei und durch den menschlichen Einfluss auf das Weltklima verursacht werde, stellt sich die Frage nach den Bedingungen und Möglichkeiten eines ›Lernens aus der Geschichte‹ wieder neu. Immerhin betreffen die kostspieligen politischen Entscheidungen, die als Reaktionen auf die Prognosen der Klimaforschung getroffen werden, alle Menschen auf unserem Planeten.

Einige junge Disziplinen und interdisziplinär arbeitende Forschergruppen haben den Anspruch, recht präzise Auskünfte über historische Katastrophen geben zu können: Über das Klima und sogar das Wetter der Vergangenheit (Paläoklimatologie, historische Klimatologie und Meteorologie), über vergangene Niederschlagsverhältnisse (historische Hydrologie) und über Ort und Intensität vergangener Erdbeben (historische Seismologie).[19] Sind ihre Ergebnisse einigermaßen verlässlich und stellt man z. B. den Wandel von Landschaften (Bodenrelief) und Bewuchs in Rechnung, könnten sie in der Tat eine Art von Handlungs- und Entscheidungswissen liefern. Dies gilt etwa für die Ausweisung von Hochwasserzonen mit Bauverbot an Flüssen, für die Entscheidung gegen den Bau von gefährlichen Industrieanlagen oder Kernkraftwerken in einer historisch bekannten Erdbebenzone oder für die schon erwähnte Argumentation mit dem menschlichen Einfluss auf das Weltklima. Allerdings kann man sich fragen, ob dazu der Weg über die im Einzelnen sehr schwer zu rekonstruierenden Verhältnisse der Vergangenheit nötig ist und nicht schon eine Risikoabschätzung im Horizont gegenwärtigen Wissens ausreicht. Ähnliches gilt für ganz pragmatische Kenntnisse, die aus der Analyse des gesellschaftlichen Umgangs mit Gefahren in der Vergangenheit resultieren können, wie z. B. wiederentdeckte angepasste Bautechniken, Erosionsschutz durch traditionelle Bepflanzungsarten, das Erlernen eines angemessenen Risikoverhaltens und die Vermittlung von Kenntnissen über spezifische Ökosysteme.

Es gilt also auszuprobieren, ob und wie bei diesen Fragen aus der Geschichte – über ein zweifellos wertvolles Orientierungswissen hinaus – gelernt werden kann. Offensichtlich warten auf diesem Gebiet viele Aufgaben auf die Historiker, denn es stellt eine anspruchsvolle Aufgabe dar, aus den verstreuten, oft widersprüchlichen und von den Deutungsmustern der Vergangenheit geprägten Quellentexten halbwegs präzise Angaben über z. B. die Kälte oder Nässe eines Sommers, die Stärke eines Erdbebens oder sogar die Formung von Kulturlandschaften zu gewinnen. Eine wesentliche Voraussetzung für das Gelingen dieser Anstrengungen ist neben der interdisziplinären Zusammenarbeit eine intensive Untersuchung der zeit- und kulturtypischen Wahrnehmung, der eng damit verknüpften Deutung und Darstellung von Katastrophen und des weiten Feldes der kulturellen Reaktionen auf sie. Damit wird zugleich auch die ungeheure Dynamik menschlicher Kulturen im Umgang mit Gefahren, ihre Fähigkeiten zur kulturellen Adaptation und zur Bewältigung von Katastrophen erkennbar. Dies ist das Thema dieses Buches.

Statt einen enzyklopädischen Überblick über alle Katastrophen aller Zeiten in allen Kulturen zu geben, werden in den einzelnen Beiträgen dieses Buches nur ausgesuchte Beispiele vorgestellt. Vorgeschichtliche Katastrophen, über die nur geologische oder archäologische Zeugnisse Erkenntnisse liefern, vielleicht auch der schwache Nachhall in mythischen Erzählungen von Katastrophen (Sintflut, Atlantis), eignen sich nur begrenzt für eine detaillierte Rekonstruktion. Je mehr schriftliche Berichte von Zeitgenossen vorliegen, desto plastischer lässt sich von einer vergangenen Katastrophe berichten. Besonders Augenzeugenberichte vermögen es, den Leser durch ihre vermeintliche Unmittelbarkeit auch noch Jahrhunderte später in den Bann zu ziehen. Erst ein zweiter oder dritter Blick offenbart, dass auch packende Augenzeugenberichte durch traditionelle Deutungs- und Darstellungskonventionen geprägt sind. Ihren Reiz verlieren sie durch diese Erkenntnis nicht, vielmehr gewinnen sie in den Augen des informierten Lesers neue Dimensionen und offenbaren viel über die je zeit- und kulturtypischen Auffassungen und Vorstellungen. Die ausführliche Berücksichtigung auch vormoderner Katastrophen ermöglicht es, diese Eigenarten und ihre Entwicklung über fast zwei Jahrtausende hinweg zu verfolgen.

Das komplexe Wirkungsgefüge von Katastrophen auf Gesellschaften zwischen natürlicher Bedingtheit, sozialen Folgen und ihrer kulturellen Deutung lässt es geraten sein, sich auf bestimmte Typen von Katastrophen zu beschränken. Diese einheitliche Ausrichtung erlaubt einerseits die Lektüre jedes einzelnen Beitrags für sich, unabhängig von Epoche und Region. Andererseits kann eine fortlaufende Lektüre aller Beispiele vom Untergang Pompejis im Jahre 79 n. Chr. bis zu den gegenwärtigen Szenarien einer Klimakatastrophe einen gewissen Eindruck von der geschichtlichen Dynamik des Umgangs mit Katastrophen vermitteln. Ausgesucht wurden Katastrophen mit naturalem Kern, die bestimmte Katastrophentypen abdecken: Erdbeben, Stürme, Sturmfluten und Überschwemmungen, Vulkanausbrüche, Tsunamis, aber auch eine

Dürre und ein Bergrutsch. Da eine Katastrophe selten allein kommt, sondern häufig mit weiteren verderblichen Ereignissen in kausalem Zusammenhang steht, kommen auch mittel- und langfristige, manchmal weltweit spürbare Folgen zur Sprache: Missernten, Hungersnöte und Flussüberschwemmungen nach einem Vulkanausbruch (Tambora 1815), Hungersnot und Migration nach einer Dürre (Sahelzone 1913/14), ein Stadtbrand nach einem Erdbeben (Kanto-Erdbeben 1923). Die Liste ausgesuchter Katastrophen ließe sich mühelos erweitern und ergänzen, etwa um weitere wichtige Katastrophentypen wie Flussüberschwemmungen oder um schon oft untersuchte und daher besonders prominente Katastrophen wie das Erdbeben von Lissabon im Jahre 1755.[20]

Große Katastrophen kennen keine Grenzen. Die Auswahl berücksichtigt aus naheliegenden Gründen europäische Katastrophen und den deutschsprachigen Raum in besonderer Weise. Eine Beschränkung auf Europa würde uns jedoch von vornherein der Chance berauben, genauere Kenntnisse über kulturelle Eigenheiten, aber auch Gemeinsamkeiten im Umgang mit Katastrophen zu erlangen. Ebenso machen es der zunehmend globale Charakter großer Katastrophen und die immer enger werdende Verflechtung der Schicksale aller Menschen geradezu zwingend nötig, den Blick auch über die Grenzen Europas hinaus zu lenken, nach Asien, Afrika und Amerika. Auch hier ließe sich die Liste noch mühelos und mit Gewinn um z. B. Katastrophen auf dem südamerikanischen Kontinent oder in Indien erweitern.[21] Doch auch so gibt die Schilderung der Unterschiedlichkeit von Katastrophen – vom Bergrutsch von Goldau (Schweiz) im Jahre 1806 mit weniger als 500 Toten bis zum verheerenden Erdbeben von Shaanxi (China) im Jahre 1556 mit wahrscheinlich 830.000 Toten – zu denken: Was für die Eidgenossen eine große Katastrophe war, wäre für die Chinesen vielleicht gar keine gewesen oder hätte zumindest nicht ausgereicht, um wie in der Schweiz eine nationale Gedenktradition zu begründen. Was als eine Katastrophe angesehen wird, wie man ihre Größe und ihre Bedeutung einschätzt, hängt offenbar von vielen Faktoren ab, unter denen die natürlichen Gegebenheiten vielleicht sogar die kleinsten sind.

Im Mittelpunkt des Interesses stehen also die schon erläuterten kulturwissenschaftlichen Fragen nach der Wahrnehmung und Deutung von

Katastrophen und ihrer Darstellung in unterschiedlichen Medien vom Brief bis zum Film. Welche Voraussetzungen und Umstände haben nach Ansicht der Zeitgenossen zur Katastrophe geführt, welche Ursachen vermuten wir heute? Weiter geht es um die Reaktion der unmittelbar Betroffenen und ihrer Zeitgenossen: Wie kommunizieren Individuen und ganze Gesellschaften über den Schrecken, wie bewältigen sie die auch langfristigen Folgen von Katastrophen? Die Erinnerung an die Katastrophe spielt eine Rolle, die weit über ein Gedenken hinausgehen kann: Rechnet man mit der Wiederholbarkeit der Katastrophe, ergreift man deswegen präventive Maßnahmen?

Nicht nur in diesem Zusammenhang ist die Frage zentral, welche Rolle die Politik beim Umgang mit Katastrophen spielt. Dies beginnt damit, dass bereits die Propagierung eines bestimmten Deutungsmusters für eine Katastrophe interessengeleitet sein, sogar mit instrumentellen Hintergedanken betrieben werden kann: Wer macht wen mit welchen Gründen für Tod, Leid und Zerstörung verantwortlich? Diskussionen über Schuld und Sühne, Apokalypse und Heil legen nämlich nicht nur mentale Befindlichkeiten offen. Auseinandersetzungen über die Verantwortung von Herrschern oder Beherrschten können Machtverhältnisse in Frage stellen oder stärken. Herrschaft muss sich in aller Regel insbesondere in Krisen- und Katastrophenzeiten bewähren, um legitim zu bleiben. Umgekehrt gilt allerdings auch, dass sich Gemeinschaften ebenfalls bewähren müssen, um weiterhin Bestand zu haben. Dazu zählt etwa die Entwicklung von Gemeinschaften zur Gefahrenabwehr und gegenseitigen Hilfe, sogar die spezifische Formung ganzer Gesellschaften und ihrer Ideale, bedingt durch die Notwendigkeit, mit dem wiederholten Auftreten von Katastrophen rechnen zu müssen. Am Beispiel einer einzigen Katastrophe können also typische Strukturen und spezifische kulturelle Folgen des Umgangs mit Katastrophen erkennbar werden, die weit über den Zeithorizont des einzelnen Ereignisses hinausreichen. In diesem Sinne bergen (auch antizipierte und imaginierte) Katastrophen wichtige Bewährungs- und Entwicklungspotenziale für Gesellschaften in sich.

Der Blick auf zwei Jahrtausende des Umgangs mit Katastrophen erlaubt die Feststellung, dass die menschlichen Gesellschaften eine erstaunliche Vielzahl von Möglichkeiten entwickelt haben, mit Gefahren umzugehen. Die Anpassungsleistungen unterschiedlichster Kulturen in der Vergangenheit lassen hoffen, dass die in der Moderne zu beobachtende zunehmende (Selbst-)Gefährdung aller menschlichen Kultur auch nur eine weitere Epoche der erdgeschichtlich betrachtet noch recht kurzen Geschichte der Menschheit auf unserem unruhigen Planeten sein wird.

Dank

Die meisten Autoren (Anna Akasoy, Marie Luisa Allemeyer, Greg Bankoff, Andreas Dix, Jens Ivo Engels, Andrea Janku, Franz Mauelshagen, Mischa Meier, Gerrit Jasper Schenk, Stephanie Summermatter) der folgenden Beiträge kennen sich aus der jahrelangen gemeinsamen Arbeit in einem wissenschaftlichen Nachwuchs-Netzwerk über die »Historische Erforschung von Katastrophen in kulturvergleichender Perspektive« der Deutschen Forschungsgemeinschaft, das vom Herausgeber gemeinsam mit Franz Mauelshagen im Jahre 2005 gegründet wurde. Der Herausgeber möchte sich bei ihnen und den an der Arbeit des Netzwerks beteiligten Kollegen für die gute Zusammenarbeit bedanken. In diesen Dank möchte er auch die zahlreichen Sekretärinnen und wissenschaftlichen Hilfskräfte einschließen, die das Netzwerk auf dem oft verschlungenen Weg der Erforschung von Katastrophen unterstützten, den der Herausgeber nun am Heidelberger Exellenzcluster »Asia and Europe in a Global Context« fortsetzt.

Eine fast verschlafene Katastrophe oder der Untergang eines ›Sodom und Gomorrha‹?

Der Ausbruch des Vesuv im Jahre 79

Mischa Meier

»Glückliches Kampanien« (›Campania felix‹) – so nannten die Römer selbst liebevoll die üppig-fruchtbaren Gefilde rund um den heute 1280 Meter hohen Vesuv, eine Landschaft, die seit der Antike ob ihrer anmutigen Beschaffenheit, des milden Klimas, der stets gesicherten Wasserzufuhr und der reichhaltigen Bodenschätze in hohem Maße geschätzt wird. Zahlreiche Thermalquellen förderten schon im Altertum das körperliche Wohlbefinden der Menschen. Die Fruchtbarkeit des vulkanischen Bodens erlaubte drei bis vier Ernten im Jahr – Vergil unter anderen rühmt entsprechende Qualitäten; Kohl und Zwiebeln wurden in der Region erfolgreich angebaut, darüber hinaus standen Feigen und der örtliche Wein in gutem Ruf. Entsprechende Zeugnisse aus der antiken Literatur konnten durch die Archäologie bestätigt werden: Produkte aus Kampanien haben sich in England, Gallien, Spanien und Afrika, ja sogar in Indien nachweisen lassen. Kein Wunder, dass die Römer die Region um den Vulkan als segensreiches Refugium schätzten und den Küstenstreifen von Misenum bis zum Kap von Sorrent mit ihren luxuriösen Villen und Gärten zierten.

Um die Zeitenwende geriet der Geograph Strabon ins Schwärmen: »Oberhalb dieser Orte liegt das Vesuv-Massiv, von ganz wundervollen Plantagen umgeben – außer am Gipfel. ... Der ganze Golf aber ist dicht besiedelt, zum Teil mit den Städten, von denen wir sprachen, zum Teil aber auch mit Gebäuden und Pflanzungen, die so eng miteinander zusammenhängen, dass sie den Eindruck einer einzigen Stadt erwecken«.[1] Die Vesuv-Region war also nicht nur besiedelt, sie war sogar einer der großen Anziehungspunkte in Italien – vor allem gut betuchte Römer errichteten hier ihre anmutigen und verspielten Landhäuser und ließen es sich in den umliegenden Orten, namentlich Pompeji und Herculaneum, wohlergehen. Dass ihr Untergang im Jahr 79 daher eine Strafe für Luxus und Verschwendungssucht dargestellt haben müsse, war ein überzeugendes Deutungsangebot, das auch heute noch unterschwellig fortlebt – etwa dann, wenn sich mit den Stichworten ›Luxus‹ und ›Dekadenz‹ unweigerlich Assoziationen an die versunkenen Städte am Golf von Neapel einstellen.[2]

»Sodom und Gomorrha« (›Sodoma Gomora‹), dieses kurze Graffito, das im späten 19. Jahrhundert in Pompeji entdeckt wurde,[3] lässt auch dem modernen Betrachter das Blut in den Adern gefrieren, zumal dann, wenn er die Skelette der Vesuv-Opfer sowie insbesondere die seit 1863 unter der Leitung des Archäologen Giuseppe Fiorelli (1823–1896) angefertigten Gipsausgüsse der in Pompeji ergrabenen Leichen vor Augen hat, deren Haltungen und Gesichtsausdrücke den schauerlichen Moment des qualvollen Sterbens für alle Zeiten konserviert haben: Menschen, die ihr Gesicht mit den Händen vor den giftigen, heißen Gasen zu schützen suchen, angekettete und dann vergessene Gladiatoren, qualvoll zugrunde gegangene Kinder, eine Schwangere, die sich noch bemüht hatte, ihre Augen zu bedecken.[4] Die Katastrophe riss sie alle mitten aus einem Alltag, der sich in der literarischen, bildlichen und filmischen Pompeji-Tradition mittlerweile unentwirrbar mit Begriffen wie Luxus und Dekadenz verflochten hat. »Da ließ der Herr Schwefel und Feuer regnen vom Himmel herab auf Sodom und Gomorrha und vernichtete die Städte und die ganze Gegend und alle Einwohner der Städte und was auf dem Lande gewachsen war« (Genesis 19,24f.) – so lautet der Vers aus dem Alten Testament, auf den sich das jüdische oder christliche Graffito bezieht. Und tatsächlich sahen christliche Autoren seit dem 2. Jahrhundert im Untergang der Städte am Golf von Neapel das Strafgericht Gottes walten.

Am 24./25. August 79 nach Christus war den blühenden Städten Pompeji (mit damals wohl über 20.000 Einwohnern) und Herculaneum (weniger als halb so groß) genau dies widerfahren, und seitdem die verschütteten Ruinen der beiden Städte bekannt sind und sich zunehmend zum Anziehungspunkt für einen kulturell gesättigten, wohligen Katastrophentourismus entwickelt haben, hat sich dieses Ereignis als markante Zäsur in die europäische Geschichte eingebrannt – dabei handelte es sich keinesfalls um den ersten Ausbruch des Vesuv und schon gar nicht (was gerade heute leichtfertig verdrängt wird) um den letzten. Der Berg war auch nach 79 noch aktiv, unter anderem in den Jahren 202, 472, 512, 1631 (der bis heute verheerendste Ausbruch) und zuletzt 1944, und er wird auch weitere Male ausbrechen.[5]

Gemessen an den Zeugnissen, die uns sonst für Katastrophen in der Antike zur Verfügung stehen, befinden wir uns für die Ereignisse des Jahres 79 in einer geradezu komfortablen Lage: Mit den beiden Vesuv-Briefen des jüngeren Plinius (gestorben nach 110)[6] liegt uns außergewöhnliches Material vor, das einen tiefen Einblick in das Geschehen ermöglicht – außergewöhnlich und verführerisch zugleich, denn einen wichtigen Sachverhalt sollte man sich von Beginn an klarmachen: Plinius' Briefe stellen keine planmäßige Dokumentation des Unglücks dar, und sie sind auch nie als solche konzipiert gewesen. Der Autor, der als achtzehnjähriger Zeitzeuge selbst den Ausbruch des Vesuv miterlebt hatte und Jahrzehnte später (um 104) aus der Retrospektive noch einmal zum Geschehen Stellung bezog, verfolgte vor allem literarische Ambitionen, wollte aber keineswegs eine ›dichte Beschreibung‹ liefern. Das zeigt sich zum einen daran, dass er nur einen kleinen Ausschnitt des Unglücksgeschehens beschreibt – nämlich den, in den sein Onkel und er selbst unmittelbar involviert waren – und dann ganz plötzlich endet; zum anderen sagt er bereits zu Beginn seines ersten Briefes, dass es ihm darum gehe, den Tod seines Onkels (›avunculi mei exitus‹) darzustellen, was – gut römisch gedacht – zu dessen ewigem Ruhm (›immortalis gloria‹) geschehen solle. Der Autor wünscht, dass sein Onkel, der ältere Plinius, trotz seines Todes beim Vesuv-Ausbruch »gleichsam ewig fortleben wird« (›quasi semper victurus‹). »Dauerhaftigkeit« (›perpetuitas‹) und »Ewigkeit« (›aeternitas‹) sind daher wichtige Signalbegriffe, welche die

1   Pompeji, Gipsausguss eines männlichen Opfers, gefunden 1868

Einleitung des Briefes beherrschen und nicht flüchtig überlesen werden sollten.

Auch wenn Plinius mit seinen Schreiben auf eine Anfrage seines Freundes, des Historikers Tacitus (gestorben um 125), reagiert, der offenbar Material über die Vesuv-Katastrophe für seine »Historien« recherchierte, ging es ihm doch in erster Linie darum, seinen Onkel und sich selbst vor der Nachwelt in ein möglichst günstiges Licht zu stellen. Dabei formt er Ersteren vor dem Hintergrund des Ideals der Seelenruhe (›tranquillitas animi‹) zum vorbildlichen stoischen Weisen, während er für sich selbst (was bereits durch ein Vergil-Zitat zu Beginn des zweiten Briefes deutlich wird)[7] die Rolle eines neuen Aeneas konstruiert, des archetypischen römischen Helden und Inbegriffs der pflichtbewussten Frömmigkeit (›pietas‹) schlechthin, der einst mit seinem greisen Vater auf dem Rücken aus dem brennenden Troia floh, so wie Plinius selbst seine Mutter sicher aus dem Inferno des Vesuv geleitet haben will.

Dementsprechend weist der erste Brief über Plinius' Onkel vielfache Assoziationen an das Ideal stoischer Seelenruhe auf, indem der innere Gleichmut des Flottenpräfekten in dem Maße zunimmt, wie sich die äußere Gefahr zuspitzt; den zweiten Brief hingegen durchziehen wiederholte Anspielungen an Vergils »Aeneis«, um für den gebildeten Leser die Verbindungen zwischen dem epischen Helden und dem Verfasser herzustellen.[8] Der denkwürdige Unglücksfall (›memorabilis casus‹) hingegen, die Katastrophe für die schönsten Landstriche (›pulcherrimarum clades terrarum‹), dient Plinius vor diesem Hintergrund eher als dramatisches Kolorit – ganz so wie in Edward Bulwer-Lyttons Roman »The Last Days of Pompeii« (1834), der im Übrigen eine Reihe von Anregungen zur literarischen Ausgestaltung des Großereignisses unter anderem von Plinius übernommen hat. Aus dem genannten Grund findet sich auch am Ende beider Briefe ein gelehrtes Spiel mit den Begriffen (und den dahinterstehenden Gattungserwartungen) »Geschichtsschreibung« (›historia‹) und »Brief« (›epistula‹): Plinius wollte keine Geschichte schreiben – das überließ er Tacitus (dessen den Vesuv betreffender Teil der »Historien« bedauerlicherweise nicht erhalten ist), aber er wollte literarische Gelehrsamkeit demonstrieren und erinnerungswürdige Taten und Haltungen seines Onkels und seiner selbst berichten.

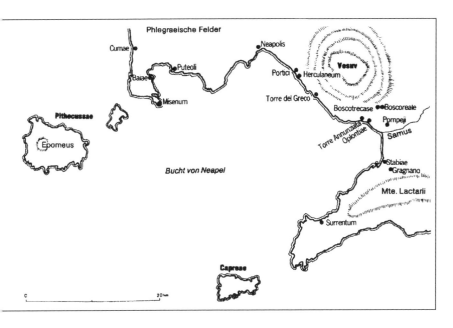

2   Karte der Bucht von Neapel zur Zeit des Vesuvausbruchs 79 n. Chr.

Umso absurder ist die weiterhin andauernde Diskussion in der Forschung über den Quellenwert der beiden Briefe, die zwangsläufig immer wieder zu vernichtenden Urteilen gelangt und dem Autor subtil vermeintliche Fehler in Darstellung, Ereignisablauf und Logik nachweist, ohne dabei hinreichend zur Kenntnis zu nehmen, worum es ihm eigentlich ging.[9] Es bleibt also festzuhalten: Plinius' Briefe bieten einen interessanten Einblick in die Geschehnisse und liefern durchaus wichtiges Material, aber sie stellen bewusst keine Chronik des Vesuv-Ausbruchs dar und dürfen als literarische Produkte auch nicht an diesem falschen Anspruch gemessen werden.

Als der Vesuv am 24. August des Jahres 79 ausbrach, befand sich der ältere Plinius als Kommandant der in Misenum (circa 30 Kilometer westlich des Vesuv) stationierten römischen Flotte (›praefectus classis‹) gerade in seiner Villa nahe beim Stützpunkt. Seine Schwester (die Mutter des jüngeren Plinius) machte ihn gegen 13.00 Uhr auf eine ungewöhnliche Wolke aufmerksam, die eine merkwürdige, pinienartige Form aufwies und – wie sich später herausstellen sollte – hoch über dem Vesuv stand. Der neugierige Naturkundler Plinius (von dem noch heute eine imposante Naturgeschichte erhalten ist) wollte dem wundersamen Phänomen (›miraculum‹) natürlich nachgehen, war er doch, wie sein Neffe anmerkt, ein hochgebildeter Zeitgenosse (›eruditissimus vir‹). Also befahl er, ein Boot bereit zu machen, und lud den Neffen ein, ihn zu begleiten; dieser aber, ebenso gelassen wie sein Onkel, wollte sich weiter seinen literarischen Übungen widmen.

Als der Flottenpräfekt nun gerade lossegeln wollte, erhielt er die Nachricht einer befreundeten Dame, Rectina. Sie bewohnte eine Villa direkt am Hang des Vesuv (ein wichtiger Hinweis darauf, wie unbefangen man mit dem Vulkan umging), konnte diese aber nicht mehr über den Landweg räumen und bat den älteren Plinius um Evakuierung zu Wasser; warum sie selbst ihr Anwesen nicht mehr verlassen konnte, wohl aber der Sklave, der Plinius den Hilferuf überbrachte, gehört zu den viel diskutierten Unstimmigkeiten des plinianischen Berichtes. Man sollte derartige, dem Anliegen der Briefe geschuldete Inkonsistenzen aber auf sich beruhen lassen; vielleicht benötigte Rectina schlichtweg auch ein größeres Schiff, um noch möglichst viel von ihrer Habe zu retten. Für den älte-

Plinius

ren Plinius bot sich jetzt jedenfalls die Gelegenheit, eine groß angelegte Rettungsaktion zu inszenieren – jedenfalls will sein Neffe es uns später so glauben machen: Der Flottenpräfekt rüstete mehrere Boote aus und segelte die dicht besiedelte Küste entlang, um seiner Freundin und anderen Eingeschlossenen zur Hilfe zu eilen – so furchtlos, dass er während der gefährlichen Seefahrt all seine Eindrücke einem Sekretär diktierte. Asche, Bimsstein und Felstrümmer regneten derweil vom Himmel und sorgten dafür, dass die Passage nicht gerade vergnüglich verlief; man beobachtete, wie sich das Meer vom Land zurückzog – es kündigte sich also ein Tsunami an! –, wodurch das Ufer durch Felsbrocken unpassierbar wurde, so dass die Boote nicht mehr anlegen konnten und die umfassende Rettungsaktion (was der Berichterstatter freilich verschweigt) ins Leere lief. Der furchtsame Steuermann riet zur Umkehr, doch Plinius befahl, bis zum Südende des Golfes nach Stabiae zu segeln, wo es noch möglich war anzulanden. Am Ufer angelangt, traf Plinius auf seinen Freund Pomponianus, der gerade im Begriff war zu fliehen. Erwartungsgemäß tröstete der unerschrockene Naturforscher auch ihn, nahm dann erst einmal in demonstrativer Ruhe ein Bad und legte sich zu Tisch, »entweder gelassen oder, was ebenso großartig ist, einem Gelassenen gleich«.

Dass inzwischen helle Feuerscheine vom Vesuv her durch die von Asche und Gesteinsbrocken verursachte Finsternis leuchteten, erklärte Plinius zur Beruhigung aller mit Herdfeuern der Bauern, woraufhin er sich seelenruhig zu Bett begab, laut und behaglich schnarchend. Seine Begleiter fühlten sich hingegen nicht ganz so wohl: Man registrierte mit Unbehagen, dass durch den Geröllregen das Bodenniveau angehoben wurde, so dass es in Kürze unmöglich sein würde, noch Türen zu öffnen, um ins Freie zu entkommen, was aber möglicherweise ratsam war, da die Erde heftig bebte; draußen jedoch war man den herabfallenden Steinen ausgesetzt. Was also tun? Man weckte den Schlafenden und schritt zur Beratung, während das Haus bereits in seinen Fundamenten wankte. Schließlich entschied die Gruppe, sich Kissen über die Köpfe zu stülpen und den Weg ins Freie zu suchen.

Finsternis schlug ihnen entgegen, obwohl schon längst der Morgen hätte grauen müssen; man eilte zum Strand, um zu prüfen, ob eine Rückfahrt möglich war, doch das Meer erwies sich als allzu unruhig. Der ältere Plinius ließ eine Decke ausbreiten und stärkte sich mit Wasser, da jagten plötzlich Flammen und Schwefelgeruch durch die Menge. Auf zwei Sklaven gestützt erhob sich der dickleibige, ohnehin an einer Atemwegserkrankung laborierende ältere Herr – und brach tot zusammen. Mehrere Tage später, nachdem das Unglück vorüber war, barg man seinen Leichnam, »eher einem Schlafenden als einem Toten ähnlich«.

Man hätte vom jüngeren Plinius nun gerne mehr über das Geschehen erfahren. Viele Fragen bleiben aber offen: Was geschah in den Städten? Wie reagierte die Bevölkerung? Lassen sich die Vorgänge am und um den Vulkan noch exakter beschreiben? Doch um all diese Dinge ging es dem Autor, wie gesagt, überhaupt nicht, und dies merkt er auch recht deutlich an, indem er das literarische Stilmittel der Aposiopese, des plötzlichen Abbruchs mitten im Satz, zur besonderen Hervorhebung seiner Haltung anwendet: »Inzwischen hatten ich und meine Mutter in Misenum ... aber das tut nichts zur Geschichte, und du wolltest ja auch nichts anderes als über seinen Tod hören. Ich mache also Schluss«.

Letzteres implizierte natürlich ein verborgenes Signal an Tacitus, den Freund um noch weitere Informationen zu bitten, und damit war Plinius offenbar erfolgreich: In seinem zweiten Brief kommt er einer weiteren Anfrage des Historikers nach; dieses Mal sollte es darum gehen zu beschreiben, wie der Autor selbst die Katastrophe erlebt hatte. Der jüngere Plinius zeigt sich dabei ganz als gelehriger Zögling seines Onkels: Mit ausgesuchter Gelassenheit habe er nach dessen Abreise zunächst einmal seine Livius-Studien fortgesetzt, »ich weiß nicht, soll ich es Standfestigkeit oder Unüberlegtheit nennen?« Als jedoch die Erdstöße immer stärker wurden, begab man sich vorsichtshalber ins Freie (dort hatte offenbar noch kein Asche- und Gesteinsregen eingesetzt), wo Plinius seine Livius-Lektüre fortsetzte; ein Freund aus Spanien erscheint und wettert gegen die Duldsamkeit (›patientia‹) der Mutter und die Sorglosigkeit (›securitas‹) des Sohnes – mit solchen Stilmitteln gelingt es dem Autor, wiederholt seine besondere Ruhe hervorzuheben. Immerhin gesteht Plinius ein, dass auch er befürchtete, die Gebäude könnten infolge der Erdbeben zusammenbrechen, und daher entschied man, Misenum zu verlassen. An der Spitze einer verunsicherten Menge (›vulgus attonitum‹)

machte sich der mutig-gelassene achtzehnjährige Plinius-Aeneas also auf den Weg und erlebte nun allerlei Merkwürdigkeiten: Wagen, die wegen der Erdbeben hin- und herrollten, das sich zurückziehende Meer, das den Blick auf Meerestiere freigab (auch hier also ein Hinweis auf einen Tsunami), sowie in einiger Entfernung eine schwarze, blitzdurchzuckte Wolke. Der Spanier gerät nun ob der trägen Ruhe des Plinius in Panik und stürzt davon, während Letzterer beobachten kann, wie die Wolke sich langsam herabsenkt, Erde und Meer bedeckt und die Insel Capri sowie das Kap Misenum umhüllt.

Nun drängt auch die Mutter zu rascherer Flucht, und Plinius lässt sich widerwillig überreden, gilt seine Sorge doch vor allem dem Onkel und der Mutter. Jetzt erst begann der Ascheregen; hinter den Flüchtenden breitete sich eine heranziehende Qualmwolke aus. Der Himmel verfinsterte sich, und im dumpfen Dunkel hörte man das Geheule von Frauen, quiekende Kinder und schreiende Männer. Hilfe- und Klagerufe allerorten, manche flehten aus Todesangst um den Tod, andere beteten, wiederum andere negierten fatalistisch die Existenz von Göttern, auch vom anbrechenden Weltuntergang wurde geredet, teils erfundene Schreckensmeldungen machten die Runde. Kurz darauf hellte es ein wenig auf, wurde dann aber wieder dunkel, der Ascheregen nahm unaufhörlich zu und schloss alles, was sich nicht schüttelte, ein. Kein Seufzer, kein Klagen sei ihm entfahren, merkt Plinius stolz an, wiewohl er das sichere Ende vor Augen gesehen habe. Schließlich lichtete sich das Dunkel allmählich und fahles Sonnenlicht trat hervor: Alles erschien den Überlebenden verändert, begraben unter einer dichten Ascheschicht. Die Gruppe kehrte nach Misenum zurück und verbrachte dort eine unruhige, von andauernden Erdstößen erschütterte Nacht. Immerhin: Man hatte überlebt.

Immer wieder wurden die beiden Briefe des Plinius in der Vergangenheit zur Rekonstruktion des Unglücksgeschehens herangezogen, und immer wieder taten sich dabei Unstimmigkeiten und Lücken auf, die zu füllen die Forschung nicht in der Lage war. Erst vor zwei Jahrzehnten konnten mittels naturwissenschaftlicher Analysen neue Erkenntnisse gewonnen werden, die nunmehr eine ungleich exaktere Aufarbeitung der Geschehnisse erlauben – und die zeigen, dass der Epistolograph trotz mancher Unklarheiten in den Details im Wesentlichen doch einen korrekten Bericht gibt; allerdings bezieht sich dieser offenbar nur auf die erste Phase des Vesuv-Ausbruchs und sagt kaum etwas zu dessen zweitem, für die Betroffenen eigentlich verheerendem Stadium.[10] Das neue Wissen um den Ablauf der Katastrophe konnte insbesondere aus chemischen Analysen der Ablagerungsschichten in den vom Vesuv zerstörten Städten gewonnen werden. Aus ihnen wurde deutlich, welche Stoffe in welcher Reihenfolge und jeweils welcher Konzentration (Höhe der Schichten) auf die Region um den Vulkan niedergingen; dies wiederum ermöglichte es, den Ausbruch zu klassifizieren und anhand besser erforschter Parallelen einzuordnen. Als besonders geeignetes Vergleichsobjekt bot sich dabei der Mont Pelé auf der Insel Martinique an, der im Jahr 1902 ausbrach und an die 30.000 Opfer forderte; mithilfe der so bereitgestellten Analogien ließ sich dann auch der Bericht des Plinius noch einmal einer kritischen Prüfung unterziehen und hielt dieser, wie angedeutet, im Wesentlichen stand.[11]

Generell ist bei den Schäden, die ein Vulkanausbruch des Mont Pelé-Typus verursacht, zwischen drei unterschiedlichen Verursachern zu unterscheiden. Für die betroffenen Bevölkerungen noch am harmlosesten gestaltet sich der von Plinius mehrfach erwähnte Asche-, Bimsstein- und Geröllregen, bestehend aus vulkanischen Materialien, die durch die Wucht der Eruption in die Luft geschleudert werden und dann – abhängig von der Stärke des Ausbruchs und den Windverhältnissen – im Umland allmählich wieder niedergehen; diese Form der Luftverunreinigung erzeugt auch die Verdunkelungen, die von fahlem Sonnenlicht bis zu völliger Finsternis reichen können. Die meisten Anwohner eines ausgebrochenen Vulkans können während des Steinhagels noch die Flucht ergreifen, wenngleich die Gefahr, von einem größeren Brocken getroffen zu werden, natürlich stets besteht. Vor allem aber drohen Gebäude in dieser Phase einzustürzen, weil sie häufig dem Gewicht des Materials, das auf ihre Dächer niedergeht und sich dort ansammelt, nicht standhalten. Die von Plinius referierten Debatten darüber, ob man sich besser im Haus oder im Freien aufhalten solle, entbehren also keineswegs eines konkreten Gefahrenhintergrunds.

Als deutlich bedrohlicher erweist sich hingegen das aus dem ausgebrochenen Vulkan austretende Magma (geschmolzenes Gestein), das in unterschiedlichen Varianten die umliegenden Regionen in Mitleidenschaft ziehen kann. In Form des Lavastroms kann es ganze Landstriche verwüsten, doch bleibt den Betroffenen zumeist noch genügend Zeit, um vor der sich allmählich abkühlenden und damit langsamer fließenden Masse die Flucht zu ergreifen. Die höchsten Opferzahlen hingegen fordern die sogenannten pyroklastischen Ströme, Gas-Feststoff-Dispersionen, die (bei besonders hohem Gasanteil) auch als Glutwolken in Erscheinung treten und mit enormer Geschwindigkeit (über 500 Kilometer pro Stunde) über das Land ziehen, einen Lavastrom ankündigend oder auch begleitend. Eine Flucht ist wegen der raschen Ausbreitung solcher Glutwolken in der Regel nicht möglich; wer von ihr erfasst wird, geht sofort im bis zu 400 Grad Celsius heißen Gasgemisch zugrunde. Als 1902 der Mont Pelé ausbrach, wurde der anliegende Ort Saint-Pierre durch eine solche Glutwolke (›nuée ardente‹) vollständig zerstört.

Für die Vesuv-Eruption des Jahres 79 ergibt sich aus der Kombination (und Verifizierung) des plinianischen Berichtes mit den geologischen Erkenntnissen in etwa folgendes Ablaufschema:[12] Am 24. August, gegen 13:00 Uhr (die siebte Stunde bei Plinius), muss der Pfropfen, der den Schlot des Vulkans verschloss, unter immensem Krachen explodiert sein; Lavafetzen, Gesteinsbrocken, Lapilli, Asche und Gas werden über dem Vulkan die von Plinius erwähnte pinienartige Wolke gebildet haben, die bis zu 50 bis 60 Kilometer in die Höhe geragt haben könnte. Aus den Angaben des Plinius über die Verbreitung des Geröllregens und den Analysen der Ablagerungen lässt sich rekonstruieren, dass der Wind die Gesteinsmassen in süd-südöstliche Richtung getrieben hat, so dass Herculaneum nur wenig und Misenum überhaupt nicht unter Bimssteinfall zu leiden hatte, während Pompeji hingegen stark betroffen gewesen sein muss. In den nächsten 18 Stunden – etwa so lange wird diese erste, die ›plinianische‹ Ausbruchphase angedauert haben[13] – wurde die Stadt von einer bis zu 2,8 Meter dicken Bimsstein- und Ascheschicht begraben – immerhin so, dass die meisten Einwohner noch die Gelegenheit zur Flucht gefunden haben dürften. Wie diese ausgesehen haben mag, hat Plinius beschrieben: Man stülpte sich Kissen über den Kopf, versuchte, möglichst nicht von einem der (selteneren) großen (bis zu 20 Zentimeter Durchmesser) Gesteinsbrocken getroffen zu werden, und tastete sich in der Finsternis vor; inwieweit Orientierungslosigkeit und Panik die Opferzahlen zusätzlich erhöht haben, ist nicht mehr auszumachen. Der Steinhagel jedenfalls lässt sich noch bis zu einer Entfernung von 72 Kilometern vom Vesuv nachweisen; in Pompeji und Stabiae hielt er bis zum nächsten Morgen an. Gleichzeitig müssen starke seismische Aktivitäten stattgefunden haben, und in der Tat berichtet Plinius ja sowohl für Misenum im Norden als auch für Stabiae im Süden des Golfs von Neapel von starken Erdstößen in der Nacht zum 25. August; dass es dabei auch zu einem Tsunami gekommen ist, wie aus Plinius' Andeutungen erschlossen werden kann, ist nicht unwahrscheinlich.

Am nächsten Morgen, dem 25. August, beobachtete Plinius in der Nähe von Misenum eine schreckliche, schwarze, blitzdurchzuckte Wolke, während sein Onkel von Feuern mit Schwefelgeruch heimgesucht wurde; gleichzeitig ging jetzt auch in Misenum Asche nieder. Dies dürfte den Einstieg in die zweite, von Plinius nicht mehr behandelte Hauptphase der Eruption markieren, die insbesondere durch die Ausbreitung verheerender Glutwolken gekennzeichnet ist und die meisten Opfer gefordert haben wird (die Mont Pelé-Phase). Wer sich jetzt noch in der Region zwischen Herculaneum und Pompeji befand und von einer solchen Wolke erfasst wurde, hatte keine Chance.[14] Als die erste Glutwolke Pompeji erreichte, war die Stadt schon weithin unter Bimsstein und Asche begraben; der größte Teil der Bevölkerung dürfte geflohen oder unter eingestürzten Gebäuden zurückgeblieben sein; wer sich jetzt noch über der Bimssteinschicht aufhielt, wurde getötet. Die Leichen wurden mit feiner Asche überzogen und überdauerten so die Jahrhunderte; mit Gips ausgegossen und konserviert begegnen sie uns als unmittelbare Zeugen des schauderhaften Geschehens. Der jüngere Plinius hingegen hatte Glück, dass er die Glutwolken nur aus der Entfernung beobachten durfte, ohne ihre Wucht selbst erfahren zu müssen. Auch er hätte sonst nicht überlebt. Die von ihm beschriebene kurze Aufhellung vor einer weiteren Phase der Dunkelheit reflektiert möglicherweise das Aufziehen einer weiteren Wolke, die jedenfalls geologisch nachgewiesen ist.

Die feine Asche, die sich mit der Eruption verbreitet hatte, dürfte noch längere Zeit die Szene in ein gespenstisches, fahles Licht getaucht haben. Der Historiker Cassius Dio berichtet im frühen 3. Jahrhundert, die Staubwolke sei bis Afrika, Syrien und Ägypten gelangt – das ist trotz der Tendenz des Autors, die Katastrophe zu einem universalen Großereignis zu stilisieren, zunächst einmal nicht auszuschließen. Zudem soll man auch in Rom über eine temporäre Verdunklung der Sonne geklagt haben.[15]

Als das Spektakel vorüber war, ließ der Berg das ehemals ›glückliche Kampanien‹ in Form einer weitgehend verwüsteten Einöde zurück. Von den wohl etwas mehr als 20.000 Einwohnern Pompejis, das jetzt unter meterhohem Bimsstein, Geröll und Lava lag, könnten etwa zehn Prozent den Tod gefunden haben, deutlich weniger waren es in Herculaneum, das unter einem 20 Meter dicken Lavamantel verschwand – aber derartige Kalkulationen von Opferzahlen stehen auf keiner soliden Berechnungsgrundlage und können daher allenfalls als Richtwerte angesehen werden.

Über die zeitgenössische Wahrnehmung und Deutung der Katastrophe wissen wir kaum etwas. Wie angedeutet, benutzt Plinius sie eher als Kolorit, um vor dem Hintergrund einer elementaren Unheilserfahrung seinen Onkel und sich selbst in ein möglichst günstiges Licht zu rücken. Dazu dient ihm unter anderem die Kontrastierung seines und seines Onkels Verhaltens mit den Ängsten der Angehörigen und Freunde sowie dem planlos-furchtsamen Agieren einer hilflosen, angesichts des drohenden Verderbens weitgehend handlungsunfähigen Masse. Wie viel hier ›Realität‹, wie viel rhetorische Übersteigerung darstellt, ist schwer auszumachen, zumal sich die Andeutungen des Autors ohnehin weitgehend auf geläufige Versatzstücke beschränken (Wehklagen, Todesangst, Gebete, Fatalismus, Furcht vor dem Weltende, fiktive Schreckensszenarien) und dabei auch noch weitgehend literarisiert sind; so reflektiert etwa das Geheule der Frauen (›ululatus feminarum‹), Quieken der Kinder (›infantum quiritatus‹) und Schreien der Männer (›clamores virorum‹) lautmalerisch rollenspezifische Verhaltenszuweisungen, wie sie damals gängigen Vorstellungen entsprachen, dürfte aber kaum etwas über die konkrete Situation im Angesicht der Vesuvkatastrophe aussagen.

Auch andere Zeugnisse bleiben eher vage. In den »Oracula Sibyllina« findet sich eine kurz nach dem Ereignis entstandene Passage, die vor einem jüdischen Hintergrund zu sehen ist und den Untergang der Städte am Golf von Neapel in Form einer Weissagung aus der Kenntnis des Geschehens heraus (›vaticinium ex eventu‹) als Strafe für die Zerstörung Jerusalems durch den späteren Kaiser Titus im Jahr 70 deutet.[16] Wohl den Vesuv-Ausbruch des Jahres 202 hatte Cassius Dio vor Augen, als er in seinem Geschichtswerk auf die Geschehnisse des Jahres 79 Bezug nahm und dabei die Eruption als Manifestation von Gigantenkämpfen im Inneren des Berges beschrieb; dass im Vesuvmassiv Giganten beheimatet sein sollten, galt ohnehin als alte Legende. Indes ist auffällig, dass der Historiker aus der Retrospektive von mehr als einem Jahrhundert das Ereignis heranzieht, um ein umfassendes Bild einer geradezu kosmischen Katastrophe zu zeichnen: Schon vor der Eruption hätten Giganten in der Region ihr Unwesen getrieben, darauf sei es zu einer furchtbaren Dürre gekommen, die Erde habe gebebt; den Höhepunkt dieses Geschehniszusammenhangs habe dann der Ausbruch des Vulkans gebildet, dem in Rom schließlich aufgrund der Luftverunreinigungen durch die Asche auch noch eine verheerende Seuche gefolgt sei. Landtiere seien infolge der Eruption ebenso umgekommen wie Vögel und Fische, und in Pompeji selbst sei die ganze Einwohnerschaft unter dem zusammenbrechenden Theater begraben worden (was nirgendwo sonst bestätigt wird).[17] Ansonsten überwiegt in den erhaltenen Zeugnissen eher das Wehklagen über die zerstörten Gefilde der einst so lieblichen und wundervollen Landschaft[18] sowie – in der späteren, christlichen Literatur – das straftheologische Deutungsmuster, das in der Katastrophe eine Manifestation göttlichen Zornes sieht.[19]

Immerhin gibt uns Plinius implizit einige Hinweise zur Verwundbarkeit der Römer in Kampanien im 1. Jahrhundert nach Christus. Es ist nämlich auffällig, dass er en passant anmerkt, die Erdstöße im Zusammenhang mit der Vulkan-Eruption hätten zunächst kaum Wirkung ausgeübt, »weil sie für Kampanien gewöhnlich waren«.[20] Erst als sie an Stärke stetig zunahmen und sich gemeinsam mit den anderen Ereignissen zu einem katastrophalen Gesamtszenario verdichteten, trugen sie mit zu Furcht und Schrecken bei. Auch der jüngere Seneca merkt an, dass Erdbeben zunächst einmal nichts Außergewöhnliches für die Region darstellten.[21] Mit seismischen Aktivitäten umzugehen, war man dort also gewöhnt; was andernorts Besorgnis und Panik hervorgerufen hätte, gehörte am Golf von Neapel zu den Faktoren, die den Alltag mitbestimmten.

Die plötzlich sichtbaren Aktivitäten des Vulkans, den man für erloschen hielt und auf dessen Hängen, wie ein Fresko aus Pompeji in erschreckender Drastik belegt, sogar Wein angebaut wurde,[22] waren das Neue und damit Furchtbare – ein Wissen um den Zusammenhang zwischen seismischen Aktivitäten und einer sich anbahnenden Eruption existierte nicht. Das war fatal. Denn während der Vesuv zuvor seit etwa 800 Jahren nicht mehr ausgebrochen war (die letzte größere Eruption datiert sogar in prähistorische Zeit, um 1600 vor Christus)[23] und damit seine Bedrohlichkeit für die Menschen verloren hatte, wusste man um die wiederholten Erdbeben, und diese hätten, so denn ihre Ursache bekannt gewesen wäre, möglicherweise eine größere Vorsicht erzwungen. Erst im Jahr 62 nach Christus hatte ein schwerer Erdstoß Kampanien heimgesucht und dabei zu großen Teilen verwüstet.[24] Niemand aber hatte damals geahnt, dass sich damit eine neue Phase vulkanischer Aktivität ankündigte, und auch später wurde der Zusammenhang zwischen beiden Ereignissen nur chronologisch, nicht aber kausal hergestellt: Als im Jahr 79 der Vesuv ausbrach, bestanden jedenfalls große Teile Pompejis und der umliegenden Orte noch aus Baustellen, weil der Wiederaufbau nach dem Erdbeben des Jahres 62 überhaupt noch nicht abgeschlossen war.[25]

Kaiser Titus (79–81 nach Christus) reagierte umgehend, als ihn die Nachricht von der Katastrophe am Vesuv ereilte. Da rasche und nachdrückliche Katastrophenhilfe ein wichtiges Element der herrscherlichen Repräsentation im Altertum darstellte und seit den Zeiten des Augustus (31 vor Christus–14 nach Christus) eine Art ›Maßnahmenkatalog‹ existierte, der entsprechende Handlungsanleitungen bereitstellte,[26] wusste Titus auch, was er zu tun hatte. Man kann annehmen, dass unter anderem finanzielle Unterstützungen und die demonstrative Linderung individueller Schicksale zu den Hilfeleistungen des Kaisers gezählt haben dürften. Der Biograph Sueton (frühes 2. Jahrhundert) berichtet lediglich, dass Titus aus ehemaligen Konsuln eine Kommission erlosen ließ, die die Koordination des Wiederaufbaus übernehmen sollte (›curatores restituendae Campaniae‹). Dazu wurden unter anderem die Vermögen begüterter Personen herangezogen, die bei dem Unglück umgekommen waren, ohne einen Erben zu hinterlassen. Titus jedenfalls habe sich mit seinen Maßnahmen wie ein würdiger Princeps, ja sogar wie ein Vater verhalten.[27]

Für die restlos zerstörten Städte Herculaneum und Pompeji kam freilich jegliche Hilfe zu spät, und auch die Region insgesamt hatte massiv gelitten; dass sie als vormals wichtige Anbaufläche nun nicht mehr zur Verfügung stand, spiegelt sich in steigenden Weinimporten aus Südgallien; die vollständige Wiederherstellung des Bodens als agrarische Nutzfläche dürfte an die 300 Jahre beansprucht haben.[28] Trotzdem wurde die Gegend nicht völlig entvölkert. Zwar hatte schon mit dem Erdbeben des Jahres 62 eine Abwanderungswelle eingesetzt,[29] doch konnte der Dichter Statius schon zehn Jahre nach dem Vesuv-Ausbruch verkünden, Städte seien wieder aufgebaut worden und hätten zahlreiche Einwohner – und dies, obwohl der Vesuv damals noch nicht wieder zur Ruhe gekommen war.[30] Insgesamt scheint es aber doch länger gedauert zu haben, bis die Region allmählich wiederhergestellt war. Im Jahr 121 ließ Kaiser Hadrian zerstörte Straßen erneuern; Bautätigkeit in nennenswertem Umfang ist erst seit dem 3. Jahrhundert wieder nachweisbar. Alles in allem ist die Phase zwischen dem 3. und dem 6. Jahrhundert von einer schrittweisen Rückgewinnung der Landschaft durch die Bewohner gekennzeichnet; aber dies alles erfolgte auf erkennbar geringerem Niveau als vor dem Jahr 79 – vom legendären Luxus des ›glücklichen Kampaniens‹ kann keine Rede mehr sein.[31]

Die Erinnerung an die verschütteten Orte lebte allerdings in sonderbarer Weise fort. Auf einer Karte aus dem 4. Jahrhundert, der »Tabula Peutingeriana«, werden Herculaneum, Pompeji und das ebenfalls zerstörte Oplontis noch genannt. Es waren punktuelle Erwähnungen wie diese, die das Gedächtnis an die ehemaligen römischen Städte über Jahrhunderte wach hielten, bis seit dem 18. Jahrhundert zunehmend systematisch nach und in ihnen gegraben wurde und der Pompeji-Mythos neue Kristallisationspunkte erhielt.

Gotteszorn und Zeitenwende

Die Brand- und Erdbebenkatastrophen in Antiocheia in den Jahren 525 bis 528

Mischa Meier

Für das Oströmische Reich war das 6. Jahrhundert ein Zeitalter der Katastrophen. Erdbeben und Überflutungen, verheerende Stadtbrände und Heuschreckenplagen, Dürren und Hungersnöte sowie wiederholte Extremwetterlagen versetzten die Menschen nahezu permanent in Angst und Entsetzen. Begleitet wurden all diese Bedrückungen von Sonnenfinsternissen, Kometenerscheinungen und anderen Naturphänomenen, die man nur allzu bereitwillig als Vorzeichen eines nahe bevorstehenden Weltendes betrachtete. Immerhin deuteten chronologische Kalkulationen der irdischen Weltzeit, die sich seit dem 3. Jahrhundert verstärkt im Umlauf befanden und zunehmender Verbreitung erfreuten, ohnehin darauf hin, dass um 500 nach Christus die Wiederkehr des Herrn (Parusie) und das Jüngste Gericht zu erwarten seien – Prophezeiungen, die durchaus nicht nur in esoterischen Zirkeln kursierten, sondern weithin rezipiert und unter anderem in den Gottesdiensten intensiv thematisiert wurden.

Die Bevölkerung des damals längst christianisierten Imperium Romanum taumelte von einer schicksalsschweren Schreckensmeldung in die nächste – und dies war noch nicht alles: Immer wieder wurden damals die Grenzprovinzen – und nicht nur sie – von Überfällen auswärtiger Raubscharen heimgesucht. Egal wo im Reich – sei es die ohnehin instabile Nordgrenze oder die unter ständigen Angriffen der mit den Persern alliierten Araber leidende Südostflanke –, nirgendwo schien mehr Sicherheit garantiert. Insbesondere im Osten hatte man die verheerenden Folgen des letzten großen Krieges zwischen Römern und den sāsānidischen Persern 502 bis 506 noch in lebhafter Erinnerung und beobachtete mit einigem Unbehagen, wie sich seit Mitte der 520er-Jahre erneute Spannungen zwischen den beiden Großmächten zu einem weiteren kriegerischen Konflikt verdichteten, der sich bis 531 hinzog und den Grenzregionen im römischen Osten einmal mehr schwere Verheerungen zumutete. Den Höhepunkt der Bedrückungen jener Jahrzehnte stellte allerdings ein ganz anderes Ereignis dar: Im Jahr 541 brach in Ägypten die Pest aus und verbreitete sich rasch über das gesamte Reichsgebiet – noch im Herbst desselben Jahres hatte sie die Hauptstadt Konstantinopel erreicht. Nun erlebte man in den großen Zentren des Imperiums täglich Opferzahlen, wie sie bis dahin nicht für möglich gehalten wurden. Die gesamte Weltordnung schien aus den Fugen geraten zu sein – zumal sich das vielfach apostrophierte Weltende, das die Lösung all jener Prüfungen darstellen sollte, nicht einstellen wollte.[1]

Sämtliche Katastrophen des 6. Jahrhunderts, die in schriftlichen Zeugnissen dokumentiert sind, welche nach der ersten großen Pestwelle 541/542 entstanden – und dies gilt für fast die gesamte Überlieferung –, müssen vor dem Hintergrund dieser existenziellen Zeiterfahrung und dem Ringen um eine plausible Deutung einer Geschehniskette gesehen werden, die in zeitgenössischer Wahrnehmung nicht nur einen chronologischen, sondern auch einen kausalen Zusammenhang darstellte, die zunächst auf das allseits erwartete Ende der Welt hinauszulaufen schien, dann aber entsprechende Erklärungs- und Deutungsmuster ad absurdum führte und vielfach in den partiellen oder gar völligen Verlust traditioneller Orientierungsmuster mündete.

Das Resultat dieser elementaren Katastrophenerfahrung war mehr als nur eine ›Sinnkrise‹: Eine ganze Gesellschaft musste ihre über Jahrhunderte hin gewonnenen und fest gefügten Deutungs- und Orientierungsmuster zur Alltagsbewältigung neu justieren oder gar neu erfinden. Der oströmischen Gesellschaft ist dies während des 6. Jahrhunderts in erstaunlichem Maße gelungen, freilich um einen hohen Preis: Die mit den Neuorientierungsprozessen einhergehenden Entwicklungen haben tiefe Spuren unter den Zeitgenossen hinterlassen. Insbesondere im religiösen Bereich kam es zu grundlegenden Veränderungen, die sich grob als sakrale Verinnerlichung und nahezu omnipräsente Durchdringung der Lebenswelt mit religiösen Elementen umschreiben lassen; man hat dafür den Begriff der ›Liturgisierung‹ geprägt. Neben zahlreichen anderen Transformationsprozessen nahmen jetzt die Marienverehrung und insbesondere der Bilderkult einen rasanten Aufschwung, wohingegen traditionelle Mechanismen der Katastrophenbewältigung, wie etwa das Wirken der heiligen Männer, aber auch das Vertrauen in die patronalen Schutzfunktionen des Kaisers, merkliche Beschädigungen erfuhren. Die byzantinische Welt taucht in jenen Jahren allmählich schemenhaft vor uns auf und beginnt jene gesellschaftlichen und mentalitätengeschichtlich relevanten Strukturen und Prozesse abzulösen, die sich bis dahin noch als ›spätrömisch‹ beschreiben ließen.[2]

Zu den großen Opfern der Katastrophen jener Zeit gehörte Antiocheia. Die römische Metropole des Ostens, das heutige Antakya in der Südtürkei (nahe der syrischen Grenze), zählte zu Beginn des 6. Jahrhunderts zu den blühenden Zentren des Reiches. Zwar war auch an Antiocheia der römisch-persische Krieg unter Anastasios (491–518) nicht spurlos vorübergegangen, doch die Stadt besaß das Potenzial, temporäre Verluste erstaunlich rasch auszugleichen, zumal sie als Umschlagplatz für den Orienthandel stets finanzkräftige Größen anzog. Die Metropole am Orontes-Fluss war aber nicht nur ein wirtschaftliches Zentrum: Als Hauptstadt der Provinz Syria I, die in der Spätantike zu den wohlhabenderen Regionen des Imperium Romanum zählte, war sie ein wichtiger Verwaltungssitz, der überdies den Chef der römischen Zivil-administration des Ostens, den ›comes Orientis‹, mit seinem wohl nicht unbeträchtlichen Mitarbeiterstab beherbergte. Auf eine ehrwürdige Tradition konnte Antiocheia insbesondere auch im religiösen Bereich zurückblicken: An diesem Ort war einst die Bezeichnung ›Christen‹ geprägt worden, und seit dem 1. Jahrhundert besaß die Stadt einen christlichen Bischof, der allerdings nicht immer nur friedlich ihre Geschicke mitbestimmte: Antiocheia gehörte zu jenen Orten, in denen es zu den erbittertsten Konflikten unter den Christen gekommen war; doch gingen von ihr vielfach auch wichtige Impulse zur Fortentwicklung diffiziler theologischer Diskussionen in der Spätantike aus – nicht zu Unrecht galt Antiocheia daher als eines der einflussreichsten christlichen Zentren des

Reiches. Die Stadt war im 6. Jahrhundert natürlich auch Sitz eines ehrwürdigen Patriarchen (das heißt einer Art ›Oberbischof‹ für eine größere Region) und damit ohnehin einer der wichtigsten Orte in der spätrömischen Welt.³

Doch gibt es auch andere Faktoren, die das Schicksal der Stadt nachhaltig geprägt haben: Die Geschichte Antiocheias ist zugleich auch die Geschichte verheerender Erdbeben – so sehr, dass der Chronist Johannes Malalas (circa 490–nach 565) seine Darstellung der Geschicke seiner Heimatstadt unter anderem mithilfe der Abfolge der von ihm (wohl auf Basis städtischer Archive und Lokalchroniken) sorgfältig durchnummerierten Erdbeben untergliedern konnte. Das berühmteste dieser Beben dürfte wohl jenes aus dem Jahr 115 nach Christus gewesen sein: Damals konnte sich der gerade in der Stadt befindliche Kaiser Traian nur durch einen beherzten Sprung aus dem Fenster eines einstürzenden Gebäudes retten.⁴ Die furchtbarsten Folgen indes dürften die Erdstöße seit dem 29. Mai 526 gezeitigt haben. Obwohl die Bevölkerung Antiocheias offenkundig an wiederholte seismische Aktivitäten gewöhnt war – die Region ist noch heute unruhig – und daher in hohem Maße mit entsprechenden Ereignissen umzugehen wusste, führten die Katastrophen der Jahre 525 bis 528 doch zu Reaktionen, die schließlich klar auf ein Versagen der traditionellen Bewältigungsmechanismen hinweisen. Ob dies ausschließlich auf die singuläre Wucht des Unglücks, das heißt auf rein situative Faktoren, oder aber auch auf grundsätzliche mentale Dispositionen – insbesondere die damals virulenten Naherwartungen – zurückgeführt werden muss, sei dahingestellt. Johannes Malalas jedenfalls, unser Hauptgewährsmann für die Ereignisse der Jahre 525 bis 528, von dessen Chronik (in einer heute nicht mehr erhaltenen ausführlicheren Fassung) fast die gesamte spätere Überlieferung zu diesen Ereignissen abhängt, nutzte seine Schilderung unter anderem auch dazu, vehement gegen die akuten Endzeiterwartungen seiner Zeitgenossen anzuschreiben – wir werden darauf noch zu sprechen kommen.⁵

Die unheilschwere Katastrophen-Kette setzte im Oktober 525 mit einem verheerenden Stadtbrand ein, den die Antiochener nicht unter Kontrolle brachten und der, immer wieder von Neuem auflodernd, ganze sechs Monate lang in ihrer Stadt gewütet und dabei zahlreiche Opfer gefordert haben soll. Als sich das Feuer gelegt hatte, wird ohnehin nur noch wenig von der einstigen Pracht der Metropole, die sich bis dahin sogar einer eigenen Straßenbeleuchtung hatte rühmen können, übrig geblieben sein. In der für uns nur aus der ex post-Perspektive greifbaren Wahrnehmung der Zeitgenossen erscheint das Ereignis indes nicht als Katastrophe eigenen Ranges, sondern wird – in Kenntnis der anschließenden, noch furchtbareren Geschehnisse – lediglich als Vorankündigung zukünftigen Grauens interpretiert. Aus göttlichem Zorn heraus sei der Brand, so Johannes Malalas, entfacht worden und habe vor allem eines bezweckt: Den drohenden ärgerlichen Unwillen des Herrn zu signalisieren.[6] Diese Deutung mag einen bemerkenswerten Umstand in den uns vorliegenden schriftlichen Zeugnissen erklären: Das Feuer sei von oben herab auf die Stadt niedergefahren – entweder hätten sich die fünf- bzw. sechsstöckigen Häuser von den Dächern her entzündet oder es sei, wie Johannes von Nikiu (spätes 7. Jahrhundert) und Michael Syrus (12. Jahrhundert) anmerken, direkt vom Himmel herabgefallen.[7] Das vermeintliche Eingreifen Gottes erhält in derartigen Beschreibungen geradezu visuelle Züge – umso mehr dadurch, dass sich in entsprechenden Kontexten bei Zeitgenossen wohl unweigerlich Assoziationen an eines der kanonischen göttlichen Strafgerichte eingestellt haben werden: den Turmbau zu Babel (Genesis 11). Dass letztlich offenbar niemand so recht wusste, wo der Brand denn nun tatsächlich seinen Ausgang genommen hatte,[8] wird den im Laufe der Zeit sich verfestigenden Eindruck eines Einwirkens des strafenden Gottes nur noch zusätzlich bestätigt haben.

Als Katastrophe geradezu unvorstellbaren Ausmaßes erscheint bei Johannes Malalas und in der von ihm abhängigen Überlieferung sodann das große Erdbeben vom 29. Mai 526, das offenbar mit erheblichen Feuersbrünsten einherging und dadurch den Eindruck, es handele sich um eine Fortsetzung des vorausgegangenen Stadtbrandes, noch weiter verfestigte: »Die Verwüstung nun war unbeschreiblich, keine menschliche Zunge kann sie beklagen. Gewaltig nämlich war der Schrecken von Seiten Gottes zu diesem Zeitpunkt: Wen es auf der Erde unter den Gebäuden ereilte, der verbrannte, und aus der Luft herab erschienen Feuerfunken; und diese verbrannten wie durch Blitze den, den sie erreichten; der Boden der Erde kochte und war siedend heiß, alles steckte er an, und die

Fundamente verglühten, erschüttert von den Stößen und zu Asche verbrannt durch das Feuer. Auch wer floh, ihm begegnete das Feuer, in eben der Weise, wie denen, die sich in den Häusern aufhielten. Außer dem ebenen Boden richtete dieses Feuer alles in der Stadt zu Grunde; es hatte dem Befehle Gottes gemäß gelodert. Alles nun wurde Opfer eines einzigen Brandes. Und man konnte ein schreckliches, unvorstellbares Wunder wahrnehmen: Feuer spie Regen aus, der Regen kam aus fürchterlichen Essen, die Feuersbrunst löste sich in Regen auf, und der Regen lohte auf wie Feuer, und es verbrannten die Leute auf der Erde, die schrien. Und davon ward das christusgeliebte Antiocheia zu einem Nichts. [...] Kein Gebäude weder Haus noch Stall, überstand die Verwüstung. Nichts nämlich blieb stehen, außer die dem Berg entlang liegenden Häuser.«[9]

Unerklärlich seien die entsetzlichen Vorgänge gewesen, so dass keine menschliche Stimme in der Lage gewesen sei, diese Tragödie auch nur in Worte zu fassen (›ektragodêsai‹); letztlich habe es sich um eines der Geheimnisse (›mystéria‹) Gottes gehandelt.[10] Folgerichtig gestaltet der Chronist seine ausführliche Darstellung der Ereignisse als Mischung aus lebhaft-mitfühlender, ungewöhnlich emotionaler Beschreibung all des angerichteten Elends (es ging immerhin um seine Heimatstadt!) sowie verschiedener wundersamer Begebenheiten, die keinen Zweifel an der göttlichen Fügung des gesamten Geschehniszusammenhanges lassen. Immer wieder werden erbauliche und staunenswerte Wundergeschichten in das trostlos anmutende Panorama der grauenhaften Katastrophe eingestreut, um zu beweisen, dass das Schicksal der Opfer und der Überlebenden doch gänzlich in Gottes Hand gelegen habe. Dabei folgt der Autor zunächst einem in der Spätantike gängigen Erklärungsmuster für Erdbeben: Zwar gab es auch im 6. Jahrhundert durchaus noch Versuche, ›naturwissenschaftliche‹ Ursachen für seismische Aktivitäten zu eruieren, doch in den literarischen Gattungen der christlichen Geschichtsschreibung – das heißt in der Kirchengeschichte und der Chronistik – dominierte weithin die Deutung eines Erdstoßes als Manifestation göttlichen Zorns; dieser Ansatz war immerhin derart weit verbreitet, dass etwa seit Mitte des 5. Jahrhunderts in der christlichen Historiographie der geläufige griechische Begriff für ›Erdbeben‹ – ›seismós‹ – durch den Terminus ›theomenía‹ abgelöst wurde, was wörtlich übersetzt »Zorn Gottes« bedeutet.[11]

Im Jahr 526 erstreckte sich der göttliche Zorn immerhin so weit, dass sogar christliche Bauwerke von ihm erfasst wurden: »Kein geweihtes Gebäude«, konstatiert Malalas, »sei es eine Kapelle, ein Kloster oder ein anderer geweihter Ort, blieb unbeschädigt, sondern sie wurden bis auf die Grundmauern zerstört durch Gottes Zorn«.[12] Dabei muss es – in der Wahrnehmung der Betroffenen – zu eindrucksvollen Manifestationen des göttlichen Unwillens gekommen sein, insofern mehrere Kirchen nicht direkt im Kontext des Bebens einstürzten, sondern erst einige Zeit danach; den spektakulärsten Fall stellte dabei sicherlich die einst im Auftrag Konstantins I. (306–337) errichtete Hauptkirche der Stadt dar, die noch sieben Tage lang standhielt, bevor sie schließlich doch zusammenfiel. Alles in allem war die Bilanz der Katastrophe jedenfalls verheerend: Antiocheia lag in Trümmern, bis zu 250.000 Opfer waren zu beklagen, »Bürger und Fremde, Männer und Frauen, Kinder und Greise«.[13] Eine derart hohe Zahl weckt selbstverständlich sogleich die Skepsis moderner Historiker. Allerdings entbehrt die von Malalas gegebene Begründung nicht einer gewissen Plausibilität: Da am nächsten Tag das Himmelfahrtsfest feierlich begangen werden sollte, hätten sich zu jenem Zeitpunkt außergewöhnlich viele Menschen in der Stadt aufgehalten – es sollte ihnen zum Verhängnis werden.

Halten wir uns für eine Weile an den Bericht des Chronisten: Im Folgenden konzentriert er sich in besonderer Weise auf das durch den Erdstoß vermittelte Wirken Gottes: So soll das Beben ausgerechnet zu dem Zeitpunkt eingesetzt haben, als die Glocken der Kerateion-Kirche die Gläubigen zur Messe gerufen hätten. Gott habe den Menschen so in Gestalt der Katastrophe vor Augen führen können, wie bevölkerungsreich, prachtvoll, wohlhabend und üppig die Stadt gewesen sei. Das also war der Grund für den entsetzlichen Zorn des Herrn: Zu großes, als allzu selbstverständlich hingenommenes Glück – ein Motiv, das schon in der vorchristlichen Antike vielfach bemüht wurde und nunmehr in christlichem Gewand erneut aufscheint.

Gott aber maßregelte nicht nur die Bevölkerung Antiocheias insgesamt, sondern auch einzelne Personen, die durch besondere Raffgier und andere Untugenden hervorgetreten waren. Kollektiv- und Individualstrafe vermischen sich in der Deutung des Malalas damit zu einem großen, zusammenhängenden Katastrophenszenario, in dem die Berichte über das Schicksal einzelner Erdbebenopfer jeweils dazu dienen, den übergreifenden Strafcharakter des Gesamttableaus in besonderer Weise zu verdeutlichen. So wird etwa von Plünderern erzählt, die in den Trümmern und unter den Überlebenden geraubt hätten, danach aber doch ebenfalls ihrer gerechten Strafe zugeführt worden wären – gerade an ihnen hätte Gott seine Gewalt und Menschenfreundlichkeit (›philanthropía‹) aufgezeigt –, indem er sie durch Verfaulen, Erblindung oder die verderbenbringende Einwirkung von Wundärzten zu Tode gebracht hätte. Selbst ein hoher Beamter, ein ›silentiarius‹ namens Thomas, habe für seine Vergehen mit dem Leben büßen müssen.[14] Für zeitgenössische Leser des 6. Jahrhunderts, die möglicherweise selbst diese oder eine vergleichbare Katastrophe überlebt hatten, bedeuteten solche Episoden hilfreiche Anker, an denen innere Festigung angesichts der unberechenbaren Wechselfälle des Alltags zu gewinnen war: Die Menschen hatten gesündigt, und nun folgte die gerechte Strafe – insbesondere für diejenigen Einzelpersonen, deren Verfehlungen ganz offenkundig waren. Andere hingegen wurden auf wundersame Weise durch die Menschenfreundlichkeit des Herrn gerettet, so etwa schwangere Frauen, die noch nach 20 bzw. gar 30 Tagen aus den Trümmern geborgen werden konnten. »Und so priesen alle, die davon gehört hatten, Gott, den gerechten Richter.«[15]

Malalas' Bericht gipfelt schließlich in der Beschreibung einer wunderbaren Kreuzerscheinung, die sich am dritten Tag nach dem Unglück, einem Sonntag, am Himmel über dem Norden der zerstörten Stadt erhoben haben soll. Eineinhalb Stunden lang sei das Kreuz sichtbar gewesen, während das Volk sich in Klagen und Gebeten ergangen habe.[16] Die dann folgenden Passagen der Malalas-Chronik sind nur in einer schwer zu interpretierenden slavischen Übersetzung aus dem Mittelalter erhalten. Offenbar zog der Autor aber einen Vergleich zwischen der eineinhalbstündigen Kreuzerscheinung und der eineinhalb Jahre andauernden Phase weiterer Folgebeben, um so auch die nachfolgenden, sich bis in das Jahr 528 erstreckenden Ereignisse mit dem großen Erdstoß des Jahres 526 zu verknüpfen und als einheitlichen, sinnvollen Geschehniszusammenhang kenntlich zu machen. Gleichzeitig ließ sich auf Basis dieser Deutung das himmlische Kreuz als Akt der Kommunikation zwischen Gott und den Menschen interpretieren. Der Herr strafte also nicht nur schweigend und ganz unberechenbar, sondern vermittelte immerhin auch Kommentare, aus denen die Betroffenen Hoffnung und Zuversicht schöpfen konnten.

In jenen Jahren herrschte Kaiser Justin I. (518–527) über das Oströmische Reich. Als er im fernen Konstantinopel von dem Unglück der Antiochener vernahm, demonstrierte er in besonders eindringlicher Weise seine mitfühlende Trauer und signalisierte den Opfern der Katastrophe damit deutlich, dass der Kaiser sich auch um die Reichsbevölkerung in entlegeneren Gebieten aufrichtig sorgte. Er ließ sogleich die Spiele in Konstantinopel unterbrechen und legte als Zeichen der Trauer und der Demut vor dem strafenden Gott Purpurgewand und Diadem, das heißt die Insignien seiner Herrschaft, ab. Zum Pfingstfest betrat er ohne Diadem und Mantel die Kirche, brach vor den Senatoren und Bürgern in Wehklagen um die Stadt, die er ja aus eigener Anschauung kannte, aus und entsandte einen hohen Beamten in die Unglücksregion, um sich ein Bild von der desolaten Lage zu machen und Sofortmaßnahmen einzuleiten; dieser wurde mit dem recht üppigen Betrag von 500 Goldpfund ausgestattet. Daneben wurden noch weitere höherrangige Personen, auch sie reichhaltig mit Geld versehen, nach Antiocheia entboten, um vor Ort die nötige Hilfe zu leisten und weitere Maßnahmen zu koordinieren.[17]

Allzu viel dürfte allerdings zunächst einmal nicht mehr zu retten gewesen sein. Der berühmte Redner, Philosoph und Theologe Prokop von Gaza beklagte das Schicksal Antiocheias in einer Monodie (eine Art Klagelied), die allerdings nicht mehr erhalten ist. Malalas stellt mit Wehmut fest, dass die Stadt nach dem Erdbeben »unbrauchbar« (›áchrestos‹) gewesen sei.[18] Tatsächlich setzte unter den Überlebenden nun ein Massenexodus ein; die Antiochener verließen großenteils die Ruinen ihrer einstmals blühenden Heimat; selbst in Mailand sind später noch ehemalige Bewohner der syrischen Metropole bezeugt. Auf ewig werde man sich, so Malalas, des Erdbebens als der »todbringenden Zeiten« erinnern[19] – es wurde in der Liste der schweren Katastrophen Antiocheias als das fünfte Großereignis gezählt.

Derartige Formen der Erinnerung exzeptioneller Geschehnisse durch die betroffenen Gemeinschaften sind für die Spätantike und die byzantinische Zeit nicht ungewöhnlich. In der Regel nahm man die Katastrophen dabei in die liturgischen Kalender der jeweils heimgesuchten Stadt auf, um ihrer dann an den Jahrestagen zumeist in Form feierlicher Prozessionen demütig zu gedenken. Es sind aber auch Gedenktage belegt, die keinen Eingang in die offiziellen Kalender fanden und ausschließlich durch die Bevölkerung präsent gehalten wurden. In Antiocheia ging man indes weiter – was einmal mehr auf die Schwere des Unglücks in der Wahrnehmung der Zeitgenossen schließen lässt: Der Historiker Prokop, der ebenfalls im 6. Jahrhundert wirkte, berichtet, dass der Nordteil des Silpiosberges – des ›Hausberges‹ der Stadt – in ›Staurin‹ (zu ›staurós‹, ›Kreuz‹) umbenannt worden sei, und es liegt nahe, diesen Schritt mit der Kreuzerscheinung im Norden der Stadt in Zusammenhang zu bringen. Damit war die Erinnerung an die von Malalas beschworenen Geheimnisse Gottes in der Stadt nunmehr allgegenwärtig.

Modernen Historikern bietet das Erdbeben des Jahres 526 wichtige Einblicke in die im Oströmischen Reich des 6. Jahrhunderts offenbar geläufige religiöse Interpretation außergewöhnlicher Katastrophen. Als Manifestationen göttlichen Zornes machten sie auf menschliche Verfehlungen aufmerksam: Im Falle Antiocheias erklärte man dies mit einem Übermaß an Reichtum, Pracht und Wohlergehen, das von den Bewohnern als zu selbstverständlich hingenommen worden sei. Die Deutung der Geschehnisse als Strafe Gottes impliziert dabei aber auch, dass die Betroffenen sie akzeptierten und in ihrem Alltag zu verorten vermochten – man war also letztlich noch immer in der Lage, mit dem Unheil umzugehen.

Trotz des entstandenen Leides wurden die Katastrophen darüber hinaus auch zur Rückbesinnung auf das Kollektiv der Bürger und damit zur inneren Stärkung der christlichen Gemeinschaft funktionalisiert, was man sich jedoch nicht unbedingt als gezielt gesteuerten Prozess vorstellen muss. Die Episoden über Vergehen Einzelner, die aus dem Unglück der Gemeinschaft ihre eigenen Vorteile zu ziehen versuchen und schließlich individuell bestraft werden, zeigen jedenfalls, wie das Kollektiv auch in einer Extremsituation in der Lage ist, durch Ausgrenzung einzelner Devianten innere Festigung zu erfahren und somit seinen Bestand als Gruppe zu sichern. Innerhalb dieses Prozesses gelang es darüber hinaus den Miaphysiten – einer christlichen Glaubensrichtung, die in jenen Jahren unterdrückt und teilweise sogar verfolgt wurde –, sich als separate Gemeinschaft dezidiert von ihren Gegnern, den Chalkedoniern, abzusetzen, indem sie das Ende des chalkedonischen Patriarchen Euphrasios, der bei dem Erdbeben den Tod fand, besonders qualvoll und grausam ausmalten und zum Paradigma der Bestrafung eines Verfolgers Rechtgläubiger stilisierten: Dem weitgehend von Malalas abhängigen, allerdings aus streng miaphysitischer Perspektive schreibenden Kirchenhistoriker Johannes von Ephesos (spätes 6. Jahrhundert) zufolge habe man den Leichnam des Patriarchen in einem Kessel mit kochendem Pech gefunden. Er sei beim Einsturz eines Gebäudes in den Behälter geschleudert und dann gegart worden; lediglich sein Kopf sei zuvor abgetrennt worden, man habe ihn später neben dem Kessel gefunden, weshalb überhaupt eine Identifizierung des entstellten Toten möglich gewesen sei.[20]

Die christlichen Deutungsmuster, mit denen Betroffene und Zeitgenossen das Ereignis verarbeiteten, besaßen somit zumindest beim Erdbeben des Jahres 526 immerhin noch so viel Gültigkeit, dass es gelang, das Unheil grundsätzlich zu bewältigen. Sie wurden flankiert vom Verhalten des Kaisers, der – wie schon nach dem Brand im Jahr 525 – großzügig und traditionellen Erwartungen folgend Geldmittel für Sofortmaßnahmen und den Wiederaufbau zur Verfügung stellte, der aber vor allem durch seine demonstrativen Trauer- und Bußgesten seine umfassende Solidarität mit den Opfern bekundete. Das Erdbeben des Jahres 526 dokumentiert insofern exemplarisch ein mögliches Grundmuster kollektiver Katastrophenbewältigung in der christlichen Antike, das funktionierte und seinen Zweck – die Akzeptanz und sinnhafte Verarbeitung des Ereignisses durch Einordnung in den Alltag mit Hilfe etablierter Deutungsschemata – erfüllte. Dass es aber durchaus auch anders kommen konnte, sollte sich nur wenige Monate später erweisen: Auf den Tag genau 18 Monate nach dem seismischen Großereignis des Jahres 526 mündeten die Nachbeben in einen erneuten heftigen Erdstoß mit furchtbaren Folgen. Am 29. November 528 erschütterte ein weiteres Beben von besonderer Heftigkeit die gerade im Wiederaufbau befindliche Stadt; es sollte als sechste Katastrophe Eingang in die Liste der lokalen furchtbaren Unglücksfälle finden.

In der Überlieferung wird für dieses Erdbeben die seltsam präzise anmutende Zahl von 4870 Todesopfern angegeben – möglicherweise das Resultat einer offiziellen Erhebung, die im Anschluss an die Katastrophe durchgeführt wurde.[21] Anders als im Jahr 526 scheinen nun aber, da zum dritten Mal innerhalb kürzester Zeit schweres Unheil über die zerstörte Stadt und ihre notleidende Bevölkerung hereingebrochen war, die Mechanismen kollektiver Katastrophenbewältigung, die der oströmischen Gesellschaft im frühen 6. Jahrhundert zur Verfügung standen, versagt zu haben – jedenfalls lassen sich die nun folgenden Vorgänge kaum anders erklären. Ein außergewöhnlich strenger Winter hatte damals bereits in der Region Einzug gehalten, und die vollkommen verunsicherten Überlebenden scheinen nun großenteils die Trümmer ihrer Stadt verlassen zu haben und vor weiteren Erdstößen in die umliegenden Berge geflohen zu sein, wo sie offenbar furchtbar unter der extremen Kälte zu leiden hatten. Weiterhin scheint jedoch die Überzeugung vorgeherrscht zu haben, einmal mehr vom Zorn Gottes gemaßregelt worden zu sein. Ungewöhnliche, besonders intensive Selbstzüchtigungs- und Bußgesten wurden daher jetzt erprobt, die auch sonst üblichen Bittprozessionen etwa dadurch verschärft, dass man barfuß durch die vereiste Landschaft zog, sich sogar immer wieder kopfüber in die Schneemassen warf und demütig das Erbarmen Gottes erflehte: »Und alle, die zurückgeblieben waren, hielten Prozessionen ab, barfuß, weinend, und indem sie sich selbst kopfüber in die Schneemassen warfen, wobei sie das ›Herr, erbarme dich!‹ riefen«.[22] Doch erst die Traumvision eines frommen Antiocheners soll schließlich Schlimmeres verhindert haben: Er überredete seine Mitbürger dazu, die apotropäische Formel »Christus ist mit uns. Steht!« auf die Türen der noch verbliebenen Häuser zu schreiben – und tatsächlich habe sich danach die Erde ganz plötzlich wieder beruhigt.[23]

Die Reaktionen auf den Erdstoß im Jahr 528 lassen eine aufschlussreiche Eskalation der Bewältigungsstrategien erkennen: Nachdem die traditionellen Bittprozessionen in der Wahrnehmung der Gepeinigten offenbar ihre Wirkung verloren hatten – immerhin kämpfte man nun schon seit 525 nahezu permanent gegen Erdbeben, Brände und Einstürze –, wurden sie zunächst einmal durch die Anwendung asketischer Selbstzüchtigungselemente verschärft, in ihrem Grundsatz jedoch noch nicht infrage gestellt. Als aber auch dies nichts zu nützen schien, müssen generelle Zweifel an der Wirksamkeit der bisher geläufigen Instrumente zur Katastrophenbewältigung aufgekommen sein, so dass man etwas (in dieser Situation) ganz Neues erprobte: den Rückgriff auf eine apotropäische Formel, das heißt letztlich ein magisches Element. Man wird nur darüber spekulieren können, was geschehen wäre, wenn selbst dieses letzte Mittel ›versagt‹ hätte, das heißt, wenn die Beben nicht nachgelassen hätten beziehungsweise in dieser Weise wahrgenommen worden wären. Das Vertrauen in den Beistand Christi schien sich jedenfalls bewährt zu haben; schon bald hatte sich im Imperium Romanum die Kunde davon verbreitet, dass Gott Antiocheia zwar furchtbar gestraft, dann aber auch auf wundersame Weise gerettet habe. Ihren sinnfälligen Ausdruck findet diese Haltung in der Tatsache, dass Kaiser Justinian (gestorben 565), der im Jahr zuvor die Nachfolge seines Onkels Justin I. angetreten hatte, nunmehr den Befehl erließ, die Stadt umzubenennen; fortan sollte sie den sprechenden Namen Theoupolis (»Stadt Gottes«) tragen, und in dieser Bezeichnung ist sie auch in späteren literarischen Zeugnissen sowie auf Münzen tatsächlich belegt.[24]

Damit tritt indes noch ein weiterer interessanter Aspekt hervor: Der Kaiser setzte in signifikanter Weise neue Akzente in seiner Repräsentation; hatten bis dahin demonstratives Mittrauern und Mitleiden, vor allem aber großzügige finanzielle Hilfe beim Wiederaufbau im Vordergrund gestanden – Maßnahmen, die seit Beginn der Monarchie in Rom vor allem der Fundierung der Position des Herrschers gedient hatten[25] –, so trat jetzt das Wirken Gottes in den Vordergrund, vor dem der Kaiser sich selbst ostentativ zurücknahm: Der neue Name Theoupolis ehrte – auf kaiserlichen Befehl! – nicht mehr vorrangig den Herrscher, sondern in erster Linie Gott. Ebenso wie in der Anwendung der magisch-apotropäischen Formel, die strukturell auf den sich im 6. Jahrhundert allmählich entfaltenden Bilderkult verweist (insofern Bild- oder Textmedien jetzt verstärkt als Mittler zu Gott erscheinen), spiegelt sich damit auch im Verhalten des Kaisers ein Transformationsprozess, der auf tief greifende Wandlungen in jener letzten Phase der antik-römischen Geschichte hindeutet: Die byzantinische Welt gewinnt zunehmend an Konturen.

Derartige Wandlungsprozesse vermochten die in sie verstrickten Zeitgenossen freilich noch nicht zu erkennen, geschweige denn zu analysieren. Und so verfolgte auch unser Hauptzeuge Johannes Malalas mit seiner Schilderung der Ereignisse Intentionen, die vor allem der Unmittelbarkeit seiner eigenen Anliegen verhaftet waren: Selbstverständlich ging es ihm darum, in grellen Farben das Leid seiner Heimatstadt aufzuzeigen, weshalb wir ihm einen lebhaften, von wehmütigen Aufwallungen durchsetzten, aber insgesamt doch bemüht sachlichen Bericht über einen Geschehniskomplex verdanken, der in der Antike keinesfalls ohne Parallelen steht. Malalas wollte aber, wie angedeutet, noch mehr: Ihm ging es auch in besonderem Maße darum zu belegen, dass die Katastrophen der Jahre 525 bis 528 keineswegs als Vorzeichen des nahenden Weltendes zu interpretieren waren – was uns wiederum entsprechende Rückschlüsse auf die Haltungen seiner Zeitgenossen ermöglicht. Jedenfalls hat Malalas ausgerechnet zum Jahr 528/529, in dem in Antiocheia ein weiteres Mal die Erde gebebt hatte, einen ausführlichen Exkurs zur Chronologie eingefügt, in dem dargelegt wird, dass auch unter dem Gesichtspunkt einer vermeintlich bald ablaufenden irdischen Weltzeit keinesfalls mit einem nahe bevorstehenden Jüngsten Tag zu rechnen sei.[26] Auf diese Weise erhielten die verheerenden Ereignisse auch innerhalb des Gesamtwerks ihres Berichterstatters noch eine zentrale Funktion zugewiesen.

Für uns heute besitzen die großen Katastrophen Antiocheias der Jahre 525 bis 528 eine ganz andere Bedeutung: Nicht nur, dass uns eine – gemessen an sonstigen antiken bzw. byzantinischen Verhältnissen – vergleichsweise hervorragende Quellenlage die Möglichkeit verschafft, seltene Einblicke in Einzelheiten und Nuancen kollektiver Katastrophenbewältigung zu gewinnen; Antiocheia steht darüber hinaus insbesondere exemplarisch für die Transformationsprozesse, die sich auf dem langen Weg vom Römischen zum Byzantinischen Reich vollzogen haben – und dabei zeigt sich, welch fundamentale Rolle dabei den Katastrophen des 6. Jahrhunderts zukam. Und schließlich lässt sich am Beispiel Antiocheias 525 bis 528 beispielhaft nachvollziehen, wie traditionelle Mechanismen kollektiver Katastrophenbewältigung zunächst ohne Schwierigkeiten dafür sorgen konnten, dass elementare Unheilserfahrungen akzeptiert und in existierende ›Weltbilder‹ eingebettet werden konnten, wie sie dann aber allmählich brüchig wurden, um schließlich ganz außer Kraft gesetzt und durch neue Instrumente ersetzt zu werden.

MEERESMACHT UND MENSCHENWERK

Die Marcellusflut an der Nordseeküste im Januar 1219

Gerrit Jasper Schenk

Unter den Naturkatastrophen in Europa zählen die Sturmfluten wohl zu den verheerendsten Katastrophen, wenn man dies nach der Anzahl der dadurch unmittelbar zu Tode Gekommenen entscheiden möchte.[1] Vor einem großen und zerstörerischen Erdbeben, das sich nicht selten durch kleinere Erdstöße ankündigt, kann die schnelle Flucht ins Freie retten. Ungleich schwieriger ist es, vor einer Sturmflut zu fliehen, wenn das Wasser rasch steigt und keine Rettungsmöglichkeit in der Nähe ist – was, historisch gesehen, die Regel ist. Allerdings sind gerade für die frühen Sturmfluten an Europas Küsten alle Zahlenangaben sehr unsicher und beruhen häufig auf mehr oder weniger einleuchtenden Annahmen, nicht auf zuverlässigen Angaben.

An der Nordseeküste mit ihren ausgedehnten Marschgebieten, die nur wenige Meter über dem Meeresspiegel liegen, sind Sturmfluten eine wiederkehrende natürliche Erscheinung. Doch trotz der steten Gefahr von Überschwemmungen war die Nutzung von Marsch und der meist höher gelegenen Geest durch Viehtrieb und Ackerbau so attraktiv, dass Menschen sich immer wieder dieser Bedrohung aussetzten. Archäologische Funde sprechen dafür, dass eine regelrechte Kolonisation der Marschgebiete, die dank Sedimentation fruchtbar waren, spätestens zu Beginn der Eisenzeit (7.–5. Jahrhundert v. Chr.) einsetzte. Die schon seit der römischen Zeit unter anderen von Friesen besiedelte Küstenlandschaft im heutigen Holland und Deutschland wurde durch die Einwirkungen von Wind, Wellenschlag, Gezeiten und Strömung des Meeres charakteristisch geformt. Ihre Bewohner haben sich in einem Jahrtausende währenden Prozess an diese sehr speziellen Bedingungen angepasst. Vom 3. bis ins 5. Jahrhundert hinein geschah dies durch die Anlage von Warften, künstlich aufgeschütteten Hügeln, die den Siedlungen einen gewissen Schutz vor Sturmfluten boten – nicht aber den dazugehörigen Weiden und Äckern, die durch die Entwässerung der feuchten Zonen gewonnen wurden. Klimatisch bedingte Schwankungen des Meeresspiegels, Kriegszüge und Wanderungsbewegungen von einzelnen Stämmen in der Völkerwanderungszeit führten zur zeitweiligen Aufgabe dieser Siedlungen und ihrer Wiederbesiedelung im Frühmittelalter (ab dem 7./8. Jahrhundert).

Spätestens im 11. Jahrhundert begann man schließlich damit, auch die Weiden und Felder vor Überflutungen durch zunächst nur einzelne niedrige, ringförmige Deiche zu schützen. Mit dem hochmittelalterlichen Anwachsen der Bevölkerung trat neben diesen immer mehr ausgeweiteten, defensiven Deichbau aber auch die offensive Anlage von Deichen, um durch planmäßig angelegte Entwässerungsgräben mit verschließbarem Gewässerauslass am Deich (Siel) bisher sumpfiges oder mooriges Land urbar zu machen oder gar erst der See abzutrotzen. In Friesland und Groningen finden sich schon im 12. Jahrhundert größere Bedeichungsarbeiten längs der Küste und der Wasserläufe, die eine Nutzung von Land erlaubten, das eigentlich regelmäßig vom Wasser überspült und geformt wurde.

Die Anlage dieser Deiche zwang in mehrfacher Hinsicht zur übergreifenden Organisation der Arbeiten durch das Zusammenwirken genossenschaftlicher und herrschaftlicher Kräfte, denn eine Lücke im Deich des Nachbarn bedeutete im Falle einer Sturmflut auch den Untergang des eigenen Landes. Damit wurden Sturmfluten, deren Frequenz und Schwere im Verlauf des Spätmittelalters zugenommen zu haben scheinen, aber auch zu einer noch größeren Gefahr für die immer weiter in vormals ungenutztes und gefährdetes Land vorgeschobenen menschlichen Siedlungen. Sturmfluten spielten also nicht nur eine wesentliche Rolle bei der Formung der Natur- und Kulturlandschaft der Nordseeküste, sondern auch bei der politischen und sozialen Ausbildung der Küstengesellschaften.[2]

Doch was sind überhaupt Sturmfluten? Im hydrographischen Sinne werden sie heute als winderzeugte hohe Wasserstände an der Küste und an Flussmündungen bezeichnet und je nach der Höhe über dem mittleren Tidenhochwasser in leichte (1,2–2,3 Meter), schwere (2,3–3 Meter) und sehr schwere Sturmfluten (mehr als 3 Meter) unterteilt.[3] Die Tide (Gezeiten) – das heißt der Zyklus von Ebbe und Flut in Abhängigkeit vom Stand des Mondes und der Sonne zur Erde – wechselt bei großen Gewässern etwa alle sechs Stunden. Da die Nordsee ein kleines Gewässer ist, hängt ihr Tidenhub vom Atlantik ab. Die Tidewellen gelangen auf zwei Wegen vom Atlantik an die Nordseeküste: einerseits durch den Ärmelkanal, andererseits über die Nordsee zwischen Schottland und Norwegen. Die sich addierenden Anziehungskräfte von Sonne und Voll- oder Neumond bewirken jeweils eine etwas stärkere sogenannte Springtide, die an der Nordseeküste etwa ein bis drei Tage nach Voll- bzw. Neumond eintrifft. Starke Südwest- und Nordwestwinde, die diese Springtiden verstärken, führen im Zusammenwirken mit der Wassertiefe, der Insel- und der Küstenform des jeweiligen Küstenabschnitts zu Sturmfluten.

Von den ältesten Sturmfluten haben sich nur selten zuverlässige, das heißt zur gleichen Zeit und in räumlicher Nähe entstandene Quellen erhalten.[4] Immerhin wurde seit dem Hochmittelalter über Sturmfluten als außerordentliche Ereignisse in Chroniken und Annalen berichtet. Oft kann man aus ihnen aber kaum mehr als einige wenige Angaben über die Wettersituation, den Zeitpunkt, die Region und, in mehr oder weniger formelhaften Sätzen, auch eine vage Aussage über das Ausmaß der Sturmflut gewinnen. Die später häufig nach dem oder der Heiligen des Vortages benannten großen Sturmfluten blieben auf diese Weise immerhin im Gedächtnis der Region präsent. Aus der Reihe der hochmittelalterlichen Sturmfluten ragen die erste Julianenflut (17. Februar 1164) und die erste Marcellusflut (16. Januar 1219) als besonders zerstörerisch heraus. Doch nur über die erste Marcellusflut gibt ein Augenzeugenbericht umfassend Auskunft.

Der Autor dieses Berichts ist der gebürtige Friese Emo von Huizinge († 13. Dezember 1237) aus einer vielköpfigen und vermutlich edlen Familie, die wohl im Gebiet der heutigen niederländischen Provinz Groningen Güter besaß (friesische Seelande: Fivelgo und Hunsingo).[5] Er erhielt eine hervorragende Ausbildung, zunächst in der Schule eines Benediktinerklosters seiner Heimat, dann durch ein Studium der freien Künste und der Jurisprudenz an der Universität Oxford. Dieses Studium setzte er in Orléans fort, um sich schließlich an der Universität Paris der Theologie zuzuwenden, bevor er in seine friesische Heimat zurückkehrte. Dort wurde er zum Pfarrer der Gemeinde von Huizinge gewählt, erhielt die Priesterweihe, versuchte aber bald gemeinsam mit einem Verwandten, ein Kloster als Stiftung aus Familienbesitz zu gründen. Nach anfänglichen Schwierigkeiten und Versuchen, nach der Benediktinerregel (1211) zu leben, gelang schließlich dauerhaft die Gründung eines Prämonstratenserklosters für Männer und Frauen. Dank einer Schenkung, die den Besitz erheblich vermehrte, teilte sich das Doppelkloster bald in zwei Konvente, nämlich das Mönchskloster ›Hortus floridus‹ (»Blühender Garten«) in Wierum (heutiges Wittewierum in der Provinz Groningen) und das Nonnenkloster ›Campus rosarum‹ (»Rosenfeld«) in Romerswerf. Beide blieben unter der Leitung Emos. Mit seiner Weihe zum Abt im Jahre 1225 war diese Gründungsphase abgeschlossen. Gegen Ende des Jahrhunderts hatte sich das Kloster in Wittewierum zum größten und reichsten aller friesischen Prämonstratenserklöster entwickelt.

Emo verfasste eine Chronik, die später von seinem zweiten Nachfolger Menko fortgesetzt wurde. In ihr berichtet er ausführlich über die Gründung und die frühe Geschichte seines Klosters. Es scheint, als habe ihn das Erlebnis der Marcellusflut dazu veranlasst, mit der Abfassung seiner Chronik zu beginnen, die eine eigentümliche und eigenwillige Mischung aus traditioneller Klosterchronik und einer Art geistlicher Autobiographie darstellt.[6] Abschnitte über die engere Klostergeschichte wechseln mit Einschüben, die z. B. eine Romreise Emos thematisieren oder ein theologisches Problem erörtern, und ›Selbstgesprächen‹ (›soliloquia‹), in denen der Geistliche erörtert, was ihn bewegt. Als Prämonstratensermönch, der nach der Regel des heiligen Augustinus von Hippo (354–430) lebte, stellte er sich damit ganz bewusst in die Tradition des Kirchenvaters, der die antike literarische Gattung mit seinen ›Selbstgesprächen‹ im christlichen Sinne – zur Gottes- und Selbstfindung – umprägte. In jüngster Zeit wurde wegen dieser sehr persönlich und unmittelbar wirkenden Form versucht, Emo eine reformatorische Selbsterforschung avant la lettre zuzuschreiben oder ihn sogar als »mittelalterlichen Vorläufer moderner Individualisierungsbestrebungen« zu charakterisieren.[7] Das ist allerdings ein anachronistisches Fehlurteil, denn auch wenn die Form der Chronik ungewöhnlich ist, so ist sie doch nicht außergewöhnlich und steht in klar identifizierbaren Traditionen christlicher Literatur, zu der etwa auch Augustinus' ›Bekenntnisse‹ (Confessiones) zu zählen wären.[8]

In Kenntnis dieser Voraussetzungen und Umstände, unter denen Emos ungewöhnlich langer Bericht über die Marcellusflut entstand, lohnt sich dessen genaue und sorgfältige Analyse ganz besonders. Auf diese Weise kann ein hervorragender Eindruck von den Überlegungen gewonnen werden, die ein hoch gebildeter, wacher friesischer Zeitgenosse und Geistlicher als Augenzeuge der schrecklichen Katastrophe anstellte. Damit lässt sich zwar vielleicht noch nicht viel über das Empfinden und die Gedanken aller (oder auch nur der Mehrheit) seiner Zeitgenossen sagen, doch wird auch nicht nur die ganz individuelle Meinung eines Einzelnen erfasst, sondern zugleich ein gewisser Aufschluss über allgemein kursierende oder in bestimmten Kreisen diskutierte Auffassungen gewonnen. Emo beginnt seine Erzählung mit einer umständlich genau wirkenden Beschreibung von Zeit, Ort und Umständen der Sturmflut: »Im Jahre der Gnade 1219 ... im 55. Jahr nach der Flut in der Nacht der seligen Juliane ... im Januar, am sechzehnten Tag des Monats, als der Mond schon 27 Tage lang schien ..., nachdem der Südwestwind schon einige Tage lang – wenn auch nicht übermäßig – geweht hatte, nahm er am besagten Tag vom Morgen bis zur Zeit der Vesper mehr als gewöhnlich zu, doch besonders, wie es schien, ab der neunten Stunde des Tages [ca. 13:20 Uhr]. Dieser Wind entsteht, wie man sagt, aus den Meeresströmungen des Ozeans, die aus dem Westen und dem Osten kommen und auf der Südseite zusammenströmen, wobei aber der östliche Meeresstrom zuerst ankommt und einen Ort, der dem Westwind im Westen nahe ist, einnimmt.

Es war aber kalt und trocken entsprechend der Zeit, weil ja der natürliche Tag den Philosophen folgend in vier Abschnitte eingeteilt wird: Von der neunten Stunde der Nacht bis zur dritten des Tages in ›warm und feucht‹, von der dritten bis zur neunten Stunde des Tages in ›warm und

Bericht

trocken‹, von der neunten des Tages bis zur dritten der Nacht in ›kalt und trocken‹, von der dritten bis zur neunten Stunde der Nacht in ›kalt und feucht‹.

Zeitweilig aber fiel Hagel mit großer Härte, weil die Sonnenhitze, als sie auf dem Höchststand war, die Tropfen anzog, diese – durch die Kälte kondensiert – jedoch in Hagel verwandelt worden sind. Und mit diesen Wurfgeschossen bewaffnet, schmetterte der blutdürstige Südwestwind die elenden Sterblichen sowohl zur See als auch auf dem Lande grausam zu Boden.

Als sich die Menschen bis zum Sonnenuntergang und noch später für die Verteidigung ihrer Heimstätten sehr abgemüht und das Wüten des Meeres ganz und gar nicht gefürchtet hatten und die Schlafenszeit schließlich eine wie auch immer geartete Sicherheit zu versprechen schien, da wich der grausame Südwestwind jenem äußerst blutdürstigen Reigen von Nordwestwind. Und da das Meer durch den Südwestwind gründlich aufgewühlt war, floss es überströmend heraus und ergoss sich in gewaltiger Menge und immer stärker werdend, gleich kochendem Wasser, und überschwemmte vor allem das friesische Küstenland, und es war mächtig wie ein schnell wirkender Tod. Und es nahm die Behausungen der Armen ein und griff unbezwinglich die Häuser der Reichen an, so wie einer gesagt hat: ›Der Tod klopft gleichermaßen bei den Hütten der Armen wie den Palästen der Reichen an.‹⁹ Wenn etwas widerstand, so schärfte die Kampfeswut ihre schädlichen Angriffswerkzeuge umso mehr, lief zurück, um wieder heranzustürmen, und flüchtete, um zurückzukehren, als habe sie menschlichen Verstand, bis sie endlich in fortgesetzten Angriffen die Ständer der Häuser durch Unterspülung und Zerbrechen herausriss.

Als daher, wie gesagt, die Stunde der Nachtruhe Sicherheit versprochen und auf einmal die Gewalt des Meeres noch mehr zugenommen hatte und es fast eine Stunde der Nacht lang angestiegen war, begannen die armen Sterblichen zu fliehen und in die Obergeschosse der Häuser hinaufzusteigen und anstelle des festen Bodens Balken zu betreten; und weil sie glaubten, die sicherste Zuflucht zu haben, wenn sie sich auf den Dächern und nicht darunter aufhielten, machten sie Öffnungen in die Dächer. Allerdings kamen viele um, die dem Unwetter widerstehen und ihr Hab und Gut retten wollten, es aber nicht konnten, weil die Kraft der Wasserströmung es nicht zuließ, auf der Erde stehenzubleiben. Oh, welch Schmerz und Trauer, die Menschen in den Fluten wie Meerestiere hin- und hergeworfen, die Elenden auf einigen zusammengefügten und untergelegten Pfählen oder Heu und Stroh, von der Gewalt des Meeres gezogen, ohne Schiff herumschwimmen zu sehen. In dieser Sintflut (lateinisch ›diluvium‹) kamen tausende Männer, Frauen und Kinder um und die Kirchen wurden zerstört.«[10]

Man kann vermuten, dass Emo mit seiner so präzise wirkenden Beschreibung der Umstände auch die Intention verband, die Kenntnis über die Voraussetzungen einer derart katastrophalen Sturmflut als Warnung für nachfolgende Generationen fruchtbar zu machen. Außerdem kann eine wie auch immer geartete Erklärung ein aktiver Akt der bedrohlichen und zerstörerischen Gewalt der Katastrophe gegenüber sein und eine Art (bescheidener) Selbstermächtigung bedeuten, eine Form intellektueller Bewältigung des zunächst Unfassbaren. Die Datierung des Ereignisses, die Emos Bericht einleitet, dient aber sicher nicht nur der Einordnung des Geschehens in die christliche Heilsgeschichte, sondern auch ihrer raumzeitlichen Verortung im Kosmos der Region. Bezugspunkte sind bezeichnenderweise die letzte verheerende Sturmflut (Julianenflut 1164) und die genaue Bestimmung des Zeitpunkts im Ablauf der kosmischen Ordnung, im Januar als einer typischen Sturmflutzeit, bei Vollmond und damit – das war jedem Küstenbewohner bekannt – zur Zeit der Springtide. Was folgt, wirkt auf den ersten Blick wie die nüchterne Analyse eines Meteorologen, in den Worten von Kay Peter Jankrift: »Exakt schildert er die weitere Entwicklung«.[11]

Tatsächlich ist die von Emo geschilderte Wetterlage typisch für die Entstehung von Sturmfluten an der Nordseeküste: Ein erst tagelang wehender, dann bis zum Sturm auffrischender Südwestwind, der die auflaufende Tidewelle aus dem Ärmelkanal verstärkt und den Rückfluss hindert, dann als Folge des nach Süden durchziehenden Tiefdruckgebietes mit unwetterartigen Hagelstürmen zum Nordweststurm wird, der die aus dem Norden zwischen England und Norwegen anrollende Tidewelle verstärkt und schließlich in tiefer Nacht die Überschwemmung des Landes herbeiführt. Ein genauerer Blick zeigt indes, dass der gelehrte Mönch

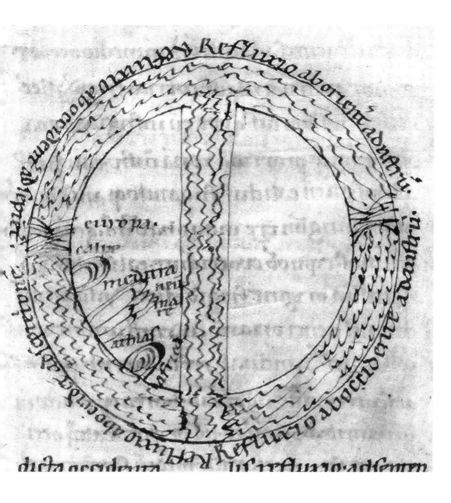

3 Wilhelm von Conches: Weltkarte mit schematischer Skizze der Strömungsverhältnisse, 2. Hälfte 12. Jahrhundert

keineswegs eine exakte Beschreibung dessen liefert, was geschah, sondern nur dessen, was er davon zu verstehen glaubte – seine Beschreibung ist untrennbar mit der Deutung der Ereignisse verwoben. Tatsächlich beruht seine Schilderung weniger auf der Empirie eines frühen Naturkundlers als auf der deduktiven Analyse eines naturphilosophisch geschulten Kopfes. Emo erklärt die Entstehung des Südwestwindes mit dem Gezeitenwechsel und greift dafür vor allem auf eine Überlegung des Naturphilosophen Wilhelm von Conches (um 1080–1154) aus der Schule von Chartres zurück, derzufolge die Ebbströme Wind verursachten.[12] Eine französische Handschrift dieses Traktats aus der 2. Hälfte des 12. Jahrhunderts – die Emo in seiner Studienzeit also in Händen gehabt haben könnte – zeigt eine schematische Skizze der Strömungsverhältnisse auf der zwar kugelförmig gedachten, aber scheibenförmig gezeichneten Welt (Abb. 3).

Damit nicht genug, greift er für seine Erklärung der nur vordergründig rein natürlichen Ursachen der Katastrophe auf die zeitgenössische Vier-Elemente-Lehre zurück, die ihrerseits auf antike Vorstellungen (Empedokles, Aristoteles, Hippokrates, Galen) zurückging und schon seit Langem im lateinischen Abendland verbreitet war.[13] Im Verlauf des Mittelalters wurde die antike Elementelehre, je Autor unterschiedlich, zu einem komplexen Gebilde ausgebaut. Gemeinsam war diesen Theorien die Auffassung, dass die Welt im Großen (Makrokosmos) wie im Kleinen (Mikrokosmos) aus den vier Elementen Feuer, Wasser, Erde und Luft aufgebaut sei. Den Elementen wurden bestimmte Qualitäten zugeschrieben (heiß, feucht, trocken, kalt), Mikro- und Makrokosmos in ein analoges Verhältnis zueinander gesetzt. Das Denken in Analogien und Relationen führte dazu, dass dieses Schema der vier Elemente und Qualitäten auf die vier Jahreszeiten und Windrichtungen, in der Medizin auf den Körper und seine vier Säfte und das entsprechende Temperament des Menschen übertragen wurde. Als verführerisches gedankliches Ordnungsprinzip wurde das Viererschema auch zur Einteilung der menschlichen Lebensalter, der Tageszeiten und vieler weiterer Phänomene der mittelalterlichen Lebenswelt herangezogen.

Es scheint ganz so, als habe Emo versucht, den Ablauf der Katastrophe mit diesem traditionellen gedanklichen Schema in erklärende Verbindung zu bringen, indem er den Tag in vier Abschnitte unterteilte, denen er dann jeweils bestimmte Qualitäten zuordnete. Allerdings hat er gewisse Mühen bei der Übertragung des Schemas auf seine Beobachtungen, und man muss sich fragen, ob er hier nur seinen Beobachtungen folgt oder vielmehr diese dem, was er glaubte, sehen zu müssen. Als der Nordwestwind zur Mittagszeit seine größte Stärke erreichte und es wilde Hagelstürme gab, sieht sein Tagesschema nämlich gerade einen Wechsel von warm-trocken zu kalt-trocken vor. Zwar erklärt er sich den Hagel, wahrscheinlich im Rückgriff auf Theorien der Antike, als Verdunstung von Wasser durch die Einwirkung der Sonne und anschließende Kondensation der aufsteigenden Feuchtigkeit durch Kälte. Offenbar kategorisiert Emo den Hagel als trocken, so dass demzufolge also tatsächlich ein Wechsel von warm zu kalt bei trockener Witterung stattfindet. Die nächtliche Sturmflut in der dritten Stunde der Winternacht (ca. 18:40–20:00 Uhr) passt schon besser zum Wechsel von kalt-trocken zu kalt-feucht. Als einem Gelehrten, der in der scholastischen Methode geübt ist, in der Lebenswirklichkeit beobachtete Phänomene, die der logischen Ableitung aus allgemeinen und anerkannten Lehrsätzen widersprechen, durch z. B. den Nachweis einer trügerischen Wahrnehmung zu erklären, fällt dem Geistlichen die Rettung zeitgenössischer Theorien vor ihrer empirischen Widerlegung jedenfalls leicht.

Doch Elementelehre und Viererschema waren nicht die einzigen von Emo herangezogenen naturkundlichen Erklärungsmodelle. Er stellt nämlich irritiert fest, dass die Flut »sozusagen mitten zwischen ihre Stunden hereingebrochen« sei, als habe Neptun mit der Erlaubnis Gottes seine Gezeitengesetze vergessen, um gegen die ungeschützten Menschen zu wüten.[14] Um dies zu erklären, greift er auf eine weitere Theorie von Wilhelm von Conches zurück, nach der die Nähe oder Ferne von Planeten auf der Erde ein Zuviel oder Zuwenig an Hitze und damit eine Abnahme oder Zunahme von Wasser bewirken könne.[15] Wenn sich, so Emo, nun mehrere Planeten zugleich von der Erde entfernten, könne das eine Sintflut (›diluvium‹), im umgekehrten Falle einen Brand (›incendium‹) verursachen, was nach der »allgemeinen Auffassung der Philosophen« auf die eine oder andere Weise zum Ende der Welt führen könne.[16] Wenn aber wie hier nur einige wenige Sterne beteiligt seien, so erfolge nur eine Teilsintflut (›diluvium particulare‹).

Emo betrat mit dieser Erläuterung ein gefährliches Feld voll intellektueller Fallstricke, denn diese Theorie stand wenigstens teilweise in einem Spannungsverhältnis zu einer gerade für ihn als Geistlichen wesentlichen Autorität der Weltdeutung. Die Bibel (1 Mose 7–9) legte nämlich mit ihrer Erzählung von der Vernichtung der sündigen Menschheit durch eine von Gott gesandte vierzigtägige Flut, die nur Noah und seine Familie in einer auf Gottes Gebot hin gebauten Arche überlebten, den wortwörtlichen oder auch nur allegorischen Deutungsrahmen für Überschwemmungen als sintflutartige Sündenstrafe geradezu zwingend nahe. Nach der biblischen Erzählung (1 Mose 8,21f.) bleibt die Menschheit jedoch dank Jahwes Bund mit Noah nach der ersten Sintflut, solange die Welt besteht, von einer weiteren Sintflut als Sündenstrafe verschont. Daher waren theologisch geschulte Autoren dazu gezwungen, Überschwemmungen lediglich als z. B. eine Teilsintflut zur Bestrafung einzelner Sünder zu deuten – oder als Vorzeichen des Jüngsten Gerichts oder sogar des Weltendes selbst. Das von Jesus (Mt 24,38f., Lk 17,27–30) angekündigte Weltende warf aber ebenfalls Auslegungsprobleme auf, da hier als Vorbilder für das Jüngste Gericht sowohl auf die Sintflut als auch auf die Vernichtung durch vom Himmel fallendes Feuer zur Bestrafung der sündigen Städte Sodom und Gomorrha (1 Mose 19) verwiesen wurde. Die Vorzeichen für das Weltende – im Laufe des Mittelalters bildete sich eine regelrechte Lehre von den 15 Vorzeichen des Weltendes aus – umfasste ebenfalls die Vorstellung von einer finalen Feuerflut (Offb 8,7).[17]

Naturkundlich begründet werden konnte die Theorie einer Teilsintflut mit Hilfe des wohl schon vor 1200 aus dem Arabischen ins Lateinische übersetzten Kommentars einer Platonstelle (Timaios 22c–23b) von Avicenna (980–1037), der in seiner anonymen lateinischen Version Aristoteles zugeschrieben wurde.[18] In diesem Kommentar wird ein ›diluvium‹ als Sieg eines Elements über andere als Folge einer bestimmten Sternenkonstellation verstanden und vier Typen eines elementaren Zuviel unterschieden – nämlich Fluten von Wasser, Feuer, Luft und Erde. Dieses Denkmodell wurde allmählich durch die universitäre Lehre und

Prognosen wie den sogenannten Toledobrief verbreitet, der seit 1186 im Abendland zirkulierte und in dem als Folge bestimmter Sternenkonstellationen z. B. eine Überschwemmung durch Wind, Wasser, katastrophale Seuchen, Erdbeben und Sturmfluten vorausgesagt wurden. Tatsächlich blieb diese Desaster-Theorie aber strittig und die These, eine natürliche universelle Feuer-Sintflut (›universale diluvium ignis‹) sei überhaupt möglich, sollte 1277 durch den Pariser Bischof Étienne Tempier sogar als Häresie verboten werden.[19]

Auf dieses dogmatische Glatteis begibt sich der friesische Geistliche wohlweislich nicht, auch wenn er die naturphilosophische Vorstellung vom natürlichen Weltende durch eine Feuer-Sintflut immerhin erwähnt. Für ihn sind die Sterne zuerst und zuletzt Gottes Willen unterworfen, und die friesische Teilsintflut mit nachfolgender Hungersnot und Seuche hat sich folglich ganz im Sinne des populären straftheologischen Deutungsmusters – »wegen unserer Sünden«, wie er schreibt – ereignet.[20] Allerdings wirft diese Deutung wieder neue Probleme auf – angefangen von der alten Frage einer Rechtfertigung des guten und barmherzigen Gottes angesichts einer Katastrophe, die schließlich auch Unschuldige treffen kann, bis hin zur brisanten Frage, wer genau die gestraften Sünder denn seien und wofür sie gestraft würden. Emo beantwortet diese Fragen in doppelter Hinsicht, einerseits auf sich selbst und sein Kloster, andererseits auf die friesische Küstengesellschaft bezogen. Seine Antwort wirft ein helles Licht auf das gesellschaftliche Naturverhältnis und die politische Organisation Frieslands zu Beginn des 13. Jahrhunderts und deckt sich weitgehend mit dem, was auch aus anderen Quellen bekannt ist.[21]

Als eine Ursache der Flut nennt Emo nämlich die Undankbarkeit der Friesen für den Reichtum, den sie dem erschlossenen fruchtbaren Land und der Freiheit, in der sie lebten, verdanken würden. Tatsächlich hatten sich die Friesen unter Berufung auf angeblich von Karl dem Großen (747/48–814) verliehene Rechte mit einer eigentümlichen Mischung herrschaftlicher und genossenschaftlicher Organisationsformen gegen die im Hochmittelalter vordringende gräfliche und fürstliche Landesherrschaft wehren können. Eine wichtige, vielleicht zentrale Rolle in diesem Streben nach Autonomie spielte der gemeinschaftliche Deichbau und -unterhalt. Die Notwendigkeit, zur Landgewinnung und -sicherung umfangreiche Deichanlagen zu bauen und zu unterhalten, zwang diejenigen, die Herrschaftsrechte ausübten (Klöster, Kirchspiele, Bauernschaften, Edle), zur regionalen Kooperation, zur Entwicklung förmlicher Verfahren zur Konfliktbeilegung, schließlich auch zur Kodifikation von Rechten und Pflichten (Deichrechte). Ganz harmonisch ging es dabei sicher nicht zu, weil z. B. die Siedler auf den höher gelegenen Warften und dem Geest durch Sturmfluten weniger bedroht und folglich auch weniger motiviert waren, sich an Gemeinschaftsaufgaben zu beteiligen. Emo berichtet sicher nicht zufällig davon, dass ausgerechnet »diese Gotteslästerer« zu Nutznießern der Flutkatastrophe wurden, da sie sich weigerten, den Opfern zu helfen und sich sogar an den herumtreibenden Gütern bereicherten.[22] Emos Klostergemeinschaft war Teil dieses Prozesses einer wechselseitigen Formung von Gesellschaft und Kulturlandschaft. Wenige Jahre vor der Flut hatte sein Kloster eine Grangie, einen Wirtschaftshof, an der Ems errichtet, das Nonnenkloster Rosenfeld besaß unmittelbar nördlich davon Grundbesitz, der durch Deiche geschützt war und durch die Marcellusflut schwer getroffen wurde.

Der Vorwurf der Undankbarkeit gegenüber Gott traf also potenziell auch Emo selbst und seine Klostergemeinschaft als Nutznießer des von der Meeresmacht zerstörten Menschenwerks, des schützenden Deichs. Er besaß sogar eine ganz besondere, persönliche Pointe, die der Geistliche in der Tradition augustinischer Selbsterforschung auch gleich thematisiert. Der von der Flutkatastrophe betroffene Besitz war nämlich durch umfangreiche, nicht immer unumstrittene Schenkungen an das Kloster gekommen. Der spätere Abt von Wittewierum selbst war wenige Jahre zuvor sogar in einen Konflikt um die Schenkung von St. Vitus von Wierum verwickelt worden, in dessen Folge er die konkurrierenden Ansprüche eines gewissen Ernst auf die Pfarrei durch Geldzahlungen zu befriedigen suchte. Als im Kirchenrecht ausgebildeter Jurist wusste Emo genau, dass diese Handlungsweise als verwerfliche Simonie, als Kauf eines Amtes mit Geld oder Gut, verstanden werden konnte. Folgerichtig versucht er in langen Erörterungen, seine Handlungsweise zu rechtfertigen.

Als Folge des enormen Aufschwungs der Klostergründung und ihrer Ausdehnung unter Emos Leitung muss es viele Konflikte mit dem friesischen Landadel und der Bevölkerung gegeben haben. Aus Mangel an Quellen lassen sie sich nur noch vage erahnen. So geriet Emo bald nach der Marcellusflut in Konflikt mit dem vom zuständigen Bischof von Münster eingesetzten Offizial Propst Herdricus von Schildwolde, der ihm auf einer Synode schwere, nicht näher erläuterte Vorwürfe machte, doch im zeitweise gewalttätig geführten Konflikt letztlich unterlag.[23] Möglicherweise hingen diese Konflikte auch mit der gesellschaftlichen Reaktion auf die Schäden der Marcellusflut zusammen. Der Deichbruch an der Ems nahe dem Nonnenkloster hatte nämlich zur Abwanderung vieler verarmter Überlebender aus diesem Gebiet geführt. Dennoch musste der Deich unbedingt vor der nächsten Winterflut geschlossen werden. Doch wer sollte diese Arbeit übernehmen und die Kosten tragen? Die Einwohner von sechs weiter im Binnenland gelegenen Ansiedlungen (vielleicht die von Emo zuvor als Gotteslästerer gebrandmarkten?) verlangten, dass die wenigen verbliebenen Anwohner und das Kloster in Wittewierum, das für sein Nonnenkloster einzustehen verpflichtet war, für das Schließen der Deichlücke heranzuziehen seien. Dagegen wehrten sich die Betroffenen vor einem Gremium, das seit alters her über derlei Konflikte zu entscheiden hatte, den sogenannten Konsuln.[24] Diese beschlossen, dass alle Anwohner die Arbeit zu gleichen Teilen auszuführen hätten, da die Deicharbeiten dem allgemeinen Nutzen dienten. Die widerständigen sechs Ansiedlungen versuchten daraufhin, die Mönche an der Benutzung der öffentlichen Wege zu hindern. In dieser Gefahr, so Emo, habe es sich wunderbarerweise gefügt, dass die Vornehmsten von sieben am Meer gelegenen Ansiedlungen zusammenkamen, aus ihrer Mitte Geschworene wählten, die ein für alle gerechtes Urteil fällten: Alle Besitzer von Landstücken sollten wegen der Notwendigkeit der Deichreparatur gleichermaßen die Lasten des Wiederaufbaus übernehmen müssen.

Die wundersame Lösung des Problems scheint jedoch weder konfliktfrei zustande gekommen zu sein, denn Emo berichtet vom Widerstand der Gegenpartei, sogar von Mord- und Totschlag, noch sofort zum Erfolg geführt zu haben. Noch vier Jahre lang brach die Nordsee regelmäßig ins ungeschützte Land ein, bevor die Lücke im Deich endgültig geschlossen wurde.[25] Tatsächlich kam die Formierung des neuen Juratenkollegiums in Konkurrenz zu den älteren Konsuln einer kleinen politischen Revolution gleich. Es liegt nahe, in dem an einer Lastenteilung interessierten Kloster einen treibenden Faktor dieser Entwicklung zu vermuten. Den Juratenkollegien gehörte die Zukunft, denn im Laufe des 13. Jahrhunderts bildeten sich in der gesamten Region vergleichbare gemeindeähnliche Genossenschaften der Anwohner. Gegen Ende des Jahrhunderts setzte schließlich ein regelrechter Institutionalisierungsprozess ein, der unter maßgeblicher Beteiligung der Klöster zur Gründung von Deich- oder Sielachten aller grundbesitzenden Anwohner führte, mit schriftlichen Ordnungen und der Wahl ständiger Deichgeschworener.

Die Nordsee blieb dennoch ein bedrohlicher, gefährlicher Nachbar. Sie trug in entscheidendem Maße zur Ordnungskonfiguration einer Küstengesellschaft bei, die im Spannungsverhältnis von Natur und Kultur, von Herrschaft und Gemeinschaft lernte, einen ganz eigenen Weg zu gehen. Die Marcellusflut des Jahres 1219 kann als eine wichtige Station auf diesem Weg gelten.

Ein Unstern bedroht Europa

Das Erdbeben von Neapel im Dezember 1456

Gerrit Jasper Schenk

»Meine Herren, am 4. des Monats, als die elfte Stunde geschlagen hatte [ca. 3 Uhr nachts am 5. Dezember 1456], gab es ein Erdbeben, das etwa eine Zehntelstunde dauerte und vielleicht länger und es war so gewaltig, dass dies gesamte Land zerstört ist, angefangen vor allem bei den Gotteshäusern ... Unzählige Paläste und Häuser wurden in einer Weise zerstört, dass man nicht mehr länger durch die Straßen gehen kann und wegen des aufgehäuften Mauerwerks auch nicht durchkommt. Diejenigen Gebäude, die stehenblieben, sind alle aufgerissen und durchgeschüttelt und es gibt wirklich nur wenige, die nicht teilweise eingestürzt sind ...

Zu jener Stunde wurde das ganze Volk aus dem Schlaf gerissen. Oh meine Herren, wer nicht die heftigen Schreie erlebt hat, das tränenreiche Heulen, die großen Klagen und Rufe der Männer, Frauen und Kinder, die nachts aus den Häusern rannten, nackt, ihre Kinder geschultert, um das Leben zu retten, noch ohne von ihren getöteten Brüdern, Schwestern und Schwägern zu wissen, für den ist es schier unmöglich, dies mit der Feder zu beschreiben oder mit der Zunge zu erzählen. Es schien in diesem Moment wirklich, als sei der Himmel offen, um die bittersten, härtesten und tränenreichsten Klagen zu hören, als sich alle Gott empfahlen ... es war zum Gotterbarmen, Priester, Ordensbrüder, Frauen, Jungen und Mädchen jeden Alters zu sehen, wie sie mit fortschreitendem Tag orientierungslos in hellen Scharen, laut ›Erbarmen, Erbarmen!‹ rufend, durch die ganze Stadt liefen, wirklich wie Schäfchen ohne den Hirten, verletzt von Wölfen; so heftig waren die Schreie, dass die Steine zu weinen schie-

Bericht

nen ... In der Nacht geriet das Meer in eine so große Bewegung, dass alle Galeeren und Schiffe, die sich im Hafen befanden, von tausend Teufeln bekämpft zu werden schienen, so groß waren die Stöße und Schäden, die sie untereinander anrichteten ... Der Sturm, der im Erdinneren herrschte, war so groß, dass das Wasser aus den Brunnen und Zisternen, die sich in Neapel befinden, hinausgedrückt wurde.

Als der Tag gekommen war, hieß es, dass in der folgenden Nacht ein noch größeres [Erdbeben] käme ... und Männer und Frauen und Kinder zogen auf das Land außerhalb von Neapel und hielten sich um die Mauern herum auf, nachts umherlaufend und aus Furcht nicht schlafend. Ich glaube nicht, dass jemals zuvor so viele Pavillons, Zelte, Unterstände ... rund um die Stadtmauern gesehen wurden, die auf eine Anzahl von mehr als 4500 geschätzt wurden, alle mit Leuten vollgestopft, die sich nicht mehr in irgendeinem der Gebäude aufhalten wollten. Und so blieb die Stadt an diesem Abend und dem folgenden ganz verlassen, abgesehen von denen, die die Gewohnheit haben, Pavillons in den Gärten innerhalb der Mauern zu errichten, so dass sie sicher sein würden.

Es war zum Fürchten, zu beobachten, wie die Minderbrüder des Heiligen Franziskus und andere Geistliche flohen und die Kirchen verließen und die einen auf Galeeren, die anderen auf Schiffe und andere Nachen gingen, um das Leben zu retten. Nur ich Armer, überwältigt vom Schlaf und vom Wasser bedroht, war gezwungen, mit meiner ganzen Familie in die Herberge zurückzukehren, weil ich keine andere Unterkunft hatte, und mich dem Ratschluss und Erbarmen Gottes auszuliefern, im Vertrauen auf jenen Psalm ...: *Qui habitat in adiutorio Altissimi etc.*[1] Und so blieben wir in diesen Unwettern noch viele Tage und Nächte, der Vorhersage von einigen Astrologen und Rechenkünstlern entsprechend, die seltsame Sachen von Planeten erzählen, die uns beherrschen ...

Und gerade ist hier ein Bursche der königlichen Ritter eingetroffen, der vom König kommt und berichtet, dass es in Foggia schrecklich gewesen ist, doch sind weder der König noch der Herzog noch einer der Höflinge umgekommen.[2] Es ist erstaunlich hier, wie die Frauen öffentlich das Laster der Sodomie anprangern, von dem sich viele sehr beherrschen ließen, und sie behaupten zu hören, dass wegen ähnlicher Ausschweifungen dies Gottesurteil erfolgt sei.

Jetzt kann ich nicht mehr aufschreiben, was man von Stunde zu Stunde an neuem Schrecklichem sowohl von hier als auch von anderswo hört; aber ich wünsche zu erfahren, wie die Dinge in unserer Stadt [Siena] stehen. Und wirklich, wenn ihr dieses Schicksal nicht widerfahren ist, dann dankt Gott und bittet unsere ruhmreiche Mutter, die heilige Maria, mit großen Ehrerweisungen und Gebeten, dass sie die Stadt vor ähnlichen Strafen errette und bewahre ...«[3]

So schilderte Bindo Bindi, Botschafter am Hof des Königs von Neapel, mit rhetorischem Schwung und spürbar unter dem Eindruck des Erlebten, den Stadtvätern seiner Heimatstadt Siena ein Erdbeben, das am 5. Dezember 1456 ganz Unteritalien erschütterte. Er war nicht der Einzige, der seine Erlebnisse als Augen- und Ohrenzeuge in Worte fasste und für seine Zeitgenossen und die Nachwelt festhielt. Seine Schilderung vom Erdbeben in Neapel kann mit den Angaben aus 15 weiteren Berichten, die noch im Dezember entstanden, und einer Vielzahl späterer Aufzeichnungen verglichen werden. Das schreckliche Ereignis mit vielen Toten – die Angaben der Zeitgenossen schwanken zwischen plausiblen 30.000 und weniger wahrscheinlichen 100.000 Toten – löste unter den Zeitgenossen Debatten über die Ursachen von Erdbeben aus und regte die Gelehrten an, den Wissensstand der Zeit über Erdbeben im Allgemeinen und ihre Entstehung im Besonderen in Abhandlungen zu erörtern. Der Augenzeuge Giannozzo Manetti (1396–1459) etwa wertete für einen entsprechenden Traktat die Bücher des Alten Testaments, Berichte seit der Antike, mittelalterliche Chroniken und Annalen aus und erstellte auf dieser Grundlage einen umfangreichen Katalog historischer Erdbeben. Insofern markiert das Erdbeben von Neapel 1456 auch den Beginn der historischen Erdbebenforschung in Europa.

Die moderne historische Erdbebenforschung spricht mit Blick auf die Vielzahl an Berichten davon, dass es sich um »eines der wichtigsten und am besten dokumentierten Erdbeben in der gesamten Geschichte der Seismik Italiens« handele.[4] Das komplexe Geschehen kann daher, auch unter geophysikalischen Gesichtspunkten, recht gut rekonstruiert werden. Für Italien sind diese Forschungen alles andere als ein Glasperlenspiel von Historikern und Geophysikern im Elfenbeinturm ihrer Forschungseinrichtungen, denn die Kenntnis erdbebengefährdeter Regionen ist heute für die Bauplanung potenziell gefährlicher großtechnischer Einrichtungen wie zum Beispiel Chemiefabriken und Atomkraftwerke von großer Wichtigkeit.

Was genau geschah also in jener Nacht vom 4. auf den 5. Dezember 1456? Sehr wahrscheinlich gab es eine Serie von mindestens vier aufeinanderfolgenden Erdstößen. Die räumliche Verteilung gleichartiger Schäden spricht dafür, dass diese Stöße von vier unterschiedlichen Erdbebenherden ausgingen. Die Epizentren reihen sich auf einer bekannten tektonischen Bruchzone entlang des südlichen Apenninenbogens aneinander, die sich von Mittelitalien hinunter zum Golf von Tarent und in einem Bogen bis nach Sizilien erstreckt. Die Spannungen, die sich zwischen den hier miteinander kollidierenden afrikanischen und adriatischen tektonischen Platten aufbauen, entladen sich immer wieder in zum Teil starken Erdbeben. Am 5. Dezember 1456 verteilten sich die Erdbebenherde, von Nord nach Süd gehend, auf das obere Pescara-Flusstal, die Region um den Berg Matese, die Provinzen Irpinien und Samnien östlich von Neapel und schließlich rund um den erloschenen Vulkan Vulture im Norden der Region Basilicata. Die einzelnen Beben erreichten in den jeweiligen Epizentren, bemessen am Umfang und der Verteilung der Schäden, eine Stärke von etwa IX bis XI auf der zwölfstufigen Mercalli Cancani Sieberg-Skala (MCS-Skala) – das ist eine Stärke, die zum Einsturz tragender Mauern führt.

Der erste Erdstoß wurde von vielen Zeugen als ungewöhnlich lang andauernd beschrieben. In den Worten des Augenzeugen Giannozzo Manetti bebte die Erde »länger als zwei langsam, nach Art von Ordensbrüdern gesprochene ›Miserere mei‹«, andere schätzten die Dauer auf die Länge von zehn gesprochenen Paternostern. Man kann sich gut vorstellen, dass die Autoren, jäh aus dem Schlaf geschreckt, ein ›Erbarme Dich meiner, oh Herr‹ oder ein ›Vaterunser‹ zu beten begannen und daher die Länge des Erdstoßes danach bemaßen. Nach ihren Angaben könnte der erste Erdstoß also vielleicht zwei bis drei Minuten gedauert haben. Der Florentiner Kaufmann Paolo Rucellai, der sich gerade in Neapel aufhielt, beschrieb am 8. Dezember seinem Bruder Giovanni genau diese Situation: »Wir schliefen gerade, erwachten dann alle mit großer Angst und empfahlen uns Gott und dank seiner Gnade hat unser Haus keinerlei

Schaden erlitten und wir alle sind gesund.« Andere beteten nicht, sondern handelten, wie dies etwa Filippo Strozzi aus der bekannten Florentiner Bankiersfamilie in einem Brief am 8. Dezember an seine Mutter Alessandra beschreibt. Das Dach des Hauses, in dem er übernachtete, stürzte teilweise auf die Zimmerdecke des Raumes, in dem sein Bett stand, worüber Filippo berichtet: »... ich glaubte, dass die Decke runterkommen würde und sah keinen Fluchtweg. Ich warf mich vom Bett auf den Boden, stieß eine Kiste beiseite und kroch unter das Bett und dort blieb ich, solange die Sache dauerte.«[5]

Nach dem außergewöhnlich genauen Bericht eines Zeitgenossen aus Monte Cassino folgten, offenbar im Abstand weniger Sekunden, drei weitere Erdstöße geringerer Dauer. Es könnte sein, dass diese Erdbebenserie zu nachtschlafender Zeit im Erleben Bindo Bindis zur eingangs zitierten langen, sonst von keinem Zeugen überlieferten Zehntelstunde verschwamm. Nicht ganz klar ist es, ob das von Bindo Bindi beschriebene Verhalten des Meeres beim ersten Erdstoß in Neapel auf einen Tsunami deutet.[6] Bis in den Februar 1457 hinein folgten diesen ersten vier Erdstößen noch kleinere Nachbeben, die zwar die Bevölkerung in Angst und Schrecken hielten, aber den gewaltigen Schaden der ersten Bebenserie kaum mehr vergrößerten.

Im Morgenlicht des 5. Dezembers 1456 wurde das ganze Ausmaß der Schäden erst richtig sichtbar, sowohl im Hinterland als auch in Neapel selbst, wo vor allem die großen und prächtigen Kirchen zum Teil bis auf die Fundamente eingestürzt waren. Die Überlebenden listen in ihren Berichten die größten Schäden auf, wie um ihren Zeitgenossen das Ausmaß der Katastrophe durch die Aufzählung der Trümmerstätten zu verdeutlichen und die so jäh zerstörte Pracht der Stadt vor das innere Auge der Leser zu rufen. »Als es Tag geworden war, gingen wir nach draußen, wo wir unglaubliche Dinge vorfanden, wie ihr merken werdet. Die Kirche San Giovanni Maggiore ... mit drei Schiffen, die zwei Seitenschiffe mit Gewölbe und Säulen und das Mittelschiff mit Dach: zerstört bis auf die Fundamente ... Die Kirche Santa Maria Maggiore (die nicht so groß war): zerstört bis auf die Fundamente. Die zwei Türme gegenüber dem Bischofspalast, von staunenswerter Höhe: bis auf die Hälfte eingestürzt; in einem von ihnen befand sich das Haupt des Heiligen Gennaro und eine gläserne Ampulle mit Blut des besagten Heiligen, die ohne jeden Schaden unter den Steinen gefunden wurde«, berichtet Paolo Rucellai im oben erwähnten Brief an seinen Bruder.[7] Dass vor allem die Kirchen schwer beschädigt worden waren, beschäftigte die Zeitgenossen als gläubige Christen erkennbar in besonderer Weise, so wie sie auch aufmerksam festhielten, dass insbesondere die Geistlichen von der Katastrophe nicht verschont blieben, und sogar, wie Bindo Bindi mit kritischem Unterton erwähnt, ihre Kirchen schmählich im Stich ließen und auf die vermeintlich sichereren Schiffe im Hafen flohen.

Jedem Gläubigen waren das Erdbeben beim Kreuzestod Christi und das in der Apokalypse angekündigte Erdbeben am Weltende als Bezugspunkte der Heilsgeschichte bekannt. Tatsächlich wurde die Interpretation von Erdbeben als Zeichen des zürnenden Gottes über die Sünden der Welt, als Mahnung zu Buße und Umkehr schon seit dem Hochmittelalter von Predigern popularisiert und im Spätmittelalter als eines der legendarischen Fünfzehn Zeichen für das nahende Ende der Welt auch im Bild dargestellt. In der Forschung wird dieses Deutungsmuster von Katastrophen als Straftheologie charakterisiert.[8]

Die Überlegungen von spätmittelalterlichen Theologen, Philosophen, Chronisten, Tagebuchschreibern und der politischen Elite zu dieser straftheologischen Deutung von Katastrophen machen jedoch klar, dass sie mehr Fragen aufwarf als zu beantworten half: Weshalb traf diese Strafe Gerechte und Ungerechte gleichermaßen? Nicht selten berichten mittelalterliche Chronisten vom wundersamen Überleben eines Babys in den Trümmern und betonen damit die Rettung wenigstens eines Unschuldigen, was eine implizite Rechtfertigung Gottes angesichts des Übels in der Welt darstellen könnte. In Neapel ist es laut Paolo Rucellai bezeichnenderweise die als Reliquie verehrte Ampulle mit dem Blut des Stadtpatrons, des Heiligen Gennaro (Januarius), die auf wunderbare Weise dem Verderben entgeht – denn dieser Heilige wurde und wird in Neapel vor allem gegen Erdbeben und Ausbrüche des Vesuv angerufen.[9]

Schwieriger noch war die Frage zu beantworten, ob eine Katastrophe als ein Zeichen Gottes dafür zu verstehen sei, dass die Regierung – als von Gott eingesetzte Gewalt – ihrer Verpflichtung, rechtzeitig gegen die Sünden ihrer Untertanen vorzugehen, nicht nachgekommen war und deswegen eine Mitverantwortung an der moralischen Ursache der Katastrophe trage. Bindo Bindis Mahnung an die Stadtregierung Sienas, sie möge sich mit der Bitte um Verschonung vor dieser Gottesstrafe an die Stadtpatronin Maria wenden, folgt sicher nicht zufällig seinem Hinweis auf die Frauen Neapels, die das Laster der Sodomie – worunter man im Mittelalter vor allem sexuelle Handlungen zwischen Männern verstand – als moralische Ursache der Katastrophe beklagten.[10] Die Anordnung von Prozessionen und Bittmessen, die Bestrafung lastervollen Verhaltens und die Verkündung von Kleiderordnungen, die einen als sündig verstandenen Aufwand mit schönen und kostbaren Kleidern reglementierten, sind daher auch als eine katastrophenpräventive Maßnahme der Herrschaftsträger zu verstehen. Eine Herrschaft, die nicht gegen diese gefährlichen Tendenzen vorging, verlor auch in den Augen der Beherrschten ihre Legitimität, weil diese letztlich auf die Gnade Gottes zurückgeführt wurde. Doch wie reagierte man in Unteritalien auf das Erdbeben, nachdem die unmittelbare Gefahr vorüber war?

Herrscher von Neapel war Alfons I. (1416–1458), der als König von Aragón und Sizilien die spanische Einflusssphäre im Mittelmeerraum bereits seit 1420 planmäßig ausgeweitet hatte und erst 1442 im Kampf um das Königreich Neapel gegen seinen Konkurrenten Ludwig III. von Anjou (1402–1434) erfolgreich gewesen war.[11] Er hatte seine Herrschaft über diesen reichen Landstrich im Laufe vieler Jahre gegen den Widerstand der lokalen Barone durchgesetzt. Zum Zeitpunkt des Erdbebens war der prachtliebende König und Förderer vieler Humanisten gerade bei einer seiner Lieblingsbeschäftigungen, nämlich auf der Jagd in der Capitanata (Provinz Foggia). Der Humanist Enea Silvio Piccolomini (als Pius II. 1458–1464 Papst) berichtet am 28. Dezember 1456 in einem Brief an den deutsch-römischen Kaiser Friedrich III., der König sei an Fieber und einer Kolik schwer erkrankt, kaum dass er die schrecklichen Neuigkeiten erfahren habe. Die gelehrte Geschichte vom Leib des Königs, der quasi als Staatskörper von dem Leiden, das sein Land schüttelt, ebenfalls befallen wird, ist freilich nur die beflissene Mär eines Humanisten. Tatsächlich blieb der König gesund und munter bei seinen Jagdvergnügungen bis Ende Februar des folgenden Jahres. Er ordnete zwar eine Bittprozession an, wies aber in der Regel Petitionen um Steuerermäßigungen von Gemeinden, die stark vom Erdbeben getroffen worden waren, mit dem fast schon zynisch wirkenden Argument zurück, dass die Abgaben schließlich vom Erbe der Erdbebenopfer gezahlt werden könnten. Wollte der König auf diese Weise jegliche Schuld zurückweisen und demonstrieren, dass selbst ein katastrophales Erdbeben seine Herrschaft nicht erschüttern konnte? Ganz abwegig scheint dies nicht zu sein, denn zumindest ein Autor, Antonio Astesano, interpretierte das Erdbeben ganz politisch als eine Strafe für die Usurpation des Thrones durch König Alfons.

Die vergleichsweise ›moderne‹ Verwaltung seines Königreiches reagierte jedoch – für die Verhältnisse der Zeit – erstaunlich effizient, rasch und umfassend, als wolle sie möglichen Vorwürfen vorbeugen. Zwar waren Steuererleichterungen für die Betroffenen die Ausnahme, doch begann man rasch mit den Aufräumarbeiten. Die einsturzgefährdeten Gebäude vor allem in Neapel selbst wurden abgestützt, der Wiederaufbau war schon 1458 weit fortgeschritten, das Bauhandwerk erlebte eine Hochkonjunktur. Insgesamt scheinen sich Gesellschaft und Wirtschaft rasch von dem Erdbeben erholt zu haben, und demographisch bedeutete es, soweit sich das rekonstruieren lässt, zwar einen Einschnitt, aber wohl keinen Niedergang.

Dagegen scheinen kirchliche Institutionen wie Abteien, die wegen ihres Besitzes und zahlreicher ökonomischer Privilegien eine große Rolle für den Wohlstand der betroffenen Region spielten, mit der wirtschaftlichen Bewältigung der Katastrophe größere Schwierigkeiten gehabt zu haben. Der Wiederaufbau der vielen beschädigten Kirchen kam nur langsam voran. Die Päpste gewährten über die nächsten Jahre hinweg zwar mehrfach Ablassbriefe zugunsten des Wiederaufbaus, doch in der Mitte des 15. Jahrhunderts scheint das Angebot, sich von den zeitlichen Sündenstrafen im Fegefeuer durch Spenden an die Kirche freizukaufen, nicht allzu viel Geld in den Klingelbeutel gespült zu haben. Zwar wurde in Kollekten fleißig Geld gesammelt und zur Einsparung und gegenseitigen wirtschaftlichen Unterstützung wurden sogar geistliche Anstalten zusammengelegt, doch blieb die finanzielle Lage der Kirche lange Zeit desaströs. Wo die Reparatur zu teuer schien, wurde kirchliches Eigentum unter Wert verkauft, beschädigte Güter mussten zu außerordentlich günstigen Konditionen verpachtet werden. Es scheint, dass Privatleute durch Spekulationen vielfach einen Nutzen aus dieser Situation zogen, so dass die wirtschaftliche Bewältigung der Katastrophe zu einer Umverteilung führte und auf lange Sicht die Laien eher zu Gewinnern und die geistlichen Institutionen eher zu Verlierern des Erdbebens vom Dezember 1456 machte.

Nicht zuletzt stellten auch die zahlreichen Erklärungsversuche für das Erdbeben eine Form der bewältigenden Auseinandersetzung mit dem schrecklichen Geschehen dar. Schon im Bericht Bindo Bindis lassen sich gleich mehrere Erklärungsmuster finden. Der gebildete Doktor der Rechte aus Siena berichtet nämlich nicht nur von der offenbar vor allem unter der weiblichen Bevölkerung Neapels populären Auffassung vom Erdbeben als einer Sündenstrafe. Seine Beschreibung des Geschehens deutet weitere Erklärungsmuster an, die eher in intellektuellen Kreisen an Höfen, Universitäten und im gebildeten städtischen Milieu zirkulierten. Sie dürften als mehr oder weniger selbstverständliches Wissen bereits die Wahrnehmung und dann die Beschreibung und Deutung seiner ganz individuellen Erlebnisse mitgeformt haben.

Es handelt sich um zeitgenössische Vorstellungen vom physikalischen Aufbau der Welt aus den vier Elementen Feuer, Wasser, Erde und Luft in mehreren Sphären um die kugelförmig gedachte Erde herum und um die Erklärung natürlicher Vorgänge wie den Lauf der Planeten, Sonnen- und Mondfinsternisse, dem Geschehen in den unteren Zonen der Atmosphäre wie Blitz und Donner, Regen, Schnee und Winde.[12] Auch Erdbeben fanden eine natürliche Erklärung. Bereits der viel gelesene Isidor von Sevilla (um 560–636) vermittelte im Frühmittelalter einen Extrakt antiker naturkundlicher Erklärungen für Erdbeben. Vereinfacht skizziert, bot er drei Erklärungsmodelle an: Erstens, die Bewegung von Wasser im Inneren der Erde verursacht Erderschütterungen (so bei Lukrez). Zweitens, Erdbeben werden durch heiße Winde im Erdinneren verursacht, die einen Druck aufbauen und Ausgänge suchen (so bei Demokrit, Aristoteles, Sallust). Diese giftigen Dünste aus dem Erdinneren wurden ihrerseits für Krankheiten und den Ausbruch von Seuchen wie der Pest verantwortlich gemacht. Drittens, Hohlräume im Erdinneren stürzen ein und erschüttern so die Erde (so bei Theophrast und Seneca).¹³ Hinzu kommt ein viertes Erklärungsmodell – der uralte Glaube an den Einfluss der Himmelskörper auf das irdische Geschehen.

Da diese Vorstellungen eine gewisse innere Geschlossenheit und Folgerichtigkeit besitzen und das astronomische und das meteorologische Geschehen in einem einzigen theoretischen Rahmen zusammengefasst werden, bezeichnet man sie in der modernen Forschung als »Astrometeorologie«. Neben dem antiken naturkundlichen Wissen spielten seit dem hohen Mittelalter für die Entwicklung dieser Theorien auch Übersetzungen arabischer Schriften über die Astronomie, die Übernahme indisch-arabischer Zahlen (samt der Null), Innovationen beim Bau von Instrumenten zur Berechnung von Sternenhöhen und die Kritik der antiken Autoren durch Gelehrte wie Albertus Magnus (um 1200–1280) eine Rolle. Viele mittelalterliche Gelehrte gingen noch weiter und nahmen einen Zusammenhang der makrokosmischen Erscheinungen mit den mikrokosmischen auf der Erde, in der menschlichen Gesellschaft und sogar im menschlichen Körper selbst an – wahrscheinlich geht der erwähnte Bericht Enea Silvio Piccolominis von der plötzlichen Kolik des Königs auch auf solche Vorstellungen zurück. Der Glaube an einen Zusammenhang zwischen Sternkonstellationen und menschlichem Schicksal war jedenfalls weit verbreitet, die Grenze zwischen dem, was heute als Astronomie und Astrologie streng geschieden wird, dagegen kaum vorhanden.

Der Glaube an die Macht der Sterne über die Menschen war freilich auch Gegenstand erbitterter Debatten. Grob lassen sich drei Positionen unterscheiden: Einmal eine streng deterministische Auffassung, dass die Sterne das Schicksal der Menschen bestimmen. Dann die Überzeugung, dass der Glaube an die Macht der Sterne nichts als ein vielfach widerlegter Irrtum oder sogar ein häretischer Aberglaube sei, da er sowohl der Allmacht Gottes als auch der Willensfreiheit des Menschen widerspreche. Drittens gab es Positionen, die zwischen diesen Auffassungen zu vermitteln suchten. So wurde etwa argumentiert, dass die Allmacht Gottes als Beweger der Sterne die erste Ursache und die Sternenmacht nur eine abgeleitete zweite Ursache für ein bestimmtes menschliches Schicksal sei. Verbreitet war auch die Vorstellung, dass Sternenkonstellationen eine bestimmte Entwicklung nur begünstigen, aber nicht erzwingen können.

Bindo Bindis Bericht vom Sturm im Erdinneren, der in der Erdbebennacht 1456 das Wasser aus den Brunnen und Zisternen in Neapel herausgedrückt habe, dürfte also auf einer Verbindung seiner empirischen Beobachtung mit der aristotelischen Vorstellung beruhen, dass heiße Winde im Erdinneren ein Erdbeben verursachen können. Bedenkt man ferner, dass die Stadt am Fuß des Vulkanes Vesuv und damit in einer Zone liegt, in der heiße Quellen sprudeln und sich der Eindruck, dass die Erde von unterirdischen Hohlräumen durchzogen wird, mit der alltäglichen Wahrnehmung der Zeitgenossen zwanglos verbinden lässt, dann erscheint diese Erklärung sogar recht plausibel. Auch das aufgewühlte Meer ließ sich durch die Wirkung austretender Winde erklären. Vorsichtig bis skeptisch stand unser Gewährsmann jedoch den Aussagen von Astrologen über den Einfluss von Planeten auf das Geschehen gegenüber, die er als »seltsame Sachen« charakterisiert, vielleicht auch, um dem Vorwurf des Aberglaubens zu begegnen.

Tatsächlich war genau diese Frage nach dem Einfluss der Sternenwelt auf das irdische Geschehen, als Vorzeichen für oder physikalische Ursache von Stürmen, Überschwemmungen, Erdbeben, Seuchen, Krieg und Hungersnot, eines der großen Themen dieser Zeit.[14] Predigende Franziskanerbrüder hatten schon seit 1450 besonders in Süditalien die Angst vor drohendem Unheil für einen Aufruf zu Buße und Umkehr genutzt. Zahlreiche Chroniken überliefern eine Prophezeiung, die offenbar in der Form eines Briefes unter den Zeitgenossen zirkulierte und für die Jahre 1453 und 1455 schreckliches Unheil als Folge einer ungewöhnlichen Planetenkonjunktion voraussagte. Es handelt sich um eine Variante des sogenannten Toledobriefes, der auf eine ursprünglich im Orient gestellte astrologische Prognose zurückging und seit 1186 im Abendland in immer neuen, aktualisierten Varianten eine geradezu apokalyptische ›Überschwemmung‹ durch Wind, später auch durch Wasser, schließlich katastrophale Seuchen, Erdbeben und anderes Unglück ankündigte.

Wie um diese Ängste zu bestätigen und zu verstärken, war außerdem Mitte Mai 1456 ein geschweifter Stern am Himmel über Europa erschienen, der bis in den Juli hinein gut sichtbar blieb. Es war der später nach dem Physiker Edmond Halley (1656–1742) benannte Komet, der etwa alle 75 bis 77 Jahre in Erdnähe gerät. Kometen zählten nach den astrometeorologischen Vorstellungen zu den Himmelserscheinungen unterhalb der Sphäre des Mondes, ihre Entstehung versuchte man unter anderem naturkundlich durch die Entzündung von Dämpfen zu erklären, die aus der Erde entweichen, oder als Folge der Einwirkung bestimmter Sternkonstellationen. Mit Blick auf den biblischen Bericht vom Stern, der den Weisen aus dem Morgenland die Geburt des Heilands anzeigte, erregten Kometen in jedem Fall höchstes Interesse als Vorzeichen eines großen Wandels, sei es nun zum Besseren oder Schlechteren.[15]

Sobald 1456 der Komet sichtbar wurde, setzte europaweit eine Diskussion ein, wie er zu interpretieren sei. Chronisten von Spanien über das deutsch-römische Reich bis nach Ungarn und Italien beschrieben und deuteten das Ereignis, und zwar häufig als schlechtes Vorzeichen. Geistliche erwogen im Nachhinein, ob das Himmelszeichen auf den christlichen Sieg über die Türken vor der ungarischen Festung Belgrad oder auf das Erdbeben von Neapel zu beziehen sei. Erzbischof Antoninus von Florenz (1389–1459) berichtet in seinem Geschichtswerk ausführlich vom Erdbeben in Neapel und dem Kometen des Jahres 1456, folgt in seiner Erklärung der Himmelserscheinung aber der aristotelischen Argumentation von Albertus Magnus über ihre natürlichen Ursachen und verneint folgerichtig ihre Deutung als Vorzeichen, die gegen Gottes Allmacht und den freien menschlichen Willen stehe, ganz entschieden. Der Gelehrte und bestallte Astrologe der Stadtregierung von Florenz, Paolo dal Pozzo Toscanelli (1397–1482), verfolgte und vermaß die Bahn des Kometen. Der studierte Prior des Florentiner Konvents von Santo Spirito, Guglielmo Becchi (1411–1491), verfasste noch vor dem Erdbeben in Neapel einen Piero de'Medici (1416–1469) gewidmeten Traktat über den Kometen. Er versucht darin unter anderem, Erdbeben mit Hilfe der aristotelischen Lehre als eine natürliche Folge von Kometen zu erklären. Der Astronom und Mathematiker Georg Aunpeck von Peuerbach (1423–1461), der an der Wiener Universität lehrte, beobachtete und vermaß den Kometen und verfasste ein wissenschaftlich fundiertes Gutachten, in dem er die unterschiedlichen Auffassungen der antiken griechischen und römischen, der jüngeren arabischen und sogar ungenannt bleibender indischer Autoren diskutierte, um sich schließlich Albertus Magnus' Meinung anzuschließen.[16]

War in den Augen der Zeitgenossen die schreckliche Erdbebenkatastrophe in Unteritalien also nur die natürliche Folge eines Un-Sterns, also ein im Wortsinne wahres »Des-Aster«?[17] Dass diese Frage die Gelehrten gerade im Umfeld des aragonesischen Königshofes von Neapel umtrieb, steht zweifelsfrei fest. Zentrale Argumente dieser Diskussion lassen sich dank zweier erhaltener Traktate über das Erdbeben recht gut erfassen:[18] Der Abt Matteo dell'Aquila († 1474) von Santo Spirito del Morrone in den Abruzzen, ein Theologe und Philosoph, der jahrelang an der Universität in Neapel lehrte, verfasste bald nach dem Erdbeben eine Abhandlung, die sich eigens dieser Problematik annahm (›Tractatus de cometa atque terremotu‹). Er folgte darin einer von Albertus Magnus stark beeinflussten Lesart der aristotelischen Auffassung von Winden und Dämpfen im Erdinneren, die unter dem erhitzenden Einfluss von Sternen oder Kometen durch Druck im Erdinneren Erdbeben auslösen. Es überrascht nicht, dass er trotz dieser auf natürlichen Kausalitäten beruhenden Erklärung betonte, dass als erster Beweger von Sternen und Kometen Gott am Anfang des Geschehens stehe.

Den ausführlichsten und zukunftsweisendsten Beitrag aber verfasste der schon erwähnte Florentiner Bürger und hoch gebildete Humanist Giannozzo Manetti. Er stammte ursprünglich aus einer reichen Kaufmannsfamilie, war lange Zeit im Dienst seiner Vaterstadt als berühmter Redner von Gesandtschaften und als Statthalter im von Florenz beherrschten Gebiet tätig, wurde aber 1453 durch ruinöse Steuerforderungen ins Exil erst nach Rom, 1455 dann an den Hof König Alfons' nach Neapel getrieben. Im Kreis der Ratgeber dieses großzügigen Mäzens verbrachte er seine letzten Lebensjahre, wurde Augenzeuge des Erdbebens und beschloss, die Gründe für die Katastrophe zu untersuchen.

Wohl noch 1457 verfasste er einen dreiteiligen Traktat, seinem Mäzen gewidmet, in dem er zunächst biblische, antike und mittelalterliche Auffassungen von Erdbeben erörtert. Notwendigerweise kommt er zu dem Schluss, dass die Auffassungen von den natürlichen Gründen von Erdbeben deutlich der Ansicht von ihrem göttlichen Ursprung widersprechen. Sichtlich von der aristotelischen Erklärung überzeugt, folgt er zwar den autoritativen Aussagen der Bibel, lässt aber eine göttliche Ursache nur für die wundersamen Erdbeben im Alten und Neuen Testaments gelten. Bemerkenswert ist seine ausführliche Zusammenstellung von Vorzeichen für Erdbeben, für die er neben der schriftlichen Überlieferung auch auf Erfahrungen unmittelbar vor dem Erdbeben in Neapel 1456 zurückgreift und die ein Interesse an nutzbarem empirischen Wissen verrät.[19] Im zweiten Teil stellt er eine Liste von über 200 historischen Erdbeben seit Anbeginn der Zeiten bis 1456 zusammen. Neben antiquarischer Sammelleidenschaft könnte der tiefere Grund für diese Zusammenstellung auch darin liegen, Erdbeben als etwas ganz Gewöhnliches nachzuweisen und sie damit ihrer eschatologischen Dimension zu entkleiden. Nicht zuletzt könnte er damit auch die Absicht verfolgt haben, Argumenten den Boden zu entziehen, das Erdbeben sei als Gotteszorn gegen seinen Schutzherrn gerichtet. Im letzten Teil führt Manetti, geographisch geordnet, detailreich die Schäden auf, die das Erdbeben 1456 in Unteritalien anrichtete.

Das Erdbeben von Neapel stellt also gerade unter dem Gesichtpunkt einer vertieften Auseinandersetzung mit den Gründen von Erdbeben, der Diskussion über die Geltung und die Geltungsgründe naturkundlicher Theorien und der historischen Einordnung katastrophaler Ereignisse einen Meilenstein im intellektuellen Umgang Europas mit Katastrophen dar. Die Herkunft vieler Theorien aus unterschiedlichsten kulturellen Milieus vom Alten Orient über die Antike bis hin zur arabisch inspirierten Astrologie wirkte erkennbar als Anreiz, die Vielzahl der Deutungsmuster in fruchtbarer Konkurrenz weiterzuentwickeln. Selbst wenn diese Erklärungen heute teilweise befremdlich wirken, so stellen sie doch einen Schritt auf der Suche nach rationalen Erklärungen und damit auch auf dem Weg zu den modernen Naturwissenschaften dar.

»Drei lebenslange Freunde/ in einer Nacht dem Sand anheim gegeben«

Das Erdbeben von 1556 in Shaanxi (China)

Andrea Janku

Das Erdbeben, das im Juli 1976 die nordchinesische Stadt Tangshan weitgehend zerstörte, gilt mit offiziell 255.000 Todesopfern als eines der tödlichsten Erdbeben der Geschichte. Inoffizielle Schätzungen gehen sogar von 655.000 Opfern aus. Wenn auch das volle Ausmaß der Katastrophe lange nicht bekannt war, so zählt das Erdbeben von Tangshan doch zu den relativ gut dokumentierten Katastrophen der chinesischen Geschichte. Es ereignete sich zu einer Zeit, in der ein schweres Beben quasi erwartet wurde und sich nicht nur Wissenschaftler, sondern auch unzählige Laien mit der Erforschung alternativer Methoden der Erdbebenvorhersage beschäftigten, zum Beispiel, indem sie das Verhalten von Tieren beobachteten. Da es sich um eine ›Naturkatastrophe‹ handelte, eignete sich das Ereignis auch gut als Stoff für heroische Rettergeschichten. Die Hilfsleistungen der Armee und des Volkes konnten propagandawirksam in Szene gesetzt werden. Außerdem lud der Tod Mao Zedongs im Herbst desselben Jahres zu politischen Deutungen ein. Das Beben war ein Ereignis, das von verschiedenen Akteuren unterschiedlich interpretiert und instrumentalisiert wurde – ein Prozess, in dem die unbequemen, verstörenden und nicht zu bewältigenden Aspekte der Katastrophe ausgeblendet und überschrieben wurden.

Das Gleiche gilt für das Erdbeben von Huazhou in der nordchinesischen Provinz Shaanxi im Jahre 1556, das in der Liste der tödlichsten Erdbeben der Menschheitsgeschichte an erster Stelle steht. Nach offiziellen Angaben aus einer zeitgenössischen Chronik forderte diese Katastrophe über 830.000 Menschenleben. Dennoch gibt es signifikante Unterschiede zum Beben von 1976. Zunächst existieren natürlich sehr viel weniger Quellen, die dieses Ereignis dokumentieren. Weitaus erstaunlicher ist allerdings, dass es nicht nur in der Geschichtsschreibung, sondern auch in der historischen Erdbebenforschung bisher weitgehend ignoriert wurde. Selbst in einer neueren Publikation über die »weit reichenden Effekte seismischer Störungen« in der Menschheitsgeschichte, die neun Fallstudien aus allen Teilen der Welt vorstellt, kommt China nicht vor.[1] Das Beben in Shaanxi, das modernen Forschungen zufolge die Stärke 8 auf der Richterskala erreichte und in einem Umkreis von 400 Kilometern große Zerstörung anrichtete, hatte erstaunlicherweise auch keine politischen Umwälzungen zur Folge: Weder markierte es den Untergang der Ming-Dynastie, die noch bis zum Jahre 1644 Bestand hatte, noch bedeutete es das Ende der Regierung des Jiajing-Kaisers, der noch weitere zehn Jahre lang herrschte. Es sind nur einige wenige Dokumente von Zeitzeugen bekannt, die ihre Erlebnisse niedergeschrieben haben, und aus offizieller Sicht gab es offenbar wenig Anlass, dem Ereignis mehr Aufmerksamkeit zu schenken als unbedingt nötig. Selbst in den Schulbuchbeschreibungen der vielen Katastrophen, die den Untergang der Ming eingeläutet haben sollen, ist für das Beben von Huazhou kein Platz.

Obwohl Erdbeben in dieser Gegend Chinas keine Seltenheit sind, gab es nur 1303 und dann wieder 1695 Ereignisse, die diese Stärke erreichten. Während das Erdbeben von 1303 dem mongolischen Kaiser Temür Khan als eine Art Weckruf diente und ihm die Gelegenheit gab, sich als fürsorglicher Herrscher zu etablieren, und der mandschurische Kangxi-Kaiser das Ereignis von 1695 nutzte, um sich als der denkbar beste Herrscher darzustellen und entsprechend großzügig Hilfe zu gewähren,[2] lässt sich für den Jiajing-Kaiser nichts dergleichen nachweisen. Die Geschichtsbücher zählen ihn zu einer Reihe von schwachen Herrschern und porträtieren ihn als eine Figur voller Risse und Sprünge. So war er zum Beispiel berüchtigt für seine Pietätlosigkeit, Pflichtvergessenheit und Unbeherrschtheit. Er weigerte sich, seinen Vorgänger als Adoptivvater anzuerkennen, vernachlässigte seine Amtspflichten, und in seinen Zornausbrüchen soll er so gewaltsam geworden sein, dass sich eine Gruppe von Palastdamen gegen ihn verschwor und versuchte, ihn zu ermorden. Am Ende seiner Regierungszeit machte der Zensor Hai Rui eine berühmte Throneingabe, in der er dem Herrscher vorwarf, als Mann, Vater und Herrscher versagt zu haben. Nach Ansicht von Hai Rui war der Kaiser eine Katastrophe für sein Land, nicht das Erdbeben.[3]

Während der Regierungszeit des Jiajing-Kaisers waren die Staatsfinanzen das dringendste Problem. Das Land hatte unter den Raubüberfällen mongolischer Stämme aus dem Norden und den Angriffen von Küstenpiraten im Südosten zu leiden, deren Abwehr Millionen kostete. Zwischen 1550 und 1552 gab die Ming-Regierung mehr als 13 Millionen Unzen Silber für die Grenzverteidigung aus. Aus dieser Perspektive betrachtet bedeutete das Erdbeben vor allem einen Einnahmeverlust. Noch Jahre nach der Katastrophe konnten die betroffenen Gebiete nicht besteuert werden. Als der Kaiser 1558 zusätzliche Mittel für die Versorgung einer belagerten Garnison im Norden der Provinz Shanxi brauchte, wurde ihm berichtet, dass nicht einmal mehr 200.000 Unzen Silber in der Staatskasse verblieben waren – 1553 waren es noch 2 Millionen gewesen. Während das Erdbeben eine wichtige Einnahmequelle zum Versiegen gebracht hatte, verursachte zusätzlich der Wiederaufbau des Kaiserpalasts nach einem Brand im Jahr 1557 erhebliche unvorhergesehene Kosten. Damit war eine Versorgung der Garnison unmöglich geworden.[4] Für die dringend benötigte Hilfe im Katastrophengebiet war schon ein Jahr vorher kaum noch finanzieller Spielraum vorhanden gewesen.

Die Ming-Regierung war somit schlicht und einfach nicht in der Lage, nennenswerte Katastrophenhilfe zu leisten. Schon aus diesem Grund gab es für die Hofgeschichtsschreiber wenig Anlass, ausführlich über die Folgen und Reaktionen auf das missliche Erdbeben zu berichten. In der offiziellen Geschichte der Ming-Dynastie gibt es nur einen kurzen Eintrag unter der Rubrik »Erdbeben« in der »Abhandlung über die Fünf Elemente«: »Am 12. Tag des 12. Monats im 34. Jahr der Regierung des Jiajing-Kaisers (d.h. am 23. Januar 1556) bebte in den Provinzen Shanxi, Shaanxi und Henan die Erde. Es dröhnte wie Donner. In Weinan, Huazhou, Chaoyi, Sanyuan und Puzhou war das Beben besonders stark. An manchen Orten brach die Erde auf und Wasserströme sprangen hervor, die Fische und andere Dinge mit sich trugen. An anderen Orten versanken Stadtmauern und Häuser im Boden. Oder Berge formten sich, wo vorher ebene Erde war. An manchen Orten gab es viele Beben an einem Tag, an anderen hörten die Beben mehrere Tage lang nicht auf. Der Gelbe Fluss und der Wei Fluss traten über die Ufer. Die Huayue- und Zhongnanberge brüllten. Der Gelbe Fluss war für einige Tage klar. Über 830.000 Menschen kamen um, darunter hohe und niedrige Beamte ebenso wie Soldaten und gemeines Volk.«[5]

Die Hofchronik, auf der diese Darstellung beruht, erwähnt außerdem den Tod dreier namentlich genannter hoher Beamter und die Darbringung ritueller Opfer durch Angehörige des Kaiserhauses und hohe Regierungsbeamte. Das Ritenministerium deutete die Katastrophe als eine Warnung des wohlwollenden Himmels, und sämtliche Beamte des Reiches wurden aufgefordert, in sich zu gehen, ihr Gewissen zu überprüfen und sich gewissenhaft ihren Aufgaben zu widmen. Allerdings blieb es zunächst, was das Erdbeben anging, weitgehend bei diesen Ermahnungen. Mit dem nächsten Satz wandte sich der Chronist wieder der bedrohlichen Lage an den Grenzen zu. Die Verteidigung gegen plündernde Mongolenhorden und Küstenpiraten hatte eindeutig Vorrang, wenn es um die Verteilung knapper Ressourcen ging. Dennoch wurden weitere symbolische Handlungen gefordert, um nicht nur den Himmel, sondern auch das Volk zu besänftigen. Zwei Monate nach der Katastrophe forderte der Jiajing-Kaiser unter dem Druck des Ritenministeriums seine hohen Beamten auf, die Stärken und Schwächen der Regierungspolitik in aller Deutlichkeit zu benennen und Vorschläge zur Nothilfe zu machen. Ein Minister wurde als kaiserlicher Gesandter ins Katastrophengebiet geschickt, um dort den Göttern der Berge und Flüsse Opfer darzubringen, die Toten zu begraben und Altäre für sie zu errichten. Wenig später wurde auch die Bereitstellung von 40.000 Unzen Silber als Katastrophenhilfe und ein Steuererlass für die betroffenen Gebiete angeordnet.[6] Weitere zwei Monate danach wurde eine etwas höhere Summe für die Versorgung der Militärkolonien westlich und nördlich des Erdbebengebiets bereitgestellt, wahrscheinlich, weil durch die Katastrophe die normale Versorgung unterbrochen worden war. Ein weiterer Steuererlass in einigen Kreisen ging allerdings mit einer Erhöhung der Steuern in anderen, weniger hart betroffenen Gebieten einher.[7] Somit blieb es bei den 40.000 Unzen an direkter Katastrophenhilfe – nicht gerade viel angesichts einer Katastrophe, die mehr als 830.000 Menschenleben forderte und ein Vielfaches an Hilfsbedürftigen in weitgehend zerstörten Städten und Dörfern hinterließ. Angesichts dieses Ausmaßes der Katastrophe muss die Symbolik der religiös-politischen Maßnahmen bedeutender gewesen sein als die dürftigen materiellen Zuwendungen, ob sie nun die Betroffenen direkt erreichten oder nicht.

Je mehr man sich dem Ereignis selbst zeitlich und räumlich annähert, desto seltener und leiser werden die Stimmen, die darüber berichten. Erstaunlicherweise übersehen selbst einige der Lokalchroniken das Ereignis geflissentlich. Doch in der Regel enthalten sie zumindest eine kurze, formelhafte Notiz darüber, dass sich ein schweres Erdbeben ereignet hat, das zahllose Opfer forderte, wie zum Beispiel die Chronik von Linjin in der Nachbarprovinz Shanxi: »Es ereignete sich ein Erdbeben. Es waren Geräusche wie Donner zu hören, die von Nordwesten kamen. Die Erde spaltete sich und die Brunnen quollen über. Die Stadtmauer und alle Häuser und Hütten wurden zerstört. Zahllose Menschen und Tiere wurden in den Trümmern begraben.«[8]

Darüber hinaus gibt es nur wenige Informationen. Meistens werden immer wieder dieselben Formeln wiederholt. In manchen Fällen übernahmen spätere Chronisten einfach den Eintrag aus der offiziellen Geschichte der Ming-Dynastie, wie beispielsweise in der Chronik von Sanyuan. Aus der Chronik von Huazhou wurde die vage Notiz abgeschrieben, dass die Regierung sich um das Not leidende Volk kümmerte.[9] Ansonsten herrscht jedoch meist Schweigen. Die Chronologie merkwürdiger Ereignisse einer Chronik von Longzhou aus dem 18. Jahrhundert endet mit einer Heuschreckenplage im Jahr 1529.[10] Hinweise auf das Erdbeben gibt es nur in indirekter Form, wie zum Beispiel in Texten über die staatlichen Opferrituale, die ein Jahr nach der Katastrophe im wiederhergestellten Wuyue Tempel in den Bergen weit außerhalb der Kreisstadt dargebracht wurden. Der Autor eines dieser Dokumente war der kaiserliche Gesandte Zou Shouyu, der während seiner Mission, die Geister der Toten zu besänftigen, aus unbekannten Gründen selbst den Tod fand.[11]

Es ist offensichtlich, dass sich unter der glatten Oberfläche offizieller Rituale und Rhetorik eine weitere, weit weniger gezähmte und wahrscheinlich weitgehend unerforschbare Sphäre individueller und kollektiver Reaktionen verbirgt. Diese Reaktionen waren möglicherweise einer der Gründe, weshalb das Ritenministerium den Kaiser drängte, seine Präsenz zumindest symbolisch in der Erdbebenregion zu zeigen. Tatsächlich blieben die Katastrophengebiete weitgehend sich selbst überlassen und mussten sich auch selbst schützen, da die Strukturen der lokalen Verwaltung ebenfalls zerstört waren und viele der Beamten unter den Trümmern ihrer Residenzen begraben worden waren. Der Wiederaufbau scheint weitgehend mit privaten Mitteln erfolgt zu sein. Wenn es staatlich organisierte Hilfsprojekte gab, dann bedeuteten sie in der Regel eine Erhöhung der Arbeitsdienste für die Überlebenden, auch wenn sie unter dem Deckmäntelchen ›Nothilfe für Arbeit‹ propagiert wurden. Meistens jedoch blieben wichtige Infrastruktureinrichtungen einfach für lange Zeit zerstört, wie zum Beispiel Bewässerungsanlagen.[12] Plünderungen waren an der Tagesordnung. Gerüchte und Weltuntergangslehren vermehrten Unsicherheit und Angst. Die inoffiziellen Geschichten geben etwas mehr Aufschluss über die Schattenseite der Reaktionen auf die Katastrophe, oder man könnte auch sagen: über die etwas bunteren und unorthodoxen sozialen Praktiken. Mit den Beamtenresidenzen und Stadtmauern war auch die moralische Ordnung zu Bruch gegangen. Es gingen Gerüchte um, denen zufolge unverheiratete Mädchen in Gefahr waren, entführt zu werden, weil ihr Menstruationsblut angeblich heilende Kräfte haben sollte. Das führte dazu, dass junge Mädchen so schnell wie möglich verheiratet wurden, um dadurch einer Entführung zuvorzukommen.[13] Man fragt sich, ob eine der unbeabsichtigten Folgen solcher Gerüchte war, dass die Bevölkerung sich relativ schnell wieder regenerierte.

Vieles, was die menschliche Dimension der Katastrophe betrifft, blieb ungesagt und läßt unbeantwortete Fragen zurück. Gelehrte Dispute über die Ursachen des Bebens als eines natürlichen Phänomens traten angesichts der unmittelbaren Katastrophe in den Hintergrund. Allein moralische Deutungen schienen das Ausmaß der Katastrophe erklären zu können.

Dennoch gab es wissenschaftliche Theorien, deren Ursprünge sich bis ins Altertum zurückverfolgen lassen. Umstritten und bekämpft standen sie Seite an Seite mit moralisierenden Deutungen, schon allein deswegen, weil Erdbeben in dieser Gegend Chinas ein fast alltägliches Ereignis waren.[14] Es ist kein Zufall, dass es ein chinesischer Gelehrter war, der schon im Jahr 132 nach Christus den ersten Seismographen baute. Für die meisten Theorien über die Ursache von Erdbeben war die Beobachtung des Verhaltens von Wasser und der Entstehung von Hitze unter der Erdoberfläche von großer Bedeutung. Die chinesische Enzyklopädie des frühen 18. Jahrhunderts diskutiert verschiedene Theorien. Eine Erklärung aus dem Zhuangzi, einem der ältesten Texte der daoistischen Tradition, wird zwar zitiert, aber dann verworfen: »Das Wasser der Meere zirkuliert [gleichmäßig]. Wenn es ins Ungleichgewicht kommt, dann entsteht ein Erdbeben.« Dem Enzyklopädisten war diese Erklärung zu global, weil diese Theorie bedeuten würde, dass ein Beben alle Weltgegenden gleichermaßen betreffen müsse. So kommt er zu der Einschätzung: »Die Theorie des Zhuangzi ist eindeutig falsch.« Dieses Verdikt wird mit der überlegenen Deutungskraft der Yin-Yang-Theorie untermauert. Nach dieser Theorie führt ein Überfluss negativer Yin-Kräfte zu einer Unterdrückung der positiven Yang-Kräfte. Das daraus resultierende Ungleichgewicht bewirkt ein Erdbeben.[15] Als Beweis wird angeführt, dass die auf den gegensätzlich gepolten Energieströmen beruhende Theorie besser erklären könne, warum sich Erdbeben zu unterschiedlichen Zeiten an unterschiedlichen Orten ereigneten.[16]

An anderer Stelle im selben Werk werden eine ganze Reihe früherer Erklärungen verworfen, weil sie den Prinzipien der Natur widersprächen. Folgende Vorstellungen wurden als unhaltbar verworfen: 1. Die Erde ist ein Organismus mit eigener Lebenskraft und kann deshalb von selbst beben. 2. Die Erdkruste ist wie ein Schiff, das auf dem Meer treibt. Wenn es in Sturm und Wellen gerät, fängt es an zu beben. 3. Die Erdkruste verhält sich wie ein Baum, dessen Rinde morsch wird und abfällt. Wenn das geschieht, tun sich Spalten auf und die morsche Rinde fällt in das hohle Erdinnere. Dabei bebt die Erde und es entstehen die bekannten donnergleichen Geräusche. 4. Ein Flutdrache, der im Erdinnern wohnt, ruft Erdbeben hervor. 5. Eine Riesenschildkröte im Erdinnern ruft Erdbeben hervor. Stattdessen wird erklärt, dass Hitze im Erdinnern Erdbeben verursachen könne: »Von außen wird die Erde unablässig von der Sonne bestrahlt. Im Innern gibt es ein Feuer, das beständig brennt. Daher wird immer mehr Hitze erzeugt, die die Risse und Spalten des Erdmantels füllt. Diese Hitze wird immer dichter und schwerer, bis die Erde sie nicht mehr aufnehmen kann, so dass sie sich mit Gewalt einen Weg bahnen muss, um aus ihrem engen Gefängnis auszubrechen. Das verursacht ein Beben und die wohlbekannten Geräusche. Das ist ein völlig natürlicher Vorgang und es gibt keinen Grund sich darüber zu wundern.«[17] Wir wissen nicht, wie vielen Zeitgenossen diese Theorien bekannt waren, und noch weniger wissen wir darüber, wie viele sie für überzeugend hielten. Aber dessen ungeachtet können wir festhalten, dass ein Beben wie das von 1556 den Erklärungswert rein physikalischer Theorien enorm reduziert zu haben scheint.

Wenn Berge aus dem Nichts entstehen und Stadtmauern in der Erde versinken, wenn Tausende in ihren Häusern begraben werden und nichts mehr so ist wie zuvor, dann wirft das weiterreichende Fragen nach dem ›Warum‹ auf. Selbst den rationalsten Denker hätte eine Katastrophe dieses Ausmaßes ratlos zurückgelassen. In einer Situation wie der von 1556 zeigte sich die Überlegenheit der Yin-und-Yang-Theorie, die sich am vielseitigsten verwenden ließ. Sie erlaubte es, alle drei Wirkkräfte des Kosmos – den Himmel, die Erde und den Menschen – in die Deutung des Ereignisses miteinzubeziehen. Mit dieser Theorie konnte das Phänomen physikalisch, moralisch und politisch gedeutet werden.

Der Dichter Li Kaixian, der über den Verlust dreier Freunde trauerte, versuchte dem Ereignis mit einer moralisch-politischen Deutung Sinn zu geben, die auf der pseudowissenschaftlichen Yin-Yang-Theorie beruht: »Die Deutung kann nur sein, dass ein zu starkes Yin ein Ungleichgewicht hervorgerufen hat/ Möglicherweise ist das ein Vorzeichen für das Versagen der Regierung.«[18] Die Weissageliteratur lieferte einen klaren Schlüssel für die Deutung natürlicher Extremereignisse (wenn auch nicht für deren Ursachen). An einer Stelle im Buch der Wandlungen heißt es beispielsweise: »Wenn es ein Erdbeben im 12. Monat gibt, dann wird es im 5. Monat des folgenden Jahres eine Epidemie geben.« Etwas weniger präzise, dafür aber umso wirkungsvoller, war die Assoziation von Erdbeben mit schwachen Herrschern (Yang) und starken Kaiserinnen und Konkubinen (Yin), militärischen Bedrohungen von außen und sozialen Unruhen innerhalb der Grenzen des Reiches. Sie bedeuteten den Verlust der gesellschaftlichen Ordnung und Moral, Hunger und Blutvergießen.[19] Li Kaixian beschreibt diesen absoluten Verlust jeglicher Ordnung und die Außerkraftsetzung der Regeln der Natur in seinem Gedicht »Trauer in Pingyang«:

Die Regierungsgebäude standen mit einem Mal in Flammen,
Der Wei Fluss floss in die falsche Richtung.
Berge stürzten ein, überall brachen sprudelnde Quellen hervor,
Kometen erschienen und Sandstürme verdunkelten den Himmel.

Ein Hund, aus einem Hühnerei geboren,
Eine Schlange kroch aus einem Menschenschoß.
Regen strömte, bohnengroßen Blutstropfen gleich,
Gespenstische Vögel flatternden mit zerzaustem Gefieder umher.

Ein Tiger kam aus einem Schweinebauch zur Welt,
Ein Mensch wurde aus dem Leib einer Schildkröte geboren.
Melonen wuchsen plötzlich an einem Pflaumenbaum,
Und vieles geschah, was noch monströser war.

Li Kaixian weiß außerdem von marodierenden Banditen und Soldaten zu berichten, und davon, wie das Volk unter unerträglichen Abgabenforderungen und Arbeitsdiensten zu leiden hatte. Gerüchte raubten den Menschen die letzte Sicherheit, und der Staat reagierte darauf mit unbarmherziger Justiz – ein verzweifelter Versuch, die Lage unter Kontrolle zu bringen.[20]

All dies sind Facetten einer möglichen Geschichte dieser Katastrophe, zusammengeklaubt aus einigen wenigen kurzen Notizen in Lokalchroniken und privaten Aufzeichnungen. Die Agonie, der Schrecken, das Trauma, das die Berge brüllen ließ, bleiben fern – und vielleicht ist das auch gut so. In gewisser Weise ist die mangelnde Dichte der Dokumentation selbst symptomatisch. Was in der Darstellung der Dynastiegeschichte mit wenigen Worten abgehandelt wird, mag sich auf der Ebene der konkreten Politik weitgehend im Rahmen ritueller Handlungen und der Rhetorik abgespielt haben: Für die unmittelbar Betroffenen aber war das Erdbeben ein totales und mit unermesslichen Verlusten verbundenes Ereignis, eine traumatische Erfahrung, die unheilbare Wunden hinterließ. Vielleicht lassen sich die unglaublich hohen Opferzahlen damit erklären, dass das Erdbeben die Menschen in der Nacht überraschte und viele in ihren ›yaodong‹ begrub. Dabei handelt es sich um eine außergewöhnliche unterirdische Architekturform, nämlich in die Lössberge gebaute Wohnhöhlen, die manche als relativ erdbebensicher beschreiben,[21] sich in einem Extremfall wie diesem aber als tödliche Falle erwiesen. »Drei lebenslange Freunde/ in einer Nacht dem Sand anheim gegeben« – so drückte Li Kaixian seinen persönlichen Verlust aus.[22]

Ma Luans »Klage über das Erdbeben« ist ein weiteres der seltenen Dokumente, die menschliches Leid hautnah beschreiben: »In der Nacht des 12. Tages des 12. Monats im 34. Jahr der Regierung des Jiajing-Kaisers, hörte ich, als ich gerade eingeschlafen war, einen plötzlichen Donner und die Erde bebte. Schnell zog ich etwas über und ging nach draußen. Ich rieb mir die Augen, alles war verschwommen und durcheinander. Ich sah nur, dass mein Haus zerstört war. Mir war nicht bewusst, dass auch die Hütten des Volkes völlig in Trümmern lagen. Die Toten waren durch das Weinen mit den Lebenden verbunden. Die Lebenden saßen da laut klagend. Die Stadtmauer war völlig eingestürzt, die Brunnen quollen über. Tiefe Gruben hatten sich in der Erde aufgetan, Felder sprangen hervor wie Uferbänke. Überlebende liefen umher, nach Verwandten suchend, und erzählten sich ihr Leid. Sie trösteten sich gegenseitig. In einem Augenblick hatte sich die Welt verändert. Unter hundert Familien gab es keine ohne Tote, von zehn Häusern waren neun in Trümmern.«[23]

Ma Luan beschreibt nicht nur den Tod und materielle Schäden, sondern kommt wie Li Kaixian ebenfalls im weiteren Text auf die gesellschaftlichen und politischen Folgen des Bebens zu sprechen, die das Ereignis erst zu einer umfassenden Katastrophe machten: allgemeines Chaos, das den besten Nährboden für wilde Gerüchte bot, steigende Getreidepreise und zahllose mittellose Katastrophenflüchtlinge.[24] Aber das

Erdbeben verursachte nicht nur erhebliche geomorphologische Veränderungen und soziale Unruhen. Für die unmittelbar Betroffenen erschütterte es die Grundlagen der physischen wie psychischen Existenz. Qin Keda berichtete, dass »... in den Kreisen Tong und Pu 70 Prozent der Bevölkerung umgekommen sind, in Tong und Hua 60 Prozent, in Weinan 50 Prozent, in Lintong 40 Prozent und in der Provinzhauptstadt 30 Prozent. ... Unter den Verunglückten waren der Präsident des Kriegsministeriums Han Bangqi, der in einem brennenden Gebäude lebendig begraben wurde, so dass nur die Asche seiner Knochen zurückblieb, Ministeriumssekretär Xue stürzte in einen über drei Meter tiefen mit Wasser gefüllten Abgrund, und Sekretär Ma Guanglu wurde tief in einer Lösshöhle vergraben und es war extrem schwierig, die Leiche zu identifizieren.«[25]

Das Erdbeben in Wenchuan am 12. Mai 2008 forderte über 90.000 Menschenleben. 1556 wurde dieser Todeszoll fast um ein Zehnfaches übertroffen. Ohne moderne Massenkommunikation wird die Wirkungskraft einer Katastrophe jedoch nicht annähernd so sichtbar wie dies gegenwärtig der Fall ist. Weder konnte der kaiserliche Gesandte Zou Shouyu so schnell am Ort des Geschehens sein, wie der chinesische Premierminister Wen Jiabao im Mai 2008, noch gab es die Möglichkeit, einem weltweiten Publikum zu berichten, ›was er dort sah‹.[26] Doch in beiden Fällen ist es gleichermaßen erstaunlich, wie schnell das Ereignis bei den nicht unmittelbar betroffenen Beobachtern aus dem Blickfeld geriet – nachdem Vertreter des Staates ihre Bestürzung zum Ausdruck gebracht und Hilfe versprochen hatten, nachdem die Debatten über die Ursachen und die Verantwortlichen sich tot gelaufen hatten. Was bedeutet eine solche Katastrophe letztlich für die Gesellschaft, den Staat, den Einzelnen? Wenn das erste Ziel im Wiederaufbau, in der Wiederherstellung der gesellschaftlichen Ordnung und der Rückkehr zur Normalität besteht, dann ist das ein Teil der Bewältigungsarbeit. Diese macht es erforderlich, einen Weg zu finden, über die Katastrophe zu sprechen. Genau dies ermöglichten die kurzen, formelhaften Beschreibungen in den Lokalchroniken, die immer wieder auf dieselben Versatzstücke zurückgreifen. Ein klar definierter Katalog von Formeln half, das Unsagbare zu sagen und gleichzeitig dem Geschehen Struktur und Sinn zu verleihen.

Mit dem Eintrag in die Liste merkwürdiger Ereignisse war das Erdbeben gewissermaßen abgeschlossen. Es handelt sich dabei um eine retrospektive Form der Dokumentation und einen wichtigen Schritt auf dem Weg zurück zur Normalität. In gewisser Weise war die dadurch erzielte Wirkung beruhigend und nicht so verstörend, wie es heutzutage der enthüllende Blick einer Kamera am Ort des Geschehens sein kann. Aber dieser Prozess war eben nur ein Teil der Bewältigungsarbeit. Irritierend sind die Lücken in der Dokumentation. Das vermeintliche Vergessen. Die offenen Fragen. Sie erinnern uns an die Unergründlichkeit, aber auch an die Fragilität und Unwägbarkeit der menschlichen Existenz. Und an das unvermeidbare Nicht-Wissen.

»In dieser erschrecklichen unerhörten Wasserfluth, kan man keine naturlichen Ursachen suchen«

Die Burchardi-Flut des Jahres 1634 an der Nordseeküste

Marie Luisa Allemeyer

Trutz, Blanke Hans
Detlev von Liliencron, 1882

Heut bin ich über Rungholt gefahren,
Die Stadt ging unter vor sechshundert Jahren.
Noch schlagen die Wellen da wild und empört,
Wie damals, als sie die Marschen zerstört.
Die Maschine des Dampfers schütterte, stöhnte,
Aus den Wassern rief es unheimlich und höhnte:
Trutz, Blanke Hans.

Von der Nordsee, der Mordsee, vom Festland geschieden,
Liegen die frisischen Inseln im Frieden.
Und Zeugen weltenvernichtender Wut,
Taucht Hallig auf Hallig aus fliehender Flut.
Die Möwe zankt schon auf wachsenden Watten,
Der Seehund sonnt sich auf sandigen Platten.
Trutz, Blanke Hans.

Mitten im Ozean schläft bis zur Stunde
Ein Ungeheuer, tiefer auf dem Grunde.
Sein Haupt ruht dicht vor Englands Strand,
Die Schwanzflosse spielt bei Brasiliens Sand.
Es zieht, sechs Stunden, den Atem nach innen
Und treibt ihn, sechs Stunden, wieder von hinnen.
Trutz, Blanke Hans.

Doch einmal in jedem Jahrhundert entlassen
Die Kiemen gewaltige Wassermassen.
Dann holt das Untier tief Atem ein,
Und peitscht die Wellen und schläft wieder ein.
Viel tausend Menschen im Nordland ertrinken,
Viel reiche Länder und Städte versinken.
Trutz, Blanke Hans.

Rungholt ist reich und wird immer reicher,
Kein Korn mehr faßt der größeste Speicher.
Wie zur Blütezeit im alten Rom,
Staut hier täglich der Menschenstrom.
Die Sänften tragen Syrer und Mohren,
Mit Goldblech und Flitter in Nasen und Ohren.
Trutz, Blanke Hans.

Auf allen Märkten, auf allen Gassen
Lärmende Leute, betrunkene Massen.
Sie ziehn am Abend hinaus auf den Deich:
Wir trotzen dir, Blanker Hans, Nordseeteich!
Und wie sie drohend die Fäuste ballen,
Zieht leis aus dem Schlamm der Krake die Krallen.
Trutz, Blanke Hans.

Die Wasser ebben, die Vögel ruhen,
Der liebe Gott geht auf leisesten Schuhen.

Der Mond zieht am Himmel gelassen die Bahn,
Belächelt der protzigen Rungholter Wahn.
Von Brasilien glänzt bis zu Norwegs Riffen
Das Meer wie schlafender Stahl, der geschliffen.
Trutz, Blanke Hans.

Und überall Friede, im Meer, in den Landen.
Plötzlich wie Ruf eines Raubtiers in Banden:
Das Scheusal wälzte sich, atmete tief,
Und schloß die Augen wieder und schlief.
Und rauschende, schwarze, langmähnige Wogen
Kommen wie rasende Rosse geflogen.
Trutz, Blanke Hans.

Ein einziger Schrei – die Stadt ist versunken,
Und Hunderttausende sind ertrunken.
Wo gestern noch Lärm und lustiger Tisch,
Schwamm andern Tags der stumme Fisch.
Heut bin ich über Rungholt gefahren,
Die Stadt ging unter vor sechshundert Jahren.
Trutz, Blanke Hans?

»Heut bin ich über Rungholt gefahren. Die Stadt ging unter vor sechshundert Jahren.« Der Eingangsvers des 1882 von Detlev von Liliencron veröffentlichten Gedichts »Trutz, Blanke Hans« treibt einem noch heute einen Schauer über den Rücken. Zwar ranken sich um die einstmals angeblich wohlhabende Handelsmetropole, die in einer einzigen Sturmflut vom Meer verschlungen worden sein soll, weitaus mehr Sagen und Mythen als es nachprüfbare Erkenntnisse über die untergegangene Insel gibt. Aber seit fast einem Jahrhundert bemühen sich die Wissenschaftler darum, Aufschluss über ihre Größe, ihre Bevölkerung, deren wirtschaftliche und soziale Lage sowie die Umstände ihres Untergangs zu gewinnen. Im Zuge dieser Forschungen erfuhr die versunkene Stadt die eine oder andere Entmystifizierung und ihre angebliche plötzliche Zerstörung wandelte sich zu einem allmählichen Niedergang.

Der Untergang dieser sagenumwobenen Insel war allerdings kein Einzelfall in der tausendjährigen Besiedlungsgeschichte der nordfriesischen Küstenregion zwischen Dänemark im Norden und der Elbmündung im Süden, die heute zu Schleswig-Holstein gehört. Im 8. Jahrhundert entstanden erste Siedlungskerne auf den von Natur aus höher gelegenen Geestrücken und später auf künstlich aufgeworfenen Hügeln, sogenannten Warften oder Wurten. Etwa seit dem 11. Jahrhundert lassen sich ringförmig angelegte Deichanlagen nachweisen. Diese umgaben zunächst nur einzelne Siedlungsstellen, wurden aber allmählich immer weiter ausgedehnt, bis sie mehrere Höfe und die dazugehörigen Weiden und Felder umschlossen und bei Hochwasser vor Überschwemmungen bewahrten. Die Deiche dienten aber nicht nur dazu, bereits bestehendes Land vor dem Wasser zu schützen, sondern sie waren auch unverzichtbar für die Landgewinnung, die in dieser Region etwa seit dem 11. Jahrhundert systematisch betrieben wurde.

Seit über 900 Jahren bemühen sich die Bewohner der Küstenregion, das agrarisch nutzbare Land zu vergrößern, indem sie durch Sedimentation entstandene Flächen eindeichen und entwässern. Auf diese Weise wurde die Deichlinie sukzessive vorangeschoben. Diese Bemühungen wurden indes häufig durch Sturmfluten und dadurch verursachte Landverluste wieder zunichtegemacht. Im Wechselspiel zwischen der Landgewinnung der Küstenbewohner und der Zerstörungskraft des Meeres wurde im Laufe der Jahrhunderte die Küstenlinie geformt. Während der Küstensaum durch Eindeichungen und Trockenlegungen in ehemals vom Meer überschwemmte Bereiche vorgeschoben wurde, konnte sich dieser infolge von Sturmfluten und langsamen Abspülungen ebenso wieder in einstmals bewohnte und agrarisch genutzte Bereiche hinein verlagern. Sogenannte Jahrhundertfluten bilden dabei markante Zäsuren in der Geschichte der Region und stellen bis heute wesentliche Referenzpunkte für die regionale Identitätsbildung dar.

Eine dieser ›Jahrhundertfluten‹ war die verheerende Sturmflut des Jahres 1362. Es kann als gesichert gelten, dass sie den Untergang Rungholts zumindest einleitete, auch wenn die Insel vermutlich in dieser einen Sturmflut nicht gänzlich versank. Zweifellos wurden aber große Landflächen und zahllose Menschenleben vernichtet, weshalb man diese

Flut später als die ›grote Mandränke‹ bezeichnete. Ähnlich verheerend war die ›Allerheiligenflut‹ des Jahres 1570, die sich an der ostfriesischen und niederländischen Küste besonders stark auswirkte. Die nordfriesische Küstenregion wiederum wurde von der ›Burchardi-Flut‹ des Jahres 1634 am stärksten zerstört.

Noch heute kann man auf den Nordseeinseln Pellworm oder Nordstrand in der Landschaft, aber auch in den Archiven Spuren dieser Katastrophe entdecken. Archäologen befassen sich seit Jahrzehnten mit der Erforschung des Meeresbodens rund um die Inseln und rekonstruieren anhand ihrer Funde ehemalige Siedlungen. Die Katastrophe fand aber auch Niederschlag in zahlreichen zeitgenössischen Schriften. Durch die Forschungen verschiedener Disziplinen kann sie mittlerweile in Ablauf, Ausmaß und Folgen weitgehend rekonstruiert werden: Am 11. Oktober 1634 zogen gegen Mittag dichte Regenwolken auf. Der zunächst aus Südwest wehende Wind drehte nach Nordwesten, schwoll gegen Abend zu einem Orkan an und drückte dabei ungeheure Wassermassen senkrecht gegen die Deiche. Zwischen Mitternacht und zwei Uhr stiegen die Fluten bis zu einer Höhe, die rund vier Meter über der üblichen Hochwassermarke lag. An der Küste der Herzogtümer Schleswig und Holstein richtete die Sturmflut verheerende Schäden an: Die Deiche brachen ein, unzählige Menschen verloren ihr Leben, und die Flut riss große Landflächen ins Meer, die zum Teil nie mehr zurückgewonnen und eingedeicht werden konnten.

Die größten Verluste erlitt die einstmals 250 Quadratkilometer umfassende Insel Alt-Nordstrand, die damals hufeisenförmig von den heutigen Inseln Pellworm im Südwesten bis Nordstrand im Südosten reichte. Um 10 Uhr abends hielten die ersten Deiche dem Druck des Wassers nicht mehr stand und barsten. Von den Wassermassen überspült, brachen die Deiche insgesamt an über 40 Stellen ein, so dass binnen weniger Stunden das gesamte Land überflutet war. Um zwei Uhr nachts erreichte die Flut ihren Höhepunkt – zu einer Zeit, da eigentlich Niedrigwasser sein sollte.

Weil die Sturmflut nach einigen milden, sonnigen Herbsttagen völlig überraschend und zudem weit nach Sonnenuntergang einsetzte, war eine besonders hohe Zahl von Todesopfern zu beklagen. Die Flucht vor hereinbrechenden Wassermassen ist generell sehr viel schwieriger als beispielsweise die Rettung des eigenen Lebens bei einem Stadtbrand, der sich nur allmählich von Straße zu Straße ausbreitet. Die Fluchtsituation wurde noch dadurch erschwert, dass die Katastrophe nachts über die Menschen hineinbrach. Sie konnten in der Dunkelheit kaum erkennen, welche Bereiche bereits überschwemmt waren, welche rettende Warft sie noch erreichen konnten oder welcher Weg zum Binnenland ihnen noch offen stand. Für die Inselbewohner, die sich nicht mehr auf das Festland retten konnten, bestand die einzige Rettungsmöglichkeit darin, zu einem der höher gelegenen Höfe zu flüchten, in der Hoffnung, die Warft möge hoch genug sein, um Schutz vor den Fluten zu bieten. Wurde auch diese überschwemmt, blieb nur noch die Flucht auf den Dachboden des Hauses und schließlich auf das Dach. Hielten die Mauern den anbrandenden Wellen stand, kamen die Menschen mit dem Leben davon. Hob das Wasser die Reetdächer ab, schwand auch die letzte Hoffnung auf Rettung, sofern das Dach nicht als Floß den darauf geflüchteten Menschen das Leben rettete – wie dies von einigen Chronisten berichtet wird. Derartige Fälle bildeten allerdings die Ausnahme.

Insgesamt ertranken in der ›Burchardi-Flut‹ vermutlich über 9000 Menschen. Besonders zahlreich waren die Verluste auf Nordstrand: Hier verloren in der Sturmflutnacht über 6000 namentlich bekannte Einwohner (etwa zwei Drittel der Bevölkerung) ihr Leben. Diese Zahl dürfte um einige hundert weiterer Opfer zu ergänzen sein, die sich als Erntehelfer auf der Insel befunden hatten, deren Tod aber keine Erwähnung in den Kirchenbüchern fand. Über 1300 Häuser und 18 Kirchen wurden zerstört, über 50.000 Stück Vieh kamen um und 28 Windmühlen wurden vernichtet.

Wie nach jeder Katastrophe versuchte man auch nach der ›Burchardi-Flut‹, die Ursachen für die zum Teil schier unermesslichen Schäden zu ergründen. Unmittelbar Betroffene und auch nachfolgende Generationen suchten Erklärungen für das Ausmaß der Zerstörungen und Verluste. Ihre Antworten auf das ›Wie?‹ und ›Warum?‹ fielen dabei sehr unterschiedlich aus.

Jüngsten geologischen Untersuchungen zufolge dürfte ein Grund für die verheerenden Schäden, die insbesondere die Insel Nordstrand

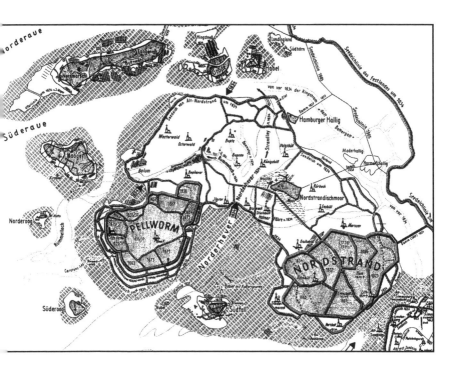

4 Karte von Alt-Nordstrand (um 1634)

erlitt, in ihrer besonderen geomorphologischen Beschaffenheit gelegen haben: Vor allem der mittlere Teil der hufeisenförmigen Insel bestand aus einer Hochmoorfläche, die im Verlauf der Bedeichung und Entwässerung der Insel in sich zusammensackte und unter das Niveau des mittleren Hochwasserstandes absank. Solange sich die umgebenden Deiche in gutem Zustand befanden und das Regenwasser durch Gräben und Schöpfwerke abgeleitet wurde, stellte das niedrige Bodenniveau kein größeres Problem dar. Als jedoch die Deiche den anbrandenden Wellen nicht mehr standhielten und brachen, gelangten die Wassermassen ungehindert in das Landesinnere. In der Folgezeit drang das Wasser mit jeder normalen Flut, also zweimal täglich, durch die Deichöffnungen ein, vergrößerte sie und riss mit jedem Zurückfließen lockeren Torfboden mit sich fort. Was nicht gleich in der Sturmflutnacht verloren gegangen war, wurde somit in den folgenden Wochen und Monaten zerstört. Von den einstmals trockengelegten und bebauten Landflächen blieb binnen kürzester Zeit nichts mehr übrig. Rund zwei Drittel der ehemaligen Insel gingen auf diese Weise für immer verloren.

Zu fragen bleibt allerdings, weshalb es überhaupt zu so zahlreichen Deichbrüchen kam. Hier ist sicherlich an erster Stelle die immense Wucht der Flut zu nennen, die ungebremst auf die dem Festland vorgelagerte Insel Alt-Nordstrand traf. Diese Deiche waren daher einem deutlich höheren Anprall der Wellen ausgesetzt als die meisten anderen Deichanlagen der Küstenregion. Hinzu kommt jedoch der nicht optimale Zustand der Deiche, das heißt ihre zu geringe Widerstandsfähigkeit, die sich an ihrer Höhe, Breite, Form und dem zum Bau verwendeten Material bemisst. Die Qualität der Deiche hängt immer von den technischen und wirtschaftlichen Möglichkeiten ihrer Erbauer ab. Zu jener Zeit baute man sie im Allgemeinen nur so hoch, wie das Wasser bei der letzten Sturmflut angestiegen war. Die Praxis, über die eigene Erfahrung hinaus präventiv höhere Deiche zu errichten, hatte sich noch nicht durchgesetzt. Kurzum: Die Deiche waren zu niedrig, um außergewöhnlich hohen und heftigen Sturmfluten standhalten zu können. Zusätzlich führten die Belastungen, welche die Bewohner dieser Herzogtümer in den letzten Jahren des Dreißigjährigen Krieges zu tragen hatten, dazu, dass sie die Instandhaltung der Deiche vernachlässigten. Neben diesen handfesten ökonomischen Ursachen scheint jedoch mitunter auch Streit unter den Einwohnern dazu geführt zu haben, dass langwierige Auseinandersetzungen über die Instandhaltungspflicht bestimmter Deichabschnitte geführt wurden, während derer sich der Zustand der Deiche fortschreitend verschlechterte.

Aus heutiger Perspektive erscheint es plausibel, in den hier umrissenen Rahmenbedingungen einige der Ursachen für die verheerenden Flutschäden der ›Burchardi-Flut‹ zu sehen. Für die Zeitgenossen spielten solche rein diesseitsbezogenen und technischen Erörterungen allerdings eine deutlich untergeordnete Rolle. Offenbar war es insbesondere für die unmittelbar Betroffenen besonders wichtig, eine Ursache für das Erlittene zu finden, die das erfahrene Leid erklärbar machte. Im Weltbild der Mitte des 17. Jahrhunderts wurde ein derartiges Unglück weitgehend ausnahmslos in Relation zu der von Gott geschaffenen Ordnung auf Erden gesetzt und interpretiert. Sturmfluten wurden dementsprechend – ebenso wie Hungersnöte, Kriege, Seuchen und andere Katastrophen – als eine Strafmaßnahme gedeutet, mit der Gott die Menschen für ihr sündiges Verhalten züchtigte.

Diese religiöse Deutung von Naturereignissen und insbesondere von Sturmfluten ist uns besonders explizit und geradezu modellhaft in sogenannten Flutpredigten überliefert worden. Sie wurden zumeist von den Pastoren betroffener Gemeinden wenige Tage nach der Katastrophe oder an ihrem Jahrestag gehalten und erschienen später häufig im Druck. Die Predigten sollten den Zuhörern Trost spenden und ihnen bei der Verarbeitung der Katastrophe helfen. Ihre Verfasser bemühten sich aber außerdem darum, den Betroffenen die Ursachen des Ereignisses zu erklären, um zu verhindern, dass die Leiderfahrung als Widerspruch zu der angenommenen gerechten Ordnung auf Erden wahrgenommen wurde.

Gewissermaßen in Reinform spiegelt sich die religiöse Deutung der ›Burchardi-Flut‹ und die daraus abgeleitete Mahnung zur Besserung der Lebensführung in einer Predigt wider, die der Holsteiner Pastor Wilhelm Alardus 1636, also zwei Jahre nach der Sturmflut, veröffentlichte. Alardus interpretierte die ›Burchardi-Flut‹ als eine von Gott über die sündigen Menschen verhängte Strafe. Ihre Errettung aus der verdienten Strafflut sollten die Überlebenden als Zeichen der Barmherzigkeit Gottes erkennen, der sich ihrer trotz ihrer Sünden erbarmt und ihnen dadurch die Gelegenheit zur Besserung ihres Lebenswandels gegeben habe.[1]

Eine ähnliche Interpretation des Ereignisses weist die Predigt des Nordstrander Pastors Matthias Lobedantz auf, die er wenige Tage nach der Flut hielt.[2] Als Pastor einer unmittelbar betroffenen Gemeinde konzentriert er sich auf die Erörterung der Frage, ob die Zuhörer seiner Predigt angesichts des ihnen widerfahrenen Leides noch an die Barmherzigkeit Gottes glauben könnten. Auch Lobedantz sieht seine Aufgabe darin, anlässlich der immensen Leiderfahrung die Überlebenden darauf hinzuweisen, dass sie diese Strafe durch ihr Verhalten verdient hätten und Gott außerdem durchaus barmherzig mit ihnen gewesen sei, da sie ansonsten nicht überlebt hätten.

Die ›Flutpredigten‹ hatten zum einen die Aufgabe, einer religiösen Verunsicherung der Betroffenen entgegenzuwirken und ihr Vertrauen in die von Gott geschaffene Ordnung der Welt zu stabilisieren. Durch diese Deutung sollten die Geschädigten das Ereignis als gerechte Strafe für ihr unchristliches Verhalten verstehen und akzeptieren. Sinnhaft gedeutet stellte die Leiderfahrung somit die von Gott gegebene Gerechtigkeit auf Erden nicht in Frage, sondern konnte sie sogar noch bestätigen. Zum anderen wurde den Zuhörern durch die Ursachenzuschreibung und die daraus folgenden Handlungsanweisungen die Hoffnung vermittelt, durch einen künftig gottgefälligeren Lebenswandel weiteren Strafmaßnahmen zu entgehen, neuen Mut zu schöpfen und sich tatkräftig an der Wiederherstellung der Deiche zu beteiligen. Im Rahmen von ›Flutpredigten‹ vermag diese Interpretation des Geschehenen kaum zu verwundern. Die gleiche Lesart des Ereignisses begegnet jedoch in unterschiedlichen Schriften des 17. Jahrhunderts und zeugt somit von einer verbreiteten, vorwiegend durch religiöse Deutungsmuster geprägten Weltsicht, die bei Personen unterschiedlichster Profession und Provenienz zu finden ist.

Auch der zeitgenössische Chronist Peter Sax aus Eiderstedt vertrat die Auffassung, dass die ›Burchardi-Flut‹ ein »Special verhengniß und sonderbahre straffe Gottes, des Allmechtigen« gewesen sei, um den Menschen damit »zur buße zubringen, und Ihn von seinem bösen leben, und wandell, abzuhalten«. Sax wies damit jede alternative Deutung des

Ereignisses zurück und betonte, dass »man keine natürliche ursachen« für die Sturmflut finden könne.³ Ebenfalls deutlich klingt die religiöse Interpretation der Sturmflut in einem Bericht an, den der niederländische Deichbauingenieur Jan Adriaan Leeghwater verfasste, der sich während der Burchardi-Flut‹ in der betroffenen Region aufhielt. Leeghwater war als leitender Ingenieur an einem Bedeichungsprojekt östlich von Föhr, etwa 30 Kilometer nördlich von Husum, beschäftigt und entkam dem Tod nur dank der Umsicht eines Aufsehers, der ihn in der Sturmflutnacht in seinem Haus aufsuchte und aufforderte, sich in das höher gelegene Herrenhaus zu begeben. Zusammen mit 20 anderen dorthin Geflüchteten überlebte Leeghwater die Sturmflut, sein Haus hingegen wurde von den Wellen fortgerissen. In seinem Bericht beschrieb Leeghwater, wie er die stark verängstigten Anwesenden zu trösten versuchte, indem er ihnen versicherte, »der allmächtige Gott« werde sie vor dem Ertrinken retten. Da sie tatsächlich vom Tod verschont blieben, dankte Leeghwater »dem allmächtigen Gott, der mich und alle diejenigen, die im Herrenhaus waren, davon erlöst hat«. Als er am nächsten Morgen die verheerenden Folgen der Sturmflut erblickte, nahm er Bezug auf einen religiösen Deutungsrahmen, um zu beschreiben, was sich seinen Augen bot: »Es sah aus, als ob es eine Sündflut gewesen wäre«.⁴

Leeghwaters weiteres Schicksal zeigt allerdings, dass die Deutung der Sturmflut als Gottesstrafe die Suche nach einem Sündenbock durchaus nicht verhinderte. Leeghwater hielt sich während der Katastrophe in Nordfriesland auf, weil er als erfahrener Deichbauingenieur beauftragt worden war, ein kompliziertes Bedeichungsprojekt zu leiten. In der verheerenden Flut waren sämtliche unter seiner Leitung errichteten Bauwerke zerstört worden, woraufhin die Bewohner der anliegenden Höfe, die die Kosten der Bedeichung zu tragen hatten, in Leeghwater einen Schuldigen für das ihnen widerfahrene Unglück suchten und fanden. Sie bezichtigten ihn, Deiche gebaut zu haben, deren Kosten zu hoch und deren Standfestigkeit viel zu gering gewesen sei. Bedroht von Anfeindungen und Verfolgung musste Leeghwater samt seiner Familie die Flucht ergreifen, begab sich zunächst unter landesherrlichen Schutz und floh dann zurück in seine Heimat. Die gegen Leeghwater erhobenen Anschuldigungen stellen selbstverständlich keinen Einzelfall dar. In den

Archiven finden sich meterweise Akten, die unzählige Streitigkeiten dokumentieren, in denen die eine Partei der anderen vorwirft, durch ihr Verhalten Schuld oder zumindest Mitschuld an einem Schaden zu tragen, der den Klägern widerfahren ist. Die Verfasser scheinen keinen Widerspruch darin gesehen zu haben, ein Unglück als Gottesstrafe zu interpretierten und gleichzeitig einen Schuldigen zu suchen und zu benennen.

Während die Schuldzuweisung gegen Dritte offenbar nicht mit der religiösen Interpretation kollidierte, konnte der geäußerte Stolz auf erfolgreich durchgeführte Eindeichungen sehr wohl die harsche Kritik der Pastoren auf sich ziehen. Sie befürchteten wohl, der Stolz auf die eigene Leistung könne zu unangemessener Selbstsicherheit unter den Küstenbewohnern führen. Ein prominentes Beispiel für diese Kritik eines als selbstgefällig und überheblich angesehenen Verhaltens stellt der bekannte Ausspruch »Trutz, Blanke Hans« dar: In seiner 1666 erstmals im Druck erschienenen »Nordfriesischen Chronik« unterstellte der Nordstrander Pastor Anton Heimreich diesen Ausdruck folgenschweren Übermutes den Einwohnern Alt-Nordstrands und legte damit den Grundstein für die Tradierung dieser geradezu paradigmatisch gewordenen Beschreibung der küstennahen Lebenswelt. Heimreich schreibt: »Daß Gott der Herr durch Auslassung der Wasser das Land könne umkehren, solches haben diese Nordfriesischen Landschaften nebst allen an der Westsee liegenden Marschländern am Tage Burchardi (so am Sonntage fällig) des 1634sten Jahres besonders müssen erfahren, und zwar dazumal, wie man am sichersten gewesen, und die Deiche so wohl gestanden, daß Ocke Levesen in unserm Nordstrande sich vernehmen lassen, daß man nun einen eisernen Deich hätte, und Iven Acksen aus Rödemis gesaget, man könne nun sicher hinter den Deichen schlafen, ja man auch wol auf denselben getrotzet, wie der Deichgraf in Risummohr, nach verfertigtem Deiche den Spaten auf den Deich gesetzet, und vermessentlich gesaget: Trotz nun blanke Hans!«[5]

Der Wahrheitsgehalt dieser Überlieferung ist äußerst zweifelhaft. Schließlich befanden sich die Nordstrander Deiche zu Beginn des 17. Jahrhunderts in einem derart schlechten Zustand, dass der den Einwohnern der Insel zugeschriebene Ausspruch kaum authentisch gewesen sein dürfte. Für Heimreich spielt dies aber auch gar keine Rolle. Für ihn war es vielmehr wichtig, seinen Lesern den direkten Zusammenhang zwischen einer verwerflichen Selbstüberschätzung und einer darauf folgenden Gottesstrafe aufzuzeigen.

Heimreich ist durchaus nicht der letzte, der die ›Burchardi-Flut‹ zur Untermauerung seiner Weltsicht nutzte. Auch noch rund 100 Jahre später beschäftigte die Frage nach den Ursachen der Verheerung einen Amtskollegen, der allerdings eine gänzlich andere Antwort darauf fand. In einem 1795 erschienenen Aufsatz über die Topographie der Insel Nordstrand vertrat der Pellwormer Pastor Ernst Christian Kruse die Auffassung, dass die Zerstörung der Insel in der ›Burchardi-Flut‹ einzig und allein auf das Verhalten der Inselbewohner zurückzuführen sei, und wies jegliche religiöse Deutung des Sturmflutereignisses von sich. Kruse schrieb: »Und wodurch wurde der Untergang dieser Insel mit dem größten Theile ihrer Einwohner veranlasst? – Die gleichzeitigen Annalisten sagen durch ein göttliches Strafgericht über die enormen Sünden der Einwohner. Freilich, wenn man das ein göttliches Strafgericht nennen will, was natürliche Folge des Unsinns, der Sorglosigkeit und Partheilichkeit war, so haben die Annalisten Recht. Aber wenn man jetzt, da man es mit dem Sprachgebrauche genauer nimt, und über die Weltregierung des Schöpfers richtiger urtheilt, die zerstreuten beiläufigen Nachrichten der gleichzeitigen Schriftsteller von diesem Unglück mit einander vergleicht, so sieht man deutlich, daß der Untergang der Insel in nichts anders seinen Grund hatte, wie in dem elenden Zustande der Deiche und des Deichwesens überhaupt.«[6]

Kruses Erläuterungen über die Ursachen des Untergangs von Alt-Nordstrand stehen im Widerspruch zum religiösen Deutungsmuster von Sturmfluten, wie es sich in den oben erwähnten Schriften aus dem 17. Jahrhundert findet. Seiner Auffassung nach hätte der Schaden, den die Flut hervorrief, reduziert oder verhindert werden können, wenn die Bewohner Nordstrands ihre Deiche besser instand gehalten hätten. Der Einfluss Gottes auf das Schicksal der Menschen oder das Wirken des Meeres spielten in seiner Darstellung keine Rolle. In seinen rund 150 Jahre nach der ›Burchardi-Flut‹ niedergeschriebenen Ausführungen proklamierte der Pellwormer Pastor eine Abwendung von der traditionellen Deutung der Katastrophe und forderte dazu auf, das Ereignis nach zeitgemäßen Maßstäben auf einer rein weltlich-pragmatischen Ebene neu und eigenständig zu interpretieren. Ebenso wie Alardus, Lobedantz und Heimreich nutzte auch Kruse die Interpretation des Ereignisses und seiner Ursachen zur eigenen Selbstvergewisserung und Unterweisung seiner Gemeinde. Ganz im Geist der Aufklärung forderte er seine Zuhörer dazu auf, die Folgen eigenen Fehlverhaltens nicht als Gottesstrafe misszuverstehen, sondern sich der eigenen Verantwortung bewusst zu sein und beispielsweise durch gute Instandhaltung der Deiche das eigene Leben zu schützen.

Von Kruses Ausführungen ist es kein weiter Bogen zu einem anderen Vertreter der Aufklärung, der ebenfalls ein – wenn auch fiktives – Sturmflut-Ereignis nutzte, um seinen Lesern eine bestimmte Weltsicht zu vermitteln. In seiner Novelle »Der Schimmelreiter« lässt Theodor Storm den Protagonisten, Deichgraf Hauke Haien, in Konflikt mit den abergläubischen, rückwärtsgewandten Marschbewohnern geraten: Haien zieht die Ablehnung und schließlich die Feindschaft der Bauern auf sich, als er von ihnen verlangt, die traditionelle Bauweise aufzugeben und die Deiche mit einer flachen Außenböschung zu versehen, an denen die Wellen weniger Schaden anrichten als an den bisherigen, steil abfallenden Deichen. Als der Deichgraf die Bauern außerdem noch davon abhält, zur Absicherung eines neuen Deiches ein Deichopfer, das heißt einen kleinen Hund, lebendig in den Deich einzugraben und diese Tradition als Aberglauben diffamiert, eskaliert der Konflikt, und die Novelle nimmt in einer Sturmflutnacht ihr tragisches Ende. Storm hat die Kollision zwischen dem fortschrittlichen Deichgrafen und den rückwärtsgewandten Marschbauern angelegt, um in Person der Bauern die aufklärungsfeindlichen Kräfte im Allgemeinen zu kritisieren und damit seine von der Aufklärung geprägte Weltsicht literarisch zu vermitteln. Es soll an dieser Stelle nicht danach gefragt werden, inwieweit Storm die Haltung der Bauern überzeichnete oder dabei auf historische Vorbilder zurückgriff. Ihre aggressive und geradezu feindselige Haltung gegenüber dem innovationsfreudigen Deichgrafen dient in der Novelle einem literarischen Zweck, der – ungeachtet des historischen Wahrheitsgehaltes von Storms Darstellung – erfüllt wird.

Liliencron verfasste sein eingangs zitiertes, 1882 veröffentlichtes Gedicht nur sechs Jahre nachdem »Der Schimmelreiter« erschienen war. Anders als bei Storm vertreten hier die Bewohner der Küstenregion nicht den von Storm kritisierten, fortschrittsfeindlichen Geist. Liliencron bezeichnet die Bewohner Rungholts vielmehr als »lärmende Leute, betrunkene Massen«, die dem Meer das »Trutz, Blanke Hans« entgegen rufen. Er schließt sich mit dem Aufgreifen dieses Ausspruchs dem Vorwurf Anton Heimreichs aus dem Jahre 1666 gegen die allzu selbstbewussten Nordstrander an. Im Gegensatz zu Heimreich ist die Flut bei Liliencron allerdings keine Strafe des allmächtigen Gottes. Bei Liliencron ist es vielmehr die Natur, die sich rächt und der Hybris der Menschen Grenzen setzt.

Verschiedenste Spuren zeugen noch heute von den Zerstörungen, die die verheerende Sturmflut des 11. Oktober 1634 an der nordfriesischen Küste hervorgerufen hat. Nicht nur der Verlauf der Küstenlinie, auch Form und Ausmaß der Inseln und Halligen weisen ebenso wie die erhaltenen Todesregister und Gedenksteine Spuren der Flut auf. Die hier vorgestellten Beispiele zeitgenössischer und nachfolgender Darstellungen der Ereignisse sollten zeigen, dass eine Katastrophe wie die ›Burchardi-Flut‹ unter den Betroffenen einen Deutungsnotstand hervorgerufen hat, dem sie nur mit dem Versuch begegnen konnten, das Erlebte und Erlittene sinnhaft in ihr Weltbild einzugliedern. Versuche, das Ereignis zu deuten und im Sinne der jeweils eigenen Weltsicht oder der zu vermittelnden Aussage sinnvoll zu interpretieren, lassen sich auch noch 250 Jahre nach dem Ereignis finden. Die Wahrnehmung, Deutung und Verarbeitung der ›Burchardi-Flut‹ forderte auch nachfolgende Generationen dazu heraus, sich mit der Frage zu befassen, ob der Mensch überhaupt dazu berechtigt ist, sich vor einer von Gott über ihn verhängten Strafflut zu schützen und wenn ja, welche Möglichkeiten er dazu hat. Die jeweiligen Deutungsmuster und Handlungsweisen können unterschiedliche Einstellungen der Menschen gegenüber der Natur und insbesondere gegenüber der vom Meer ausgehenden Gefahr spiegeln. In einem weiteren Sinn verstanden, beleuchten sie schlaglichtartig verschiedene Konzepte, mit denen die Menschen in der Vergangenheit versuchten, sich und ihre Handlungsmöglichkeiten im Rahmen ihres Weltbildes zu verorten. Bei allem Leid, das die Katastrophen für die Betroffenen mit sich brachten, bilden sie dadurch ein Fenster in die Vergangenheit, durch das Einblicke in frühere Lebenswelten und Mentalitäten zu erlangen sind.

Ein Blick aus herrschaftlicher Ferne auf »das schreckliche Urteil Gottes«

Das jamaikanische Erdbeben vom Juni 1692

Claudia Schnurmann

Um 11:43 Uhr des 17. Juni 1692 erschütterte ein tektonisches Erdbeben die englische Karibikkolonie Jamaika.[1] Zirka 780 Häuser der Hafenstadt Port Royal wurden zerstört, bevor dann ein Großteil der auf sandigem Untergrund angelegten städtischen Bebauung von einem heftigen Tsunami ins Meer geschwemmt wurde; im Landesinneren ruinierten Erdverschiebungen und Wassereinbrüche wertvolle Zuckerrohrplantagen.[2]

Betroffen war nicht nur die Umwelt, deren Aussehen langfristige Veränderungen erfuhr, sondern auch die Bevölkerung der ohnehin spärlich besiedelten Insel wurde stark in Mitleidenschaft gezogen: Zeitgenössische Quellen zählten 1500 bis 3000 Opfer, die unmittelbar nach dem Verebben des Hauptbebens zu beklagen waren. Weitere 3000 Menschen starben vermutlich während der Nachbeben und an den mittelbaren Folgen des Unglücks wie einstürzenden Häusern, Überschwemmungen und Seuchen.[3] Angesichts der, gemessen an der Gesamtbevölkerung, relativ hohen Opferzahlen und der negativen Folgen des Bebens für die Wirtschaft der bis dahin boomenden karibischen Zuckerrohrkolonie kann man dieses Erdbeben mit vollem Recht als Auslöser einer frühneuzeitlichen Katastrophe bezeichnen, die im Wesentlichen auf mangelhafte Anpassung an die Standortgegebenheiten zurückzuführen war, wie ein späterer Kommentator kritisch anmerkte.[4]

Ein halbes Jahrhundert später wurde das Lissabonner Erdbeben von 1755 in der Erinnerung der Europäer noch für lange Zeit zu einem buchstäblich welterschütternden Ereignis; Dichter wie Johann Wolfgang von Goethe oder Philosophen wie Immanuel Kant setzten sich mit dem Ereignis und seinen Wirkungen auf das Denken der Zeitgenossen und jüngerer Generationen auseinander. Die Gründe, die diesem Erdbeben im europäischen Selbstverständnis und der kollektiven Erinnerung die herausragende Bedeutung einer Zäsur verliehen, sind häufig untersucht worden. Europa sah sich 1755 als eine Gemeinschaft, die von dem Erdbeben von Lissabon erschüttert worden war und mit Hilfsaktionen aus einem europäischen Solidaritätsempfinden trotz aller politischen und ideologischen Unterschiede auf die Katastrophe am Rande des Kontinents reagierte.[5] Frühere Erdbeben, welche die Zeitgenossen ebenfalls als Katastrophen erlebten, die direkt und indirekt Betroffenen im gleichen Maße prägten und die auf ihre Weise ebenfalls Umdenkungsprozesse einleiten sollten, fanden bei der Nachwelt weniger Beachtung.

Das jamaikanische Erdbeben von 1692 gibt uns daher die Gelegenheit zu untersuchen, wie man sich ein halbes Jahrhundert vor der Katastrophe von Lissabon gegenüber einer vergleichbaren Katastrophe in der außereuropäischen, kolonialen Welt verhielt. Wie reagierten die Engländer auf ein katastrophales Naturereignis, das zwar außerhalb Europas, aber innerhalb des eigenen Kolonialreichs Opfer gefordert hatte? Hier interessieren weniger die zeitgenössischen Reaktionen praktischer Art in Form von Wiederaufbauaktionen und Hilfsmaßnahmen für die Opfer, sondern vielmehr diejenigen, die Aufschluss über emotionale und kulturelle Befindlichkeiten und Erfahrungen der Zeit im Umgang mit Erdbeben vermitteln. Das Erdbeben auf Jamaika wird als ein Ereignis verstanden, das durch die Art der Wahrnehmung und Vermittlung zu einem Element britischer Erfahrungen wurde und dessen Interpretationen Einblicke in englisches Selbstverständnis und Weltdeutungen gewähren – das bedeutet zugleich die Konzentration auf solche Quellen, die auf Jamaika und im Mutterland unter dem unmittelbaren Eindruck des Selbsterlebten oder Vermittelten in den Monaten Juni bis November 1692 entstanden.

Dass sich die jamaikanische Bevölkerung mit dem Erlebten auseinandersetzte, dürfte wenig überraschen. Es gibt schriftliche Stellungnahmen von Augenzeugen, die der Engländer John Oldmixon Anfang des

18. Jahrhunderts als prägnante Skizzen von Einzelschicksalen in seine Geschichte des britischen Empire in Amerika einbaute. Diese kurzen Aussagen bestechen durch ihre Nüchternheit: kein Jammern, kein Klagen, sondern fatalistisches Beschreiben des Unglücksablaufs bzw. das Verdrängen jeglicher Gedanken an mögliche Eigenschuld beherrschen den Ton. Mehrere namentlich nicht bekannte Kolonisten schilderten das Erdbeben als einen für den Menschen zwar dramatischen, aber natürlichen und absichtslosen Bewegungsablauf der Erde.[6] Ähnlich gelassen gab sich die koloniale Leitung bei ihren hilflosen Versuchen eines Krisenmanagements; eine ihrer ersten Taten bestand in der Entscheidung von Anfang Juli 1692, die völlig zerstörte Stadt Port Royal zunächst nicht am alten Ort wiederaufzubauen.[7] Nicht auf der sandigen, flachen Halbinsel, die das Abrutschen von Port Royal in das Meer begünstigt hatte, sondern gegenüber, auf vermeintlich festerem Untergrund, entstand die neue Hafenstadt Kingstown. In der kolonialen Welt wurde die Katastrophe verdrängt. In Jamaika offenbarte sich die Ignoranz gegenüber der Natur vor allem dadurch, dass man bereits wenige Jahre später erste Anstrengungen zu einem Neuaufbau von Port Royal unternahm.

Ein ganz anderes Bild als die so schmerzhaft in Mitleidenschaft gezogenen Jamaikaner selbst zeichnete ein namentlich nicht bekannter anglikanischer Geistlicher, der von London nach Port Royal versetzt worden war und dort das Erdbeben miterlebt hatte. In seiner Berichterstattung grenzte er sich verbal und emotional in auffallender Weise von der einheimischen Bevölkerung ab. Kaum angefochten von Mitleid und Verständnis für die völlig verängstigten Menschen blieb er bei seiner Beschäftigung mit der aktuellen Katastrophe den klassisch-biblischen Erklärungsmustern verhaftet und sah in dem Erdbeben die nur allzu verdiente göttliche Strafe für menschliche Sünden, Verworfenheit und Schuld. Gott selbst habe sein vernichtendes Urteil gesprochen und erbarmungslos vollstreckt. Entsprechend harsch fiel seine Wortwahl aus: Er bezeichnete das Beben in Anklängen an die ihm wohlvertraute Bibel als »das schreckliche Urteil Gottes« und deutete es als Ankündigung kommenden Unheils und des Jüngsten Tages.[8] Er beschrieb die aufgewühlten Elemente Erde und Wasser als beseelte Wesen, als tiergleiche Monster, die im göttlichen Auftrag die Menschen und ihre Bauten verschluckten und auffraßen: »... das Meer, das den ganzen Anlegeplatz verschluckt hatte«; »Port Royal ist in Stücke zerbrochen, ins Meer versunken und wird, größtenteils bedeckt vom Meer, bald ganz vom Meer verschlungen werden ...«.[9] Scheinbare Bestätigung fand seine Interpretation durch die Zerstörung der Hafenstadt Port Royal, deren Schicksal ihm noch wichtiger erschien als das der tausenden Katastrophenopfer und die landesweite Zerstörung der Zuckerrohrfelder und Zuckermühlen, welche zuvor die Basis der relativ jungen jamaikanischen Wirtschaft gewesen waren.[10]

In seiner Darstellung dominiert die Beschreibung der Vernichtung der Stadt. Das Erdbeben hatte in besonderem Maße Port Royal getroffen; einerseits »die schönste Stadt unter allen englischen Siedlungen, das beste Handelszentrum und der beste Markt in diesem Teil der Erde, mit ihren übermäßigen Reichtümern und Überfluss in allen guten Dingen« und neben Bridgetown auf Barbados vormals die größte Stadt in der englischen Karibik mit circa 4000 Einwohnern.[11] Andererseits betrachtete der anglikanische Geistliche die Einwohner der Kolonie generell, speziell aber die Bewohner von Port Royal als menschlichen Abschaum: »... es gab kein gottloseres Volk auf Erden ...«[12], wodurch deren Schicksal in seinem Urteil eine moralische Legitimation fand und Port Royal zum Paradebeispiel menschlicher Schuld geriet.

In der Abgrenzung des von keinem Selbstzweifel angefochtenen Ich-Erzählers von den angeblich verworfenen Bewohnern jenes Weltenteils, die er durch die stete Verwendung des Wortes »they«, »sie«,[13] auf Distanz hielt, offenbaren sich alle unterschwelligen Abneigungen, Unsicherheiten und Vorurteile eines eingefleischten Engländers gegenüber der jungen, andersartigen Gesellschaft einer tropischen Pflanzerkolonie. Jamaika befand sich nach englischer Auffassung außerhalb der Welt europäischen Rechts: Die mit üppiger Vegetation ausgestattete Insel lag »jenseits des Rechtsraums Europas«[14] und ihre Bewohner – eine aus konservativ englischer Sicht überaus gefährlich enthemmte Mischung unterschiedlicher Hautfarben, Nationalitäten und sozialer Zugehörigkeiten – frönten seinem Urteil zufolge einem Leben jenseits altweltlicher Moralvorstellungen. Die ständige Hitze und das schwüle Klima führten nach Ansicht angeblich beherrschter, rational agierender Gemüter dazu, dass die sexuellen Leidenschaften überhand nahmen und in selbstzerstörerischer Manier die Seelen der moralisch schwachen Bewohner Jamaikas erschütterten und zerrütteten.[15] Nicht zufällig glaubte man in den klimatisch gemäßigten Regionen Europas und Nordamerikas an einen Kausalzusammenhang zwischen Hitze und Erdbeben.

Aufschlussreich sind die Beispiele, die der Geistliche verwendete. Um die Verworfenheit der Jamaikaner zu zeigen, die selbst angesichts des Todes ihren zweifelhaften Lebensstil nicht aufgaben, verwies er speziell auf zwei Gruppen unter den Einwohnern der Hafenstadt: zum einen auf die Piraten, also Menschen außerhalb rechtlicher Normen, und zum anderen auf die Prostituierten, also Menschen außerhalb moralischer Normen, die für ihn das Erscheinungsbild der minderwertigen Kolonialgesellschaft prägten. Port Royal bedeutete für ihn eine zeitgenössische Version von Sodom oder Babylon, das ebenfalls durch ein Erdbeben zerstört worden war; die Kolonisten entsprachen seiner Vorstellung von der Minderwertigkeit der außereuropäischen Welt. Mit dieser Auffassung bewegte er sich in traditionell europäischen Vorstellungen über erdbebengefährdete Gebiete, wie Arno Borst andeutet: Gegen besseres Wissen, trotz tradierter Kenntnisse von Erdbeben in ganz Europa »verstand es sich für Europa bald von selbst, dass schwere Erdbeben nur in exotischen Ländern hausten«[16]. Erdbeben waren somit Indizien sowohl für die moralischen Schwächen der vorherbestimmten Opfer als auch für die Minderwertigkeit der außereuropäischen bzw. der außerenglischen Welt.[17] Der landesfremde Beobachter nutzte eigenes Erleben, beschrieb aber mehr die Idee eines Erdbebens in den durch die Bibel standardisierten Bildern als das aktuelle Ereignis selbst, das lediglich als Vehikel eigener Vorurteile diente.[18]

Die Nachricht des Ereignisses verbreitete sich relativ schnell. Bereits am 21. August 1692 verkündete das offizielle königliche Presseorgan in England, die ›London Gazette‹, die Katastrophe. Die Berichterstattung enthielt sich dabei aber anders als der bigotte Gottesmann jeder moralisch motivierten Schuldzuweisung und Sensationslust. Kühl berichtete die Zeitung, am 17. August 1692 sei in Plymouth ein Schiff aus Jamaika angekommen, dessen Kapitän »einen traurigen Bericht eines großen Erdbebens« mitgebracht habe.[19] Auf diese mündliche Nachricht folgte am 28. August 1692 die offizielle schriftliche Bestätigung: Auf der Titelseite der ›London Gazette‹ erschien ein sachlicher Bericht der jamaikanischen Kolonialadministration, die auf die besondere göttliche Gnade verwies, die der Insel zuteil geworden sei, dass, Gott »... uns der Jahreszeit angepasstes Wetter geschickt hat, was für die Fürsorge der armen Menschen von großer Hilfe war, um die die Regierung sich sehr kümmert«.[20]

Ergänzt wurde diese sachliche Art der Nachrichtenvermittlung durch die Veröffentlichung der beiden hochgradig parteiischen Briefe, die der anglikanische Geistliche am 2. und 8. Juli auf Jamaika verfasst und einem Freund in England geschickt hatte. Neben dem gelassenen Umgang mit der Katastrophe in der offiziellen Presse gediehen Sensationslust, wohliger Schauer und Vergnügen am Unglück einer weit entfernten Gesellschaft. Nicht nur der ansonsten recht distanzierte Geistliche auf Port Royal erging sich im Ausmalen makabrer Details.[21] Aktuelle Publikationen zum Thema Erdbeben erfreuten sich großen Interesses[22], und in den Kneipen, Kaffeehäusern und Spelunken der Hauptstadt London avancierte das Erdbeben zum beliebten Tagesthema, das ohne innere Anteilnahme von der nächsten spektakulären Neuigkeit abgelöst werden konnte: »Gott besuchte vor einer Weile Jamaika mit einem Erdbeben, sogar mit einem furchtbaren. Wir hörten davon, wir machten es zum Thema unserer Plaudereien in den Kaffeehäusern. Wir unterhielten uns damit wie wir es mit einem Teil der alltäglichen Nachrichten tun, aber wir (ach, dumme Sünder, die wir sind!), wir beachteten es nicht so ernsthaft, wie wir es hätten tun sollen. Wir hörten davon, wie die Erde ihren Schlund öffnete und eine große Anzahl dieser armen sündigen Kreaturen verschluckte, aber wir beachteten es nicht so, wie es die Natur der Katastrophe es eigentlich erfordert hätte ...«.[23]

Ein leichtes Erdbeben im Süden Englands am 18. September 1692 reduzierte jäh die emotionale Distanz zwischen dem »wir« in England und »diesen armen sündigen Kreaturen« auf Jamaika und demonstrierte den bemerkenswerten Unterschied zwischen dem bloßen Bericht über ein Erdbeben und dessen hautnahem Erleben.[24] Die eigene Erfahrung veranlasste manchen Engländer, seine Auffassung von einem Erdbeben als typisch außerenglische Katastrophe und Beweis der Minderwertigkeit der kolonialen Welt zu überdenken und Erdbeben nicht nur als Strafe unmoralischer Gesellschaften zu verstehen. Aus Eigenschutz, Selbsterhaltungstrieb und im Bemühen um den Erhalt des eigenen Wertes nutzte man alternative Erklärungsstrategien und Sinngebungen. Die persönliche Erdbebenerfahrung begünstigte die Verbindung von naturwissenschaftlichem Erkenntnisdrang und protestantischem Bekehrungsstreben in England.

In dem Moment, da sich in England Gelehrte und naturwissenschaftlich interessierte Geistliche des Phänomens des Erdbebens annahmen, erweiterte sich das Medienspektrum: Zu Briefen und kurzen Meldungen in Wochenzeitschriften gesellten sich ausführliche Traktate. Gedruckte Predigten und umfangreiche Essays bemühten sich um einen deutlich weniger vorurteilsbehafteten Ton als jenen, der in den Briefen des englischen Priesters auf Jamaika vorherrschte. Zwei hier exemplarisch vorgestellte Studien distanzierten sich ausdrücklich von seinen Darstellungen, die gleichwohl als Informationsquellen herangezogen wurden. Sowohl der presbyterianische Londoner Prediger Thomas Doolittle (1632–1707) als auch der überzeugte anglikanische Biologe John Ray (1627–1705) beschäftigten sich mit den möglichen Ursachen der jüngsten Erdbeben. In ihren umfangreichen Schriften, die 1692/93 in London veröffentlicht wurden,[25] verwiesen sie auf die mittlerweile gedruckten Briefe aus Jamaika, verglichen auf deren Basis wie Doolittle »Jamaicas Jammer« mit »Londons Gnade« oder zitierten sie wie John Ray, aber beide verurteilten die Verdammung der Jamaikaner als ungerecht, da diese Bewertung nun auch auf Engländer zutreffen könnte.[26] Thomas Doolittle verwahrte sich in klaren Worten gegen die allzu klare Schuldzuweisung – im Hinblick auf den glimpflichen Ausgang des Erdbebens in England im Kontrast zu der jamaikanischen Katastrophe erklärte er: »Es ist kein Argument, dass diejenigen, die am meisten leiden, die größten Sünder sind«, und er ging so weit, im Titel seiner Schrift die Kolonie Jamaika auf eine Stufe mit der Metropole London zu stellen.[27] Folgerichtig nahm er genauso wie John Ray Abstand von der etablierten Auffassung, Erdbeben seien generell zielgerichtet und ausschließlich auf göttlichen Zorn zurückzuführen.

Gebildete wie Doolittle und Ray kombinierten tradierte protestantische Gottesvorstellungen und aktuelles naturwissenschaftliches Denken zu zwei Verursacherprinzipien: Als überzeugte Christen sprachen sie von den übernatürlichen Ursachen des Erdbebens, dem sogenannten metaphorischen Erdbeben. Nach dieser Deutung wurde der alttestamentarische Gott, der Erdbeben zur Strafe und Vernichtung schickte, durch den neutestamentarischen Gott ersetzt, der mit dem Erdbeben Beweise seiner Existenz und Gnade offenbarte. Thomas Doolittle verwies mehrfach ausführlich auf den Bericht im Neuen Testament, wonach der Tod Christi auf Golgatha – als eine Voraussetzung für die nach christlichem Verständnis mögliche künftige Erlösung der Menschheit – von heftigen Erdbeben begleitet wurde.[28] Zwar erwähnte auch er die allseits bekannten Horrorszenarien der Bibel in der Apokalypse und im Buch Daniel, aber er und in seinem Kielwasser sein Sohn Samuel, ebenfalls Theologe, betonten zudem die positiven Wirkungen von Erdbeben, indem beide ausführlich auf die Stelle in der Apostelgeschichte eingingen, in der Paulus und Silas durch ein Erdbeben aus einem Gefängnis befreit werden.[29]

In diesem Sinne instrumentalisierten beide Autoren Erdbeben als positives Werkzeug Gottes zur körperlichen und seelischen Erschütterung der Menschen. Durch die Angst vor materiellem und körperlichem Schaden sollten Besinnung, Reue und geistige Heilung erreicht werden. Der Begriff der Furcht, der »heiligen Furcht« oder »heilsamen Furcht« als Mittel moralischer Besserung und seelischer Gesundung spielte in beider Argumentation eine wichtige Rolle: Nicht individuelle Menschen wurden wegen ihres Fehlverhaltens durch Erdbeben, den Finger Gottes, bedroht, sondern die gesamte Menschheit aufgrund der Erbsünde war potenzielles Objekt göttlicher Erschütterung und letztlich göttlicher Vergebung.[30]

Zugleich behandelten Doolittle und Ray Erdbeben als Resultate physikalischer Zustände, die zwar letztlich auch Teil der göttlichen Schöpfung waren, die aber überprüfbaren Naturgesetzen folgten und somit Einblicke in das Schöpfungswerk, dessen technische Mechanismen und Abläufe gewähren konnten. Ihre Erklärungen, die unterirdische Winde, Dämpfe, Entzündungen und Feuer als Verursacher der Beben ausmachten, sind hier von sekundärer Bedeutung. Von primärer Bedeutung jedoch war die Konsequenz, die sie aus der physikalischen Konstruktion des Erdinneren zogen: Erdbeben blieben nicht auf einen Punkt beschränkt und betrafen nur die Stelle, die unmittelbar über einer unterirdischen Höhle oder einem Vulkan lag, sondern die unterirdischen Kräfte waren Wellenbewegungen, die sich vertikal und horizontal im Erdinneren ausbreiteten.

John Ray, der sich für die genaue Uhrzeit der Beben interessierte, tat dies nicht allein aus der Begeisterung eines auf Exaktheit fixierten Naturwissenschaftlers für die hochmodernen Zeitmesser, er tat es auch, um eben den Verlauf (Richtung und Geschwindigkeit) dieser unterirdischen Bewegungen rekonstruieren zu können.[31] Die Essenz dieser Erkenntnis formulierte Ende September 1692 der ›Athenian Mercury‹: Er vermutete, die Erdbeben in England und den Niederlanden vom September 1692 hingen mit dem Erdbeben in Jamaika zusammen: »... das jüngste Erdbeben hier in England, und das in Flandern und in Holland könnten durch Dämpfe von dem Erdbeben in Jamaika ausgelöst worden sein.«[32] Mit dieser Einschätzung verloren Erdbeben ihre lokale Beschränkung und wurden zu globalen Ereignissen, unabhängig und unkontrollierbar von menschlichen Barrieren und Eingriffsmöglichkeiten, aber auch unbeeinflusst von Fehlverhalten, Moralvorstellungen und Schuldgefühlen der betroffenen Menschen.

Der britische Umgang mit dem Erdbeben in Jamaika offenbart, dass es gegen Ende des 17. Jahrhunderts bei aller Furcht vor einem nahen Weltenende und latenter Krisenstimmung nicht die eine, allgemeingültige Auffassung von Erdbeben im englischen Kolonialreich gab. Ganz deutlich wurden die für die Frühe Neuzeit typischen Subjektivitäten und die häufig zitierte Gleichzeitigkeit des Ungleichzeitigen. Erdbeben wurden nicht nur um ihrer selbst willen analysiert, sondern ihre Wahrnehmung und Bewertung folgten bestimmten Interessen. Das jeweilige Verständnis war abhängig von der emotionalen und räumlichen Nähe der Interpreten zum Erdbeben und dessen Opfern. Es war abhängig von der konfessionellen Orientierung, dem eigenem Erleben, der Bildung und den individuellen Vorurteilen.

Ende des 17. Jahrhunderts wurden Erdbeben von konservativen Gemütern als hoffnungsloses göttliches Strafgericht interpretiert, hingegen von Physikotheologen als Gottesbeweis und furchteinflößendes Heilmittel bewertet, das in den Händen kundiger Theologen den Einzelnen zu einem gottesfürchtigen Leben im Schoße der jeweiligen Kirche bewegen konnte. Die physikalischen Gegebenheiten in der Erde machten Erdbeben global virulent, unabhängig vom moralischen Verhalten der Menschen auf der Erdoberfläche. Diese Einschätzung jedoch förderte unterschiedliche Emotionen. Das Wissen um ständig drohende seismologische Veränderungen verstärkte das allgemeine Unsicherheitsgefühl: Erdbeben konnten überall, immer und unvorhersehbar auftreten und die scheinbar einzig sichere Existenzgrundlage und das menschliche Grundvertrauen auf den festen Boden unter den Füßen, die schützende Erde, erschüttern. Zugleich jedoch galten die Risiken potenziell jedem Menschen an jeder Stelle der Erde. Erdbeben konnten somit nicht mehr allein als Indiz für die Minderwertigkeit und Verdammung bestimmter Gesellschaften betrachtet werden, sondern sie bedrohten jede Gemeinschaft unabhängig von deren Verhalten, Status und Prestige. Damit kursierten bereits im Gefolge der Beben von 1692 im englischen Kolonialreich die Ideen von der Gleichheit der Menschen vor den Elementen, welche kontinentaleuropäische Philosophen erst im Gefolge des Lissabonner Erdbebens von 1755 neu entdeckten und aufgriffen.[33]

»Das Thal in Schutt und Grauen«

Der Bergsturz von Goldau (Schweiz), 2. September 1806

Stephanie Summermatter

»Der Morgen dieses unglücklichen Tages erwachte wieder unter starkem Regen ... Schon hörte man im nahen Walde von Zeit zu Zeit einiges Krachen von Tannen-Wurzeln, die da und dort ... mit Gewalt getrennt und voneinander gerissen wurden. ... Von einer Viertelstunde zur andern stürzten bald von der obern, bald von der untern Seite der dortigen Felswände, jetzt kleinere, dann wieder größere Steinmassen nieder. ... Banges Ahnden und Schrecken erfüllte schon die Gemüter der wenigen Menschen, die in der dortigen obern Gegend wohnten, oder sich sonst dort befanden. ... Einzeln gestandene größere Steine rollen schon den Berg hinab, zerschmertern [sic] Häuser, Ställe und Bäume, und mehrere stürzen sich in verschnellertem Laufe als Vorboten der bald nacheilenden fürchterlichen Masse in die Tiefe des Thales hin. ... Getöse, Krachen und Geprassel erfüllt wie tief brüllender Donner die Luft – erschüttert jedes lebende Ohr und Herz, und tönt im Wiederhall von tausend Bergesklüften noch grässlicher. ... Berg und Thal sind nun erschüttert – die Erde bebt – Felsen zittern – Menschen erstarren beym Anblick dieser fürchterlichsten aller fürchterlichen Szenen – Vögel, in ihrem Flug gehindert, fallen auf die Stätte der Verheerung nieder – Häuser, Menschen und Vieh werden schneller als eine aus dem Feuerrohr losgeschossene Kugel über die Erde hin und selbst durch die Luft fortgetrieben. ... Und – o wehe! – überschüttet ist das ehevor so fruchtbare Gelände mit Schutt und Graus. – Umgeschaffen ist die ebenvor paradiesische Gegend in hundert und hundert wilde Todeshügel. ... Du staunest, o Leser! nicht wahr? Doch erstaune noch mehr, und wisse! Während diesen wenigen Augenblicken, innert welchen du diese grässliche Schilderung liestest – ja! innert 3–4 einzigen, wenigen, kurzen und doch so fürchterlich langen Minuten hatte dies unerhörte Ereignis seinen schauervollen Anfang genommen, seine Wuth fortgesetzt, und seine Zerstörung vollendet.«[1]

Mit diesen Worten versuchte der Landarzt und Kantonssäkelmeister (Finanzrat) Karl Zay aus Arth seinen Lesern die Katastrophe zu beschreiben, die am 2. September 1806 über die Bewohner seiner Nachbargemeinde Goldau sowie die Dörfer Röthen, Buosingen, Lauerz und Seewen hereingebrochen war. Die genannten Ortschaften lagen im Talgrund zwischen dem Zugersee im Osten und dem Lauerzersee im Westen an der Südflanke des Rossbergs im Kanton Schwyz. Nach einem schneereichen Winter und einem ohnehin schon niederschlagsreichen Sommer regnete es in der zweiten Augusthälfte gut zwei Wochen lang ununterbrochen, was schließlich den Bergsturz[2] von Goldau auslöste, bei dem sich geschätzte 30 bis 40 Millionen Kubikmeter Gesteinsmasse vom Rossbergmassiv lösten und ins Tal donnerten.[3] Die Masse ergoss sich über den gesamten Talboden bis zur Rigi, dem südlich gegenüberliegenden Bergmassiv, an dessen Flanke sie bis zu hundert Meter über das ursprüngliche Talniveau hinaufbrandete. Im Osten des Tales füllte der Schutt etwa ein Sechstel der Fläche des Lauerzersees auf und löste dadurch eine – laut Augenzeugenberichten angeblich 20 Meter hohe – Flutwelle aus, die noch in der Ortschaft Seewen am anderen Ende des Sees Schäden verursachte. Die Dörfer Goldau, Röthen und Buosingen wurden gänzlich unter einer durchschnittlich 30 Meter dicken Schicht aus Staub, Schutt und Gestein begraben und auch das Dorf Lauerz am See wurde etwa zur Hälfte zerstört. Die meisten Opfer hatte wohl bereits der gewaltige Luftdruck zu Boden gerissen, wodurch sie das Bewusstsein verloren, ehe sie schließlich unter den Gesteinsmassen verschüttet wurden.

Als sich die Erde wieder beruhigt hatte, bedeckte der Schutt eine Fläche von 6,5 Quadrat-Kilometern. 457 namentlich bekannte Opfer waren zu beklagen. Die Zahl der Opfer könnte sogar noch um Einiges höher gelegen haben, da man nicht wusste, wie viele Auswärtige und Durchreisende sich im Bergsturzgebiet aufgehalten hatten. Nur 14 Verschüttete konnten am Rande des Schuttfeldes lebend geborgen werden, von denen jedoch zwei wenig später ihren Verletzungen erlagen. Die Suche nach Überlebenden wurde dadurch erschwert, dass die Schuttschicht alle Orientierungspunkte im Gelände unter sich begraben hatte und die Helfer nur noch raten konnten, wo die Dörfer ursprünglich gelegen hatten. 220 Personen verdankten ihr Überleben nur dem Umstand, dass sie zum Zeitpunkt der Katastrophe zufällig nicht anwesend waren oder sich rechtzeitig in Sicherheit bringen konnten – sie verloren jedoch ihren gesamten Besitz und vor allem ihr Zuhause. Rund 100 Wohnhäuser sowie über 200 Ställe und Scheunen wurden zerstört, etwa 400 Tiere verendeten. Die offiziell geschätzte Schadensumme belief sich auf 1,5 Millionen Franken damaligen Wertes.[4] Für viele Überlebende war der Schaden so tief greifend und nachhaltig, dass ihre Existenzgrundlage völlig zerstört war und ihnen in den folgenden Jahren die Auswanderung als einzige Option blieb.

Auch wenn der Bergsturz unter den Zeitgenossen großes Entsetzen auslöste, kam die Katastrophe jedoch keineswegs unerwartet. Das Rossbergmassiv besteht, geologisch betrachtet, hauptsächlich aus schräg gestellten, bis zu hundert Meter dicken sogenannten Nagelfluhschichten. Dabei handelt es sich um ein nicht sehr festes Sedimentgestein, das aus Kies und Geröll zusammengepresst ist und in seiner Beschaffenheit an Beton erinnert. Diese Nagelfluhschichten wechseln sich am Rossberg mit dünneren Ton-, Mergel- und Sandsteinschichten ab.[5] Dringt bei heftigen, lang anhaltenden Niederschlägen wie im Jahre 1806 Wasser in die stark zerklüfteten Gesteinsschichten ein, werden diese dünnen Zwischenschichten aufgeweicht und können sich bei dem dort typischen Gefälle von 30 Prozent in regelrechte Gleitbahnen verwandeln, von denen sich die Nagelfluhbänke loslösen und ins Tal rutschen. Der Rossberg war deshalb seit jeher als Bergsturzgebiet bekannt. Ein Teil des Massivs wird auch heute noch ›Rufiberg‹ genannt. Der schweizerdeutsche Begriff ›Rufi‹ steht für Hang- oder Bergrutsch und bezeichnet oft Orte, die mit einer gewissen Regelmäßigkeit von solchen Ereignissen heimgesucht werden. Die neuere Forschung hat sich inzwischen auch von der alten romantisierenden Deutung des Ortsnamens Goldau als Ort in der »goldenen Au« verabschiedet und führt den Namen heute etymologisch auf das keltische Wort »golet« für Schutt zurück. So erstaunt es kaum, dass sich in der Ebene zwischen dem Zugersee und dem Lauerzersee aufgrund der geologischen Analyse von Gesteinsblöcken etwa 20 meist prähistorische Bergstürze nachweisen lassen. Einer dieser Bergstürze staute das Wasser des Wildwasserflusses Muota auf und bildete so den nur 13 Meter tiefen Lauerzersee. Aufgrund indirekter Quellen schloss der Chronist Karl Zay auf einen Bergsturz im 13. oder 14. Jahrhundert, der das Dorf Röthen zerstörte, von dem bis heute jede Spur fehlt und das seit dem Jahre 1354 in keiner Quelle mehr erwähnt wurde. Erst Jahrhunderte später wurde die Ortschaft Röthen als Streusiedlung neu gegründet, die dann 1806 erneut zerstört wurde.[6] An der Stelle des verschwundenen Dorfes stand später eine Kapelle, die beim Bergsturz von 1806 ebenfalls zerstört wurde. Auch nach 1806 kam es am Rossberg zu weiteren Gesteinsabbrüchen, etwa in den Jahren 1874, 1910, 1919 und 2002, die aber in keinem Fall auch nur annähernd das Ausmaß an Zerstörung des Bergsturzes von 1806 erreichten.

Die Katastrophe von 1806 traf die Bevölkerung also keineswegs überraschend – vielmehr verdichteten sich bereits Jahre vor dem Ereignis die Zeichen eines drohenden Bergsturzes, wie etwa Albert Heim in seiner Untersuchung nachgewiesen hat. Am Rossberg traten neue Risse und Spalten auf, die immer weiter auseinander klafften und von der Bevölkerung beobachtet wurden. Auch Gelehrte wie der Luzerner General und Topograf Franz Ludwig Pfyffer, der das Gebiet für sein berühmtes Relief der Urschweiz bereiste, beschrieb die Situation und die drohende Gefahr. Aber selbst als die Vorzeichen immer eindeutiger wurden, reagierte nur ein kleiner Teil der gefährdeten Bevölkerung. So wird zum Beispiel berichtet, dass Joachim Kamer von Steinenberg auf seinem Gut Veränderungen beobachtete und sich daher – nur wenige Tage vor dem Bergsturz – entschied, einen neu errichteten Stall in seine Einzelteile zu zerlegen und das Holz ein paar hundert Meter entfernt in Sicherheit zu bringen.[7] Dieses an sich umsichtige Handeln blieb dennoch vergeblich, da der Bergsturz viel größere Ausmaße annahm, als Kamer vorab vermutet hatte. Die Frage, warum die Bewohner so sorglos auf die drohende Gefahr reagierten, ist oft gestellt worden. Karl Zay vermutete, dass die permanente Gefährdung einen gewissen Gewöhnungseffekt verursacht habe: »Oftmals hatten eben diese Menschen, die das ebenerwähnte beobachteten, schon an diesen und andern Stellen einige Vorboten von drohenden Schlipfen und Erdbrüchen wahrgenommen, wo aber das gedrohte und gefürchtete Uebel nicht erfolgte; und darum schwiegen sie auch für diesmal, und besonders weil sie hoften [sic], und aus verschiedenen Anzeigen zuversichtlich hoffen durften, dass ... die Erde mit rückkehrender Tröckne wieder die erforderliche Festigkeit gewinnen würde.«[8] Da Bewegungen am Rossberg für die Bevölkerung somit nichts Ungewöhnliches waren, wurde das sich ankündigende Unheil schlicht unterschätzt. In der Region erzählt man sich die Geschichte eines älteren Mannes, der noch wenige Minuten vor dem Ereignis eine Warnung mit den Worten ausgeschlagen haben soll: »Drissg Jahr händ mir jez scho druf gwartet, dass de Berg chömi, er wird wol no warte, bis ich mis Pfifli gstopft ha!«[9] In Goldau fühlte man sich in sicherer Distanz zum Rossberg, an dessen Fuß die Schuttmassen auch diesmal bestimmt liegen bleiben würden, ohne das Dorf zu erreichen. »Diejenigen, die eine größere Erdbewegung für möglich gehalten hatten, hatten sich aber kaum vorstellen können, dass bewohntes Gebiet betroffen sein würde.«[10] Hürlimann führt die Passivität zudem auch auf die herrschenden Umstände zurück: »Die Menschen wussten von der Gefahr, doch wohin hätten sie in dieser Zeit der Not gehen sollen? Der Fatalismus der Bergbauernbevölkerung, der ein Leben in Zonen mit Naturgefahren überhaupt ermöglicht, war auch im Falle von Goldau groß und ließ die Einwohner am Orte verbleiben.«[11]

Mit dem Hinweis auf die herrschenden Umstände nimmt Hürlimann Bezug auf die politisch bewegte Lage in dieser Region an der Wende vom 18. zum 19. Jahrhundert. Im Jahre 1798 waren die Franzosen in die Eidgenossenschaft einmarschiert und in der Folge entwickelte sich der Kanton Schwyz zu einem der Zentren des antifranzösischen Widerstandes.[12] 1798 und 1799 fanden in den Schwyzer Gemeinden mehrfach Kampfhandlungen statt, viele Ortschaften wurden geplündert, in Arth und Goldau wurden Hunderte von französischen Soldaten einquartiert und mussten von der Bevölkerung versorgt werden. In vielen Kantonen der Eidgenossenschaft wurden Sammlungen zugunsten der kriegsgebeutelten Bevölkerung durchgeführt, und man organisierte Hilfsprogramme, um zum Beispiel Kinder aus der Kriegsregion in Pflege aufzunehmen.

Der Bergsturz traf somit die eigentlich wohlhabende Ebene von Arth zu einem Zeitpunkt, als ohnehin bereits große Not herrschte.

Der Zufall wollte es, dass die Schwyzer Landesregierung zum Zeitpunkt der Katastrophe am 2. September tagte. Die Sitzung wurde bis in die Nacht hinein verlängert, um die ersten Hilfsmaßnahmen zu beschließen.[13] Noch in der Nacht wurden Schiffe und Fuhrwerke bereitgestellt, um am folgenden Tag ins Katastrophengebiet vorstoßen zu können. Die 220 Obdachlosen hatten in der Zwischenzeit bereits bei Verwandten und Bekannten der Umgebung Unterkunft gefunden. Die Nachbarkantone Zug und Luzern schickten Hilfskräfte nach Arth, und am 4. September boten auch Zürich, Bern und Uri ihre Hilfe an. Am 6. September versandte der Bezirk Schwyz detaillierte Informationen über das Unglück an alle Kantonsregierungen, was zu weiteren Hilfsangeboten führte. So versicherte der Kanton Basel in einem Schreiben an die »Getreuen und Lieben Eyds und Bundesgenossen in Schwyz«: »Zälens auf unsere herzliche Bereitwilligkeit zur thätigsten Hülfe jeder Art, welche Wir Eüch bundes brüderlich zu leisten uns beeifern werden, so bald Wir Eüer näheren Äußerungen derselben werden erhalten haben.«[14] Die Hilfsangebote waren so zahlreich, dass nicht alle angenommen werden konnten. Vor allem die Unterbringung der Hilfskräfte überforderte die verbliebenen Ressourcen der Überlebenden und der umliegenden Dörfer. Zudem mussten die Arbeitseinsätze zunächst von einer »Exekutionskommission« geplant und vorbereitet werden. Außerkantonale Experten entwarfen zusammen mit dem Schwyzer Ingenieur Städelin bis zum 16. September einen »Operationsplan«, nach welchem die Räumungsarbeiten in der Folge durchgeführt wurden. Von Oktober bis Dezember 1806 arbeiteten dann je hundert Hilfskräfte aus Bern und Zürich sowie weitere aus anderen Kantonen gemeinsam mit den Einheimischen. Die Arbeiten zogen sich bis ins Jahr 1807 hinein.[15] Die Helfer gruben Kanäle, um das Wasser aus dem Talgrund abzuleiten, und stellten die Verkehrsverbindungen wieder her. Hürlimann spricht von insgesamt 16.000 Einsatztagen, die auf dem Schuttkegel geleistet wurden. In den anderen Kantonen löste die Ablehnung der Hilfskräfte und die Aufforderung, stattdessen lieber finanzielle Mittel bereitzustellen, zum Teil Irritationen aus. Erneute Hilfsgesuche des Kantons Schwyz um Arbeitskräfte stießen im Frühjahr 1807 daher auf Zurückhaltung, so dass die Arbeiten in der Folgezeit nur noch langsam vorankamen.

Der Kanton Schwyz profitierte in dieser Notsituation von der bereits jahrhundertealten Tradition der gegenseitigen Hilfeleistungen der Kantone untereinander, die – neben der ebenso traditionellen militärischen Unterstützung – das Bündnissystem der Eidgenossen zusätzlich stärkte. Georg Kreis sieht bereits im Ursprung der Eidgenossenschaft einen »Solidarpakt zwischen genossenschaftlichen Partnern«, in welchem »der Schwache ... nicht als permanent Schwächerer, sondern als der zur Zeit Bedrängte gesehen wird.«[16] Der Bergsturz von Goldau führte aber zu einer neuen Qualität der eidgenössischen Hilfe. Erstmals beteiligte sich nämlich die gesamte Eidgenossenschaft als Staatenbund an einer Hilfsaktion zugunsten eines Kantons, weshalb Alois Fässler im Zusammenhang mit Goldau von der »Geburt der gesamteidgenössischen Solidarität« spricht. Die Regierung von Schwyz wurde beim Landammann der Schweiz Andreas Merian vorstellig und bat diesen um Hilfe. Er überwies dem Kanton daraufhin einen Vorschuss von 5000 Franken aus der Zentralkasse, der zwei Jahre später von der Tagsatzung in eine Spende umgewandelt wurde. Zusätzlich rief er die übrigen Kantone in einem offiziellen Brief zu Spendensammlungen auf: »Im Nahmen des barmherzigen Gottes und des Schweizer Vaterlandes; – Bundes Genossen der achtzehn Kantone, helfen Sie, helfen Sie nach allen Ihren Kräften, Ihren Brüdern von Schwyz! Nie verdiente öffentliches Unglück Ihre Teilname in höherem Grade zu erregen. Nie wurde reicherer Segen den Wohlthaten eines großmüthigen Mitleidens vorbehalten.«[17] Merian verwies in seinem Aufruf einerseits auf das Zusammengehörigkeitsgefühl der Eidgenossen, betonte aber andererseits den Wert der Hilfe zur Förderung der nationalen Einheit, wenn er schrieb, dass die Spende eines jeden Schweizers die »ächte Bruderliebe [...] ungemein begünstiget.«[18] Mit der Spende aus der Zentralkasse und dem Aufruf des Landammanns der Schweiz wurde erstmals eine Katastrophe zu einer Angelegenheit des Staatenbundes gemacht und die Hilfe war nicht mehr nur Sache der einzelnen Kantone.

Vierzehn Kantone hatten ihre Hilfe bereits vor dem Aufruf von Merian spontan angeboten und sich so mit ihren Bundesbrüdern in Schwyz solidarisch gezeigt. Nun folgten auch alle anderen Kantone dem Aufruf des Landammanns der Schweiz. Die Sammlung ergab Spenden in Höhe von etwa 106.000 Franken; die Kantonsregierungen selbst spendeten zusätzlich noch einmal circa 11.000 Franken. Hinzu kamen zahlreiche private Spenden aus dem In- und Ausland. Die Sammlung war somit sehr erfolgreich, auch wenn sie nicht annähernd den entstandenen Schaden zu decken vermochte. Gut zwei Drittel der Spenden wurden unter den Überlebenden verteilt, während ein Drittel für die Bauarbeiten des Bezirks Schwyz verwendet wurde. Der Wiederaufbau der Dörfer wurde aber nur langsam in Angriff genommen, während die Überlebenden entweder auswanderten oder in einem der Nachbardörfer blieben. Als erste Gebäude entstanden zwischen 1808 und 1813 das Pfrundhaus (ein Pfarrhaus mit einem Gottesdienstraum und einem Schulzimmer) und das Gasthaus. Bis zum Jahre 1836 waren in Goldau und Röthen erst 43 Häuser neu errichtet worden. Das neue Goldau hatte indessen mit dem verschütteten Dorf kaum etwas gemein – außer der Erinnerung an das alte Goldau.

Der Goldauer Bergsturz steht jedoch nicht nur paradigmatisch für die gesamtschweizerische Solidarität, sondern ist auch ein frühes Beispiel für den sogenannten Katastrophentourismus. Bereits 1806 reisten Personen an, die die Stätte des Unheils mit eigenen Augen sehen wollten und anschließend Informationen in Form von sogenannten ›Einsendungen‹ an Zeitungen weiterleiteten. Die Neugierigen wurden vor allem dadurch angelockt, dass sich die Katastrophe nicht in irgendeinem abgelegenen Bergtal ereignet hatte, sondern in der Nähe der Rigi, die bereits im 18. Jahrhundert dank ihrer landschaftlichen Schönheit ein beliebtes Reiseziel war. Karl Zay kritisierte das Verhalten dieser Schaulustigen mit auch heute noch aktuell anmutenden Worten: »Tausend und tausend Reisende kamen bald nachher auf die, leider! zu berühmt gewordene Unglücksstätte, und viele derselben mit Vorurtheilen, einige vielleicht mit leidenschaftlichem Herzen. Man befriedigte seine Neugierde mit oberflächlichem Hinblicken; man sammelte einige unstandhafte oder übel verstandene Berichte. Nun gieng man weiters, und packte mündlich und schriftlich, oftmal mit schadenfroher Lust, seine Neuigkeiten und Bemerkungen aus.«[19] Entsprechende Berichte wurden nicht nur in Schweizer Zeitungen, sondern auch im Ausland abgedruckt, etwa im Londoner ›Chronicle‹ oder im Pariser ›Moniteur‹.

Alois Fässler kommt in seiner Untersuchung dieser Berichterstattung zu dem Schluss, dass die Berichte mit räumlicher Nähe und zeitlicher Distanz immer genauer wurden.[20] Die ›Zürcher Zeitung‹ und die ›Zürcher Freitags-Zeitung‹ begannen schon bald, durch Auszüge aus offiziellen Berichten der Kantonsregierung und Informationen von halboffiziellen Stellen vor Ort ein möglichst genaues Bild des Geschehens zu zeichnen. In anderen Zeitungen wie der ›Gazette de Lausanne‹ erschienen sogar regelrechte Sensationsberichte, in denen von 2000 bis 3000 Opfern und 2000 Hilfskräften vor Ort die Rede war und die fantastische Geschichten zum Besten gaben, etwa die einer Mühle in Goldau, die durch den Bergsturz angeblich unversehrt um eine halbe Meile versetzt worden sei, oder dass die Katastrophe durch einen Vulkanausbruch ausgelöst worden sei. Ebenso wurden Berichte von Reisenden gedruckt, die sich kritisch zum Geschehen äußerten und etwa der Regierung des Kantons Schwyz vorwarfen, nicht genug zur Rettung der Opfer unternommen zu haben, und von Plünderungen und hartherzigem Verhalten der Überlebenden erzählten. All diese Berichte wurden im Kanton Schwyz aufmerksam wahrgenommen und lösten Empörung aus. Man reagierte mit einem Brief, der nach Alois Fässler vermutlich von Regierungsseite verfasst worden war: »Nach diesen [Berichten] hätte die Regierung Nichts gethan und Alles unterlassen, was in den nächsten Augenblicken nach der großen Noth hätte geschehen sollen; keine Maaßregeln veranstaltet, um Hülfe zu leisten, wo noch Rettung denkbar war; die Gemeinden stühnden im Zanke und gegenseitiger Verfehdung, das Volk selbst aber wäre kalt und gleichgültig, ohne Theilnahme für die Opfer des Unglücks und gefühllos für eigenen Jammer. Dergleichen Angaben sind, bey der bloßen Zusammenstellung solcher Jammerscenen mit menschlichen Herzen, schon durch sich selbst in hohem Grade unglaublich; ja eine solche empörende Erscheinung unter solchen Umständen ist geradezu unmöglich.«

Bald schon verschob sich die Berichterstattung weg von der Beschreibung der Ereignisse und Zustände hin zu den offiziellen Schadensverzeichnissen und Spendenaufrufen. Auch Spendenergebnisse wurden veröffentlicht, teilweise wurden die Spender sogar namentlich erwähnt. In dieser Phase zollte die öffentliche Anteilnahme insbesondere den spektakulären Einzelschicksalen besondere Aufmerksamkeit, die geeignet waren, dem Leid ein Gesicht zu geben. In diese Kategorie gehört etwa die Geschichte jener Berner Reisegesellschaft, deren eine Hälfte der Katastrophe zum Opfer fiel, während die andere Hälfte unversehrt blieb, weil man vor dem Aufbruch aus einem gemeinsam besuchten Lokal noch gemütlich ein Glas Wein getrunken hatte und sich dadurch verspätete.

Der Bergsturz fand aber nicht nur in Zeitungen Beachtung. 1806 und 1807 erschienen in zahlreichen Hauskalendern Beschreibungen von Goldau, die teilweise auch mit Abbildungen versehen waren. Von den zahlreichen Predigten, die den Bergsturz behandelten, wurden nachweislich mindestens sechs gedruckt und verkauft, dazu zählen etwa jene des bekannten Berner Münsterpredigers David Müslin oder die Predigt von Salomon Vögelin von der Zürcher Waysenkirche. In diesen Predigten wurde die theologische Erklärung des Ereignisses im Sinne eines Manifests der göttlichen Allmacht über die Natur mit naturwissenschaftlichen Erklärungen über die Ursache des Bergsturzes in Einklang gebracht. Eigens angefertigte Berichte wurden als Einzeldrucke zugunsten der Betroffenen verfasst und verkauft; das eingangs zitierte, im Volksmund ›Schuttbuch‹ genannte Werk von Karl Zay gehört zu diesen Darstellungen. Es war aber im Vergleich zu den anderen Schriften mit 390 Seiten recht umfangreich und teuer und erschien zudem erst im Jahre 1807, so dass sein wirtschaftlicher Erfolg wohl eher gering war; anders als die kurze Darstellung von Johann Heinrich Meyer, die vor allem mit zwei Bildern und einer Karte überzeugte, in deutscher und französischer Sprache erschien und bald in zweiter Auflage vergriffen war.

Generell stieß jede Art von bildlicher Darstellung auf ein großes Interesse, und bald nach dem Ereignis fertigten zahlreiche Maler und Zeichner Bilder oder Bildserien an, die oft ebenfalls zugunsten der Betroffenen verkauft wurden. Sehr beliebt waren Vorher-Nachher-Bilder, wobei sich die Maler hier auf die Auskunft der Einheimischen stützen mussten, weil es vom alten Goldau nur sehr wenige bildliche Darstellungen gab. Die Regierung des Kantons Schwyz erkannte das Spendenpotenzial der Bilder zwar, handelte aber zu langsam. Einerseits konnte man das angestrebte Verkaufsverbot nicht autorisierter Bilder nicht durchsetzen, andererseits erschienen die beiden offiziellen Bergsturzbil-

5   Eines der beiden offiziellen Bergsturzbilder, die Xaver Triner 1807
im Auftrag der Regierung erstellte
(links der Zugersee und rechts der teilweise zugeschüttete Lauerzersee)

der, die Xaver Triner im Auftrag der Regierung gemalt hatte, erst im Mai 1807. Auf einem der beiden Bilder (vgl. Abb. 5) sieht man links den Zugersee und rechts den teilweise zugeschütteten Lauerzersee. Die Mitte dominiert der Rossberg mit der Abbruchstelle und das Schuttfeld mit einigen Hilfskräften und Schaulustigen.

Diese Bilder, Predigten und Berichte können neben der zeitgenössischen Informationsvermittlung auch als fließender Übergang zur Erinnerungskultur des Bergsturzes betrachtet werden. Insbesondere das ›Schuttbuch‹ von Karl Zay bildet innerhalb der Bergsturzliteratur das eigentliche Fundament jeder Auseinandersetzung mit der Katastrophe, das trotz des eher geringen Erfolges bei seinem Erscheinen bis in die Gegenwart gerne herangezogen wird. So wurde 1808 eine Zusammenfassung von Zays Bericht ins Französische übersetzt, 1819 und 1826 weitere Auszüge in Deutsch gedruckt und 1833 und 1856 – zum 50. Jahrestag – je ein Neudruck herausgegeben. Die bisher letzte Neuauflage erlebte das Schuttbuch im Jahre 2006 zum 200. Jahrestag der Katastrophe. Der Bergsturz wurde zudem in zahlreichen Gedichten, Romanen, Theater- und Musikstücken von nicht gerade hochstehender Qualität thematisiert, die gegenüber anderen Erinnerungsmedien in Vergessenheit gerieten.[21]

Die sogenannten ›Schuttjahrzeiten‹, das heißt die runden Jahrestage der Katastrophe, zeichneten sich bislang immer durch ein besonderes Gedenkereignis aus. Während 1856 lediglich das ›Schuttbuch‹ neu aufgelegt wurde, wurde 1906 der Grundstein zur Herz-Jesu-Kirche in Goldau gelegt, die aus Nagelfluh erbaut wurde und so als eigentliches Bergsturzdenkmal gedacht war. Beim Gottesdienst zur Grundsteinlegung dieser Kirche trug der Pfarrer ein Messgewand, dass 1806 nahezu unbeschädigt auf dem Schuttfeld aufgefunden worden war, und verlieh dadurch den Feierlichkeiten eine stark wirkende Symbolkraft. 1956 wurden in Anwesenheit von Bundesrat Philipp Etter als Vertreter der Schweizer Landesregierung und des Bischofs von Chur, Christianus Caminada, ein Denkmal und ein Museum eingeweiht sowie ein Bergsturzbuch veröffentlicht. Die Erinnerungsmöglichkeiten scheinen unbegrenzt zu sein: So erlebte auch der 200. Gedenktag im Jahre 2006 sein ganz eigenes Gedenkprogramm, etwa mit einem Dokumentarfilm über das Ereignis und der Eröffnung eines ›Bergsturzspur‹ genannten beschilderten Wanderweges von Lauerz durch Goldau bis hinauf zur Abbruchstelle auf dem Rossberg.

Diese großen Jahrestage markieren dabei lediglich die Höhepunkte einer Erinnerungskultur, die auch im Alltag der Goldauer ihren Platz hat und durch Schulbücher in die allgemeine Wahrnehmung der Schweizer Geschichte Eingang gefunden hat. Jedes Jahr läuten in Goldau die Kirchenglocken am 2. September um 17 Uhr zum Gedenken an die Opfer. Bei Neubauten und Umbauten gibt das Schuttfeld, auf dem das neue Goldau errichtet wurde, auch heute noch Gegenstände des alten Goldau frei – so wurde etwa 1973 beim Bau der Autobahn eine der alten Kirchenglocken wieder aufgefunden. Zudem sind die Spuren des Bergsturzes im sogenannten Schuttwald heute noch sichtbar und erinnern an das Ereignis, auch wenn die Gesteinsblöcke inzwischen von Gras, Moos und Bäumen überwachsen sind und nur noch schwach erahnen lassen, wie es in Goldau direkt nach der Katastrophe ausgesehen haben mag. Auf einem kleinen Teil des Bergsturzgebietes befindet sich seit 1925 der Natur- und Tierpark Goldau, ein beliebtes Ausflugsziel für Familien und Schulklassen. Viele Schweizerinnen und Schweizer haben so bereits im Kindesalter zwischen den riesigen Felsbrocken, auf und zwischen denen sich mittlerweile Murmeltiere, Steinböcke, Wildschweine und Wildkatzen tummeln, die ersten Geschichten vom Bergsturz von Goldau gehört. Auch der Rossberg selbst gemahnt die Goldauer gelegentlich an seine gefährliche Nachbarschaft – wie zuletzt im Jahre 2005, als sich 199 Jahre nach der Katastrophe 30.000 Kubikmeter Gestein lösten, ins Tal donnerten, erst kurz vor dem neuen Goldau liegen blieben und dennoch einzelne Bauernhöfe verschütteten.

»Sie haben festgestellt, dass es keinen Sommer gegeben hat«

Der Ausbruch des Tambora (Indonesien) am 10. April 1815 und seine Auswirkungen

Daniel Krämer

Die Explosionen am Nachmittag des 5. April 1815 erinnerten an Kanonendonner.[1] Die ›Benares‹, ein schwer bewaffnetes Segelschiff der britischen East India Company, lag zu diesem Zeitpunkt im Hafen von Makassar auf Celebes (heute Sulawesi). Am Abend schienen die Explosionen näher zu kommen und Kapitän Eatwell glaubte, hin und wieder Gewehrsalven wahrzunehmen. Er vermutete daher einen Angriff von Piraten, ließ das Schiff in Gefechtsbereitschaft versetzen und stach in See, um die Seeräuber zu suchen. Ohne Erfolg. Nach drei Tagen kehrte die ›Benares‹ nach Makassar zurück.

Nicht nur Kapitän Eatwell hielt die Explosionen für das ferne Grollen von Kanonen. Auch Sir Thomas Stamford Raffles, der Vizegouverneur der britischen Kolonie, befürchtete einen militärischen Hintergrund. Er veranlasste daher, dass ein Posten in der Nähe von Batavia, dem heutigen Jakarta, mit Truppen verstärkt wurde und dass mehrere Schiffe vor der Küste nach Booten in Seenot Ausschau hielten. Erst als am nächsten Morgen ein warmer Ascheregen über der Insel niederging, war die Ungewissheit über die Ursache der Explosionen beseitigt.

An einen Ausbruch des Tambora dachte zu diesem Zeitpunkt niemand – der Vulkan galt als erloschen. Raffles nahm am Morgen des 6. April an, es handle sich um einen Ausbruch des Merapi, des Kelut oder des Bromo, die zu den aktivsten Vulkanen der Region zählten. In seinen Erinnerungen beschrieb er die folgenden Tagen als drückend und schwül. Nebel habe die Sonne verhüllt und ihren Strahlen die Kraft genommen, die sich ausbreitende Stille habe auf ein Erdbeben hingedeutet. Das Beben blieb zwar aus, Ruhe kehrte aber trotzdem nicht ein. Es waren weiterhin Explosionen zu hören, die jedoch nicht zahlreich und stark genug waren, um dem Tambora wirkliche Beachtung zu schenken.

In der Nähe des Tambora, auf der Insel Sumbawa, wuchs das Unbehagen der Einwohner hingegen stetig. An das Grummeln des Vulkans hatten sie sich bereits gewöhnt. Seit 1812 war es zu hören gewesen, und der Gipfel war in diesen drei Jahren ständig mit Wolken verhangen, die dunkler und dunkler geworden waren. Auch Asche hatte der erwachende Riese von Zeit zu Zeit ausgespuckt. Nach den Explosionen vom 5. April 1815 wurde in Bima, einem der sechs Fürstentümer der Insel, eine Untersuchung der Vorgänge eingeleitet. Ein Mr. Israel wurde nach Tambora geschickt, um Erkundigungen einzuziehen.

Mr. Israel kehrte von seiner Reise nie zurück. Als die gewaltigen Explosionen des Vulkans am 10. April den ganzen indonesischen Archipel erzittern ließen, dürfte er sich bereits im Fürstentum Tambora aufgehalten haben. Diesmal waren die Donnerschläge der Eruptionen über eine Distanz von mehr als 2000 Kilometern vernehmbar und die atmosphärischen Schockwellen erschütterten Häuser und Schiffe im Umkreis von 800 Kilometern. Raffles berichtet von den Explosionen und der zunehmenden Dunkelheit, die Teile der indonesischen Inselgruppe drei Tage lang einhüllte. Aus Gresik, einem rund 500 Kilometer von Sumbawa entfernten Handelszentrum an der Küste Javas, berichtete ein Korrespondent Raffles später, am 12. April sei es um 9 Uhr noch nicht hell gewesen, um 11 Uhr habe er bei Kerzenlicht und Vogelgezwitscher gefrühstückt, und selbst um 17 Uhr habe er ohne Kerzen weder lesen noch schreiben können.

In Makassar war der Ascheregen am 12. April so stark, dass Kapitän Eatwell auf der ›Benares‹ zeitweise nicht mehr die Hand vor Augen sehen konnte. Am nächsten Morgen war das Schiff von einer 30 Zentimeter hohen Ascheschicht bedeckt, die sich, sobald sie mit Wasser in Berührung kam, nur schwer entfernen ließ. Trotzdem lief die ›Benares‹ aus und erreichte am 18. April Sumbawa. Gigantische Bimssteine und Tausende von Bäumen schwammen auf dem Meer und erschwerten das Vorwärtskommen in Küstennähe erheblich. Als das Schiff in Bima anlegte, bot sich der Besatzung ein Bild des Grauens: Die Dörfer waren zerstört, in den Straßen lagen Leichen, die Ernte war unter einer dicken Schicht aus Asche und Schlamm begraben und das verschmutzte Trinkwasser ließ unter den Überlebenden Durchfallerkrankungen grassieren.

Hilfe konnte die ›Benares‹ den Überlebenden nicht leisten, denn sie war nicht auf eine (Natur-)Katastrophe dieses Ausmaßes vorbereitet gewesen und musste Bima ein paar Tage später unverrichteter Dinge verlassen. Selbst Raffles schien die Dimension der Katastrophe nur allmählich zu erfassen. Erst als vier Monate später im August 1815 erste Berichte über eine Hungersnot auf Sumbawa eintrafen, schickte er die ›Benares‹ mit einer Schiffsladung Reis an den Ort des Geschehens zurück. Leutnant Owen Philipps war an Bord mit der Aufgabe betraut worden, die Verteilung der Hilfsgüter zu überwachen und einen Bericht über die Auswirkungen der Eruption zu verfassen. In Dompo traf er auf den Radscha von Sanggar, einen der wenigen glaubwürdigen Augenzeugen des Ausbruchs: »Gegen 7 Uhr abends brachen am 10. April [1815] drei verschiedene Feuersäulen in der Nähe des Gipfels [des Tambora] hervor, die sich alle innerhalb des Kraterrandes zu befinden schienen; und nachdem sie getrennt in eine große Höhe aufgestiegen waren, vereinigten sich ihre oberen Enden in der Luft in einer beunruhigend verworrenen Art und Weise. Nach kurzer Zeit schien der ganze Berg eine Masse aus flüssigem Feuer zu sein, die sich in alle Richtungen ausbreitete.

Das Feuer und die Flammensäulen wüteten mit unverminderter Wucht weiter, bis sie um 8 Uhr abends in der Dunkelheit durch das herunterfallende Material nicht mehr zu sehen waren. Zu dieser Zeit regnete es in Sanggar Steine; manche waren so groß wie zwei Fäuste, die meisten waren aber nicht größer als Walnüsse. Zwischen 9 und 10 Uhr abends begann es Asche zu regnen und ein heftiger Wirbelwind zerstörte beinahe alle Häuser in Sanggar. Er trug Dächer und leichte Teile der Häuser mit sich davon. In den Gebieten von Sanggar, die an Tambora angrenzten, waren die Folgen noch schlimmer. Der Wirbelwind hatte auch die größten Bäume entwurzelt und sie zusammen mit Menschen, Häusern und Vieh, und was auch immer sich ihm in den Weg stellte, in die Luft gehoben (dies erklärt die enorme Menge von schwimmenden Bäumen im Meer). Das Meer stieg 12 Fuß [3,65 Meter] über die bisher bekannte Höchstmarke und zerstörte die einzige kleine Reisfläche in Sanggar vollständig, und riss Häuser und alles in seiner Reichweite mit sich.

Der Wirbelwind dauerte rund eine Stunde. Bis sich der Wirbelwind um 11 Uhr abends legte, waren keine Explosionen mehr zu hören. Von Mitternacht bis 11 Uhr morgens am 11. gingen sie ohne Unterbrechung weiter; danach wurde ihre Kraft schwächer und sie waren nur noch in Intervallen zu hören; erst am 15. Juli hörten sie aber ganz auf. Der Berg stößt immer noch große Rauchschwaden aus, und die Einheimischen sind immer noch besorgt, es könnte in der gegenwärtigen Regenzeit eine weitere Eruption geben.«[2]

Der Ausbruch des Tambora war die größte vulkanische Eruption der jüngsten Erdgeschichte. Als der Riese am 10. April 1815 explodierte, enthauptete er sich durch seine entfesselten Kräfte quasi selbst. Er setzte eine Energie frei, die etwa drei Millionen Hiroshima-Bomben entsprach und schrumpfte dabei von rund 4000 auf 2850 Meter Höhe. Die Wolke, die dabei entstand, ragte etwa 43 Kilometer in den Himmel und schleuderte 150 Kubik-Kilometer Gestein und Asche in die Stratosphäre. Auf dem achtstufigen Vulkanischen Explosivitäts-Index (VEI) erreichte die Eruption die Stärke sieben – nur der Ausbruch des Toba vor 74.000 Jahren dürfte noch stärker gewesen sein.

Der pazifische Feuerring zählt geologisch gesehen zu den aktivsten Regionen der Welt. Seine hufeisenförmige Gestalt umschließt die Westküsten Süd- und Nordamerikas, den Osten Sibiriens, Japan, die Philippinen, Indonesien und Neuseeland. Der Tambora liegt in einer Zone, in der sich die indo-australische Kontinentalplatte langsam unter den indonesischen Rand der eurasischen Platte schiebt. Es ist diese ›Subduktion‹, die entlang der Plattengrenzen Vulkane entstehen lässt. Weil die Gesteine der beiden Platten unterschiedlich zusammengesetzt sind, entsteht an den Reibungsflächen ein zähflüssiges, kieselsäurereiches Magma, das auf seinem Weg an die Erdoberfläche den Schlot eines Vulkans verstopfen kann. Wenn der Druck schließlich zu groß wird, explodiert der Vulkan und der Gipfel fliegt im wahrsten Sinne des Wortes in die Luft.

Begleitet wurde der Ausbruch des Tambora von riesigen Lavaströmen und der »Masse aus flüssigem Feuer«, die der Radscha gesehen hatte. Geologen sprechen von pyroklastischen Strömen, die aus mehr als 800 Grad Celsius heißen Gasen und Asche bestehen und mit dem Tempo eines ICE den Vulkankegel hinabschießen können. Auf ihrem Weg in die Tiefe verbrennen, ersticken oder vergiften sie alles, und wenn sie schließlich auf das Meer treffen, können sie Tsunamis auslösen – im Falle des Tambora erreichten die Flutwellen gemäß Clive Oppenheimer eine Höhe von rund vier Metern.[3] Zusammen mit dem Wirbelsturm und dem gewaltigen Regen aus Asche und Bimssteinen hatte dies verheerende Auswirkungen und bedeutete den Untergang zweier Fürstentümer: Pekat und Tambora waren nach der Eruption von der Erdoberfläche verschwunden.

Wie viele Menschen in den Lavaströmen verbrannten, unter den pyroklastischen Strömen erstickten, in den Flutwellen ertranken, von Gesteinsbrocken erschlagen und unter einstürzenden Häusern verschüttet wurden, ist unklar. Clive Oppenheimer schätzt, es könnten 12.000 Opfer gewesen sein. Weitere 49.000 Personen seien durch die indirekten Folgen wie die anschließende Hungersnot oder epidemische Krankheiten umgekommen.[4] Von weit mehr als 71.000 Todesfällen geht Bernice de Jong Boers aus. Mit Blick auf die umliegenden Inseln errechnet sie eine Zahl von mindestens 117.000 Opfern insgesamt. Auf Sumbawa seien zu den 48.000 Todesopfern noch zahlreiche Flüchtlinge und Menschen hinzuzurechnen, die sich aus Armut und Verzweiflung an Sklavenhändler verkauften. Die Insel dürfte durch die Naturkatastrophe 84.000 ihrer vormals rund 170.000 Einwohner verloren haben.[5]

Als der Tambora im April 1815 explodierte, veränderte sich für einige Jahre der Lauf der Welt. Durch die Eruptionswolke gelangten Asche und magmatische Gase in die Stratosphäre, die dort winzige Partikel, sogenannte ›Aerosole‹, mit einer geringen Fallgeschwindigkeit bildeten.[6] Über Monate hinweg verteilten Höhenwinde die Aerosole in der Stratosphäre um den ganzen Globus und schirmten dadurch einen Teil der Sonneneinstrahlung rund zwei Jahre lang ab. Diese Reduktion der Sonneneinstrahlung wurde noch zusätzlich durch einen zweiten natürlichen Abkühlungseffekt verstärkt. Während des sogenannten ›Dalton Minimums‹, also der langfristigen Abschwächung der Sonnenaktivität zwischen den Jahren von 1790 bis 1830, war es bereits vor dem Ausbruch des Tambora zwischen 1810 und 1815 zu einer ganzen Reihe von zu kalten und trockenen Jahren gekommen.[7]

Dass klimatisch etwas nicht stimmte, merkten die Menschen auf der nördlichen Halbkugel im folgenden Jahr. »Trockenheit und Kälte haben dieses Jahr zum außergewöhnlichsten in der Geschichte Amerikas gemacht«, schrieb Thomas Jefferson am 8. September 1816 seinem alten Freund Albert Gallatin in Frankreich.[8] Das Schreckgespenst einer drohenden Hungersnot bereitete dem ehemaligen Präsidenten der Vereinigten Staaten große Sorgen, »weil ich mich an die Toten erinnere, welche die Trockenheit von 1755 in Virginia aus Nahrungsmangel gefordert hat«[9]. Preissteigerungen für Mehl von 300 Prozent und mehr waren im Spätsommer 1816 keine Seltenheit, Berichte über eine Hungersnot gab es aber nicht, und im Winter flauten die Getreidespekulationen ab. Die ergiebige Ernte von 1817 bannte die Gefahr von Hunger und sozialer Unruhe in den Vereinigten Staaten dann endgültig.

Zurück ins Jahr 1816. In den ersten Monaten war es noch nicht außergewöhnlich trocken und kalt. Frost und Schnee im März und April waren im Osten der Vereinigten Staaten nichts Ungewöhnliches. Als die Kaltlufteinbrüche aber anhielten, verzögerte sich die Aussaat und mehrere Frosttage Anfang Juni zwangen viele Farmer zwischen Connecticut und Quebec, ihre Felder ein zweites Mal zu pflügen. Im Juli und August folgten zwei weitere Kältewellen, die einen großen Teil der Ernte zerstörten. Während sie in den Vereinigten Staaten nicht überall so schlecht ausfiel wie befürchtet, waren die Folgen in Kanada gravierender. Die kleinen Seen nördlich des Sankt-Lorenz-Stroms, der die Großen Seen mit dem Atlantik verbindet, waren Mitte Juli noch mit Eis bedeckt und Weizensorten, die in den Vereinigten Staaten geerntet werden konnten, reiften in dieser Region nicht mehr.

Das einzige ›Jahr ohne Sommer‹ in der Geschichte der Vereinigten Staaten blieb nicht ohne Folgen. Viele Farmer wurden vom ›Ohio Fieber‹ angesteckt: Sie wanderten nach Westen und fanden in Ohio eine neue Heimat. Der ›Messenger‹ von Zanesville schrieb am 31. Oktober 1816, dass »die Zahl der Emigranten aus dem Osten in diesem Jahr alles übersteigt, was zuvor prophezeit wurde«[10]. C. Edward Skeen vermutet, die

Preissteigerungen und Getreidespekulationen könnten sich im Herbst 1816 auch politisch niedergeschlagen haben. Fast 70 Prozent der Kongressmitglieder wurden nicht wiedergewählt. Dabei mochte auch die Verabschiedung eines Gesetzes eine Rolle gespielt haben, das trotz der verbreiteten Not die Aufwandsentschädigung der Kongressmitglieder rückwirkend ab März 1815 verdoppelt hatte.[11]

Den Menschen in Europa erging es nicht besser. Im Gegenteil: Nässe und Kälte wollten 1816 einfach nicht enden. In Mittel- und Westeuropa war der Sommer im Durchschnitt um ein bis drei Grad zu kalt. In der Schweiz schneite es beinahe jede Woche bis in die Täler, das Getreide und die Trauben wurden nicht reif, und die Kartoffeln mussten im Herbst aus dem Schnee ausgegraben werden. Den Forschungen Christian Pfisters zufolge war es zusammen mit dem Jahr 1675 der kälteste Sommer der letzten 500 Jahre.[12] Ähnlich sah es auf der Iberischen Halbinsel aus: Der Sommer des Jahres 1816 war nass-kalt und durchschnittlich rund zwei Grad kühler als üblich, und als im folgenden Jahr die Nässe durch Trockenheit abgelöst wurde, fiel die Ernte zum zweiten Mal in Folge nicht gut aus. In Tirol wurde sogar die schlechteste Ernte der letzten 300 Jahre eingebracht. Im Raum Innsbruck sollen während des ganzen Sommers 1816 nur sieben schöne Tage gezählt worden sein.

Niemand konnte sich an ein vergleichbares Jahr erinnern. »Sie [die Menschen in Frankreich] haben festgestellt, dass es keinen Sommer gegeben hat«, bemerkte ein amerikanischer Korrespondent in Paris in einem Brief nach Hause.[13] Der ständige Regen und die düstere Atmosphäre fanden auch in der Literatur einen Niederschlag: Lord Byron verbrachte den Sommer 1816 in einer Villa am Genfersee. In seiner Nachbarschaft hatten sich Mary Shelley und ihr Mann in einem Landhaus einquartiert. Die drei verbrachten viel Zeit gemeinsam mit Freunden, und als Lord Byron zum Zeitvertreib vorschlug, alle sollten eine Gespenstergeschichte schreiben, erschuf Mary Shelley den Roman »Frankenstein«. Byron selbst beklagte die Schwermut dieser Tage später in seinem Gedicht »Finsternis«:

»Ich hatte einen Traum, der überhaupt keiner war.
Die strahlende Sonne war erloschen, und die Sterne
wanderten sich verdunkelnd im unendlichen Raum

Strahlenlos, und ziellos, und die eisige Welt
schwang blind und dunkel in der mondlosen Luft;
der Morgen kam und ging – und kam, und brachte doch keinen Tag,
und die Menschen vergaßen in ihrer Not ihre Leidenschaften
in all dieser Trostlosigkeit.«[14]

Die atmosphärischen Effekte der Eruption des Tambora wurden der Nachwelt in den Werken zahlreicher bekannter Maler wie Caspar David Friedrich oder Joseph Turner überliefert. Sie hielten die spektakulären, glutroten Sonnenuntergänge, die nach dem Ausbruch häufig auftraten, in ihren Gemälden fest.[15]

Als der Tambora ausbrach, hielt Napoleon Bonaparte (1769–1821) Europa gerade ein letztes Mal in Atem. Während auf dem Wiener Kongress heftig an einer Nachkriegsordnung gefeilt wurde, kehrte er aus seinem Exil auf Elba zurück. Seine ›Herrschaft der hundert Tage‹ endete bei Waterloo, wo seine Armee von den Briten und Preußen geschlagen wurde. Das Ende des französischen Kaisers war auch der Schlusspunkt einer Epoche, in der große Teile des Kontinents jahrelang mit Krieg und Verwüstung überzogen worden waren. Die ständigen Einquartierungen fremder Truppen, die Plünderungen und Kontributionsleistungen hatten die Gesellschaften verletzlich gemacht. Ihre Vorräte waren erschöpft, die Landwirtschaft lag darnieder, die entlassenen Soldaten zogen auf der Suche nach einen Verdienst zusammen mit Krüppeln und Landstreichern im Land umher oder stahlen und bettelten sich das Nötigste zusammen.

Zuversicht schöpften die Menschen aus dem Sieg über Napoleon. Durch all die Widrigkeiten der Zeit mit zusätzlichen Frondiensten und Abgaben, die ihnen auferlegt wurden, drang ein Hoffnungsschimmer auf Besserung. Aus der ersehnten Friedensdividende wurde aber nichts. »Das erste Friedensjahr in der politischen Welt wurde ein Kriegsjahr in der physischen«, hielt eine Schrift zu den Merkwürdigkeiten der Jahre 1816 und 1817 fest. Auch die ›Landwirtschaftliche Zeitung‹ äußerte sich enttäuscht. Die Friedenssonne sei aufgegangen, »allein sie leuchtet nur, ohne zu wärmen; wir eilten, uns in ihren Strahlen zu sonnen, aber ihre Strahlen blendeten nur und ließen uns frieren«.[16]

Das ›Jahr ohne Sommer‹ brachte Europa »die letzte große Subsistenzkrise des Westens«, wie John D. Post es ausdrückt.[17] Die Missernten ließen die Getreidepreise in zuvor ungeahnte Höhen klettern. Für die Bevölkerung war die Teuerung fatal. Bereits in guten Jahren fristeten die Unterschichten, also etwa ein Viertel der Bevölkerung, eine kümmerliche Existenz. Die sprunghaft gestiegenen Preise senkten die Armutsschwelle deutlich ab, vergrößerten die Spannweite zwischen Arm und Reich erheblich und verstärkten auch in den Mittel- und Oberschichten die Furcht vor einem sozialen Abstieg. Familien, die sich auf dem Markt mit Lebensmitteln versorgen mussten, waren von der Teuerung besonders stark betroffen. Die höheren Preise gingen sowohl zu Lasten der Menge und Qualität der Nahrung als auch der Ausgaben für andere Lebensbedürfnisse. Der Rückgang der Nachfrage setzte eine Spirale in Gang, die alle Wirtschaftszweige traf. In der Landwirtschaft wurden weniger Tagelöhner benötigt, die Handwerker und Gewerbetreibenden erhielten weniger Aufträge, und selbst wenn sie Käufer fanden, hielten ihre Preise nicht mit der Teuerung Schritt. Von der Krise vermochten lediglich Bauern mit großen Überschüssen und die Empfänger von Naturalabgaben (Gülte, Zehnte) zu profitieren.

Einkommensverluste, Nahrungsmangel und Verarmung kennzeichnen diese Krisen des ›alten Typs‹, wie Ernest Labrousse und Wilhelm Abel sie nennen.[18] Ihre Schwere ließ sich an einer Scherenbewegung in den demographischen Prozessen ablesen. Während die Zahl der Geburten einbrach, stieg die Zahl der Todesfälle erheblich an. Obwohl sich die Schere nach ein, zwei Jahren wieder schloss, sprach Fernand Braudel angesichts der außergewöhnlich großen Zahl von Menschen, welche durch Unterernährung und die sich ausbreitenden (Infektions-)Krankheiten dahingerafft wurden, von »sozialen Massakern«[19].

Betroffen waren vor allem die Unterschichten, die aufgrund ihrer Armut kaum Vorsorge gegen Subsistenzkrisen treffen konnten. Viele Möglichkeiten zur Überbrückung der Krise hatten sie nicht: Sie konnten an allen Ecken und Enden sparen; Kleie, Gras, Wurzeln, Schnecken oder Nesseln als Notnahrung verspeisen; auf die Barmherzigkeit der wohlhabenden Familien und die Hilfe von Verwandten und Nachbarn hoffen; betteln; beten; stehlen oder auswandern. Allein in Baden sollen gemäß

Hermann Eiselen Resignation und Hoffnungslosigkeit in den ersten vier Monaten des Jahres 1817 rund 18.000 Menschen in die Emigration getrieben haben – rund ein Fünftel der Bevölkerung.[20]

Die Obrigkeiten versuchten mit ihrer Teuerungspolitik, die Not zu lindern. Es fehlte ihnen dabei weniger an Erfahrungen im Umgang mit Teuerungen als an wirkungsvollen Instrumenten. Sie stützten sich meistens auf einen Kanon von Mitteln, die bereits in der Vergangenheit in verschiedenen Kombinationen angewandt worden waren und sich dabei mehr oder weniger bewährt hatten. Im Vordergrund standen Maßnahmen, die Angebot und Nachfrage lenken sollten. Meistens wurden sie aber erst ergriffen, wenn die ersten Anzeichen einer Teuerung nicht mehr zu übersehen waren. Für Michael Huhn dienten sie deshalb mehr der Legitimation der Obrigkeiten und der Beschwichtigung der Bevölkerung als der Milderung des Elends.[21]

Nicht alle Regionen war gleich stark von der Hungerkrise betroffen, nicht alle Gesellschaften gleich gut auf sie vorbereitet. Selbst in der kleinräumigen Schweiz war im Osten des Landes eine offene Hungersnot ausgebrochen, während die Krise im Westen der Eidgenossenschaft kaum Spuren zu hinterlassen schien. Am Beispiel der deutsch-schweizerischen Wirtschaftsregion um den Bodensee soll kurz umrissen werden, warum sich die Subsistenzkrise im süddeutschen Raum ganz anders auswirkte als in der Ostschweiz.

Seit der Mitte des 18. Jahrhunderts hatte der Merkantilismus zunehmend an Zugkraft verloren. Wo zuvor im Übereifer verhängte Ausfuhrsperren immer wieder die Konjunktur abgewürgt hatten, brachte eine zunehmend differenziertere Wahrnehmung des Marktverlaufs einen flexibleren Einsatz der wirtschaftspolitischen Instrumente mit sich. Immer deutlicher bildete sich nördlich des Bodensees eine Region heraus, in der die Getreideproduktion am Markt orientiert war. Diese Kommerzialisierung der Landwirtschaft korrespondierte mit einem Gebiet südlich des Bodensees, das zunehmend von Getreideimporten abhängig wurde. In der Ostschweiz hatte sich die Protoindustrie in vielen ländlichen Gebieten auf Kosten der Landwirtschaft ausgebreitet und für eine stetige Nachfrage nach Getreide gesorgt. Die Entstehung dieses grenzübergreifenden Getreidemarktes hatte nach Ansicht von Frank Göttmann dazu beigetragen, bei kleineren Krisen allzu große Preisschwankungen zu verhindern. Den extremen Belastungen von überregionalen Subsistenzkrisen war der regionale Wirtschaftsraum jedoch noch nicht gewachsen.[22]

Das Königreich Bayern war 1816 mit einer ganzen Reihe von innenpolitischen Problemen konfrontiert. Die napoleonischen Kriege hatten das Land an den Rand des Staatsbankrotts getrieben, und die schwäbischen und fränkischen Gebiete, die seit 1801 zum Staat gehörten, waren weder politisch noch sozial integriert. Zu diesen militärischen, wirtschaftlichen und politischen Belastungen gesellte sich 1816 eine Missernte, deren Ertrag rund 30 bis 50 Prozent unter dem Durchschnitt lag. Vorräte waren kaum noch vorhanden, weil der Krieg das Getreide in den Speichern aufgezehrt hatte. In einer Gesellschaft, die rund drei Viertel ihres täglichen Kalorienbedarfs über Brotgetreide deckte, waren die Auswirkungen entsetzlich. Gerald Müller mutmaßt, rund 90 Prozent der bayerischen Bevölkerung hätten sich durch die Krise existenziell bedroht gefühlt.[23]

Im Sommer 1816 ging die Angst vor einer Hungersnot im Land um. Das Ministerium in München reagierte nur sehr zögernd auf die eingehenden Berichte. Erst als die Unzufriedenheit beinahe mit Händen zu greifen war, erhielt die Bekämpfung der Krise höchste Priorität. König Maximilian I. (1806–1825) ordnete persönlich Getreidekäufe im Ausland an und drückte der Politik fortan seinen Stempel auf. Er konzentrierte sich auf die Stabilisierung seiner Herrschaft, versorgte die Städte mit Getreide und ließ gleichzeitig die ländlichen Regionen darben, weil von ihnen weniger gewalttätige Unruhen drohten. Auf seine Armee konnte sich der König dabei nicht verlassen. Der Sold der einfachen Soldaten reichte bei weitem nicht aus und viele mussten sich als Bettler oder Diebe durchschlagen.

Es kann nicht verwundern, dass die Gewaltbereitschaft unter diesen Umständen stieg. Einerseits sahen die Menschen Wagen mit importiertem Getreide an ihnen vorbei in die Städte rollen, andererseits verdichteten sich die Gerüchte, es werde weiterhin Getreide in großen Mengen in die Schweiz exportiert. In Lindau hatte der Kommandant im Dezember 1816 den wachsenden Unmut der Bevölkerung wahrgenommen und daraufhin mit Hilfe des Militärs die vorgesehenen Kornexporte in die Ostschweiz verhindert. Mit der Zustimmung des Landrichters verkaufte er das Getreide anschließend öffentlich auf dem Markplatz. Dieser Putsch im Kleinen – Bayern hielt offiziell an der freien Ausfuhr von Getreide fest – kostete den Kommandanten zwar sein Amt, wurde ansonsten aber vertuscht. Das Ereignis unterlag der Zensur.

In Württemberg war die Situation ähnlich wie in Bayern. König Friedrich I. (1806–1816) reagierte höchst träge auf die Subsistenzkrise und unternahm wenig, um die Not der Bevölkerung zu lindern. Als er im Oktober 1816 starb, benötigte sein Nachfolger Wilhelm I. (1816–1864) nach seiner Thronbesteigung nur acht Tage, um erste Maßnahmen zu ergreifen. Während die Getreideexporte durch die Erhöhung der Ausfuhrzölle erschwert wurden, sollte die Einfuhr des Getreides durch die Aufhebung der Zölle erleichtert werden. Gleichzeitig bemühte sich Wilhelm, Getreide im Ausland anzukaufen. Das steigende Elend vermochte er damit jedoch nicht zu beseitigen. Im Frühling 1817 ordnete Wilhelm daher die Austeilung von Saatgut aus herrschaftlichen Kornkammern an, im Mai befahl er eine Ausfuhrsperre für Getreide, und im Juni setzte er Höchstpreise fest und ließ sämtliche Lebensmittelvorräte erfassen. Härtere Eingriffe in das Wirtschaftsleben waren nicht möglich.

Auf der anderen Seite des Bodensees versuchten die Obrigkeiten verzweifelt, aus den deutschen Staaten und anderen europäischen Gebieten Getreide zu erhalten. Sie waren in einem doppelten Sinne vom Markt abhängig geworden. Einerseits mussten sie Lebensmittel importieren, um ihre in der Protoindustrie beschäftigte Bevölkerung ernähren zu können. Andererseits waren die Textilarbeiter auf den Absatz ihrer Produkte angewiesen. Die Aufhebung der napoleonischen Kontinentalsperre, die jahrelang den englischen Handel mit dem Kontinent unterbunden hatte, spülte hochwertige englische Ware zu Niedrigpreisen auf den Markt und leitete einen tief greifenden Strukturwandel ein. Viele verloren ihren Verdienst, und wer ihn behielt, musste massive Lohneinbussen hinnehmen. Als sich in Rorschach im Verlauf der Krise die Preise auf dem Markt beinahe versechsfachten, standen viele vor dem Nichts. Getreide konnten sie sich nicht mehr leisten, und über eigene Pflanzungen verfügten sie nicht.

Ein Augenzeuge schildert die Situation im Kanton Glarus 1816 mit folgenden Worten: »Da ich in eine dieser Hütten, oder Eins dieser Löcher eintrat, befiel mich in der That beynahe eckelndes Entsetzen. In einem kleinen Stübchen waren etwa acht Menschen in schwarzen Lumpen, die als zerrissne, zerfranzte Fetzen kaum an ihnen hängen bleiben konnten, beyeinander. (...) In einer Wiege lag ein neugebornes Kind, von einem Leichnam erzeugt, und von einem Leichnam als Leichnam geboren. (...) Wie aus Gräbern hervorgescharrt, sahen alle Anwesenden aus; am elendesten der ausgemagerte Vater des Kindes, dessen hohle Augen und eingefallene Backen und Auszehrungsbusten die Nähe des Todes verkündigten, oder den Tod selbst sichtbar machten. Tische, Bänke, Stühle waren keine vorhanden; auch nicht Ein Hausgeräth, nicht Ein Stück Bettzeug, nicht Ein Stück Kleidung.«[24]

Erschwert wurde die Situation durch die Spätfolgen des ›Jahres ohne Sommer‹. In den Bergen war der Schnee seit dem Herbst des Jahres 1815 oberhalb von 1800 bis 2200 Metern nicht mehr geschmolzen. Auch im Sommer 1816 hatte es immer wieder bis in tiefe Lagen geschneit, und als sich im Juni 1817 der Sommer wieder einstellte, setzte eine dreifache Schneeschmelze ein, bei der die Schneepakete aus dem Winter 1815/16, dem Sommer 1816 und dem Winter 1816/17 wegschmolzen. Im Juli erreichte der Bodensee den höchsten bisher bekannten Pegelstand; das Hochwasser hielt 89 Tage an. In dieser Zeit überflutete der Rhein nicht nur sein Schwemmland, sondern war auch lange Zeit nicht schiffbar. Getreidelieferungen aus dem Unterlauf des Rheins verzögerten sich dadurch erheblich und trafen teilweise erst ein, als die Krise bereits vorbei war.

Die Kantone der Ostschweiz waren den enormen Belastungen der Zeit nicht gewachsen. Sie verfügten nicht über die finanziellen Mittel, um Rettungsmaßnahmen ergreifen zu können, welche das Reißen des ohnehin relativ weitmaschigen sozialen Netzes hätten verhindern können. Die Maßnahmen aus dem Teuerungskanon verpufften meistens ohne große Wirkung. Für die Betroffenen war diese Ohnmacht der Obrigkeiten fatal. Einzelne Gemeinden in Appenzell Innerrhoden verloren durch die Hungersnot mehr als elf Prozent ihrer Bevölkerung – die Krise hatte die Gesellschaft etwa mit der gleichen Wucht getroffen wie die mittel-

6 Freudenfest beim Eintreffen des ersten Schiffs mit Getreide in Rorschach (1817)

alterlichen Pestzüge. Nicht zuletzt deshalb bezeichnet Louis Specker die Hungerjahre als Katastrophe von »apokalyptischem Ausmaß«. Die Jahre 1816 und 1817 zählten zweifellos zu den dunkelsten in der Geschichte der Ostschweiz.[25]

Als im Jahr 1883 der Krakatau ausbrach, fand seine Eruption ein wesentlich größeres Echo als der Ausbruch des Tambora, obwohl die Folgen weit weniger gravierend waren. Das mag einerseits mit dem Anbruch des Medienzeitalters nach der Erfindung des Telegrafen zusammenhängen, andererseits mit den spärlichen Augenzeugenberichten und dem mangelnden Wissen der Zeitgenossen: Sie konnten die Eruption des Tambora noch nicht mit dem ›Jahr ohne Sommer‹ und seinen Folgen in Verbindung bringen. Der Ausbruch des Tambora blieb zu Unrecht lange unbeachtet. Bei keiner anderen großen Hungerkrise lassen sich Klima, Politik und Ernährung in so nachvollziehbarer Weise in ihren Beziehungen untersuchen, und bis zum 19. Jahrhundert liegt zu keiner anderen Krise so viel anschauliches Material vor. Die Jahre 1816 und 1817 können als Modell zur Untersuchung überregionaler Subsistenzkrisen in früheren Jahrhunderten dienen. Auch an ihrem Ursprung standen vielfach Vulkanausbrüche, doch nicht alle Eruptionen konnten bisher identifiziert werden. Manche von ihnen dürften wie im April 1815 die Menschen in Makassar an Donnerschläge oder Gefechtsfeuer erinnert haben, ohne dass sie ahnen konnten, welche weltweiten Folgen mit diesen Donnerschlägen eingeläutet werden würden.

Das grosse Wandern

Dürre und Hunger in der Sahelzone 1913/14

Astrid Meier

»Unser Land ist jetzt eine einzige Wüste, ohne Bewohner, nur noch Vögel und wilde Tiere leben dort. Die Bäume sind das Einzige was uns zum Überleben bleibt, und unser Vieh stirbt, weil es nichts mehr zu fressen gibt.«[1] So beschreibt Ende des Jahres 1913 Musa Madibu, der Anführer der rinderzüchtenden Rizeigat, seine Umgebung im Südosten von Darfur (Sudan). Vertrocknete Erde unter gleißender Sonne, verdorrte Bäume und Büsche, Tierskelette und ausgemergelte Menschen, das kennen wir aus der Berichterstattung zum Sahel seit den 1970er-Jahren. Während der Hungerkrisen von 1973/74 und 1984/85 gingen auch unzählige Bilder von Zeltlagern um die Welt, in denen notleidende Opfer – mit Vorliebe gezeigt wurden Babys – auf Hilfe warteten. Sie kam von außen, in Form von Lastwagen oder Flugzeugen, beladen mit Säcken voller Weizenmehl und Reis aus Übersee.

Die Erfahrungen dieser Jahre prägen bis heute das Bild der Sahelzone als eines äußerst unwirtlichen Lebensraumes, in dem Menschen, Tiere und Pflanzen den Unwägbarkeiten des Klimas ausgeliefert sind, immer bedroht und am Rande des Überlebens. In den letzten Jahren hat aber das Interesse der Weltöffentlichkeit an dieser Region auffällig nachgelassen. Die Probleme der Nahrungssicherheit sind geblieben. Allerdings war nicht allein Trockenheit das vorherrschende Problem der jüngsten Zeit. Mehrmals regnete es im Übermaß, und katastrophale Überschwemmungen zerstörten die Ernten an vielen Orten.[2] Wie sich das Klima unter den Vorzeichen der globalen Erwärmung entwickeln wird, ist ungewiss; weitere Krisen scheinen aber vorprogrammiert. Der

Sahel gilt darum vielen als eine Weltregion, in der die Katastrophe ein Dauerzustand ist.

Die Hungerkrisen von 1973/74 und 1984/85 waren Medienereignisse von weltweiter Ausstrahlung. Die sahelweite Hungerkrise von 1913/14 wurde von den Zeitgenossen außerhalb der betroffenen Regionen nicht einmal wahrgenommen.[3] Auch in den Geschichtsbüchern wird sie, wenn überhaupt, nur beiläufig erwähnt. Historische Überblicke konzentrieren sich auf die Eroberungszüge der kolonialen Mächte und den Widerstand der lokalen Machthaber. In der Erinnerung vieler Gemeinschaften im Sahel hingegen erscheint die Krise von 1913/14 als eine der größten Katastrophen des 20. Jahrhunderts, oft sogar als die größte überhaupt. Ein solch direkter Vergleich lässt sich mit wissenschaftlichen Kriterien nicht durchführen, da uns verlässliche Datengrundlagen fehlen. Die Zahlen, mit denen bis heute argumentiert wird, sind im besten Fall begründete Schätzungen, im schlechtesten hingegen reine Fantasieprodukte.

Überhaupt ist die Quellenlage zu Dürren und Hunger in Afrika schwierig: Zeitnahe Augenzeugenberichte von Betroffenen fehlen fast ganz, weil Erfahrungen während Hungerkrisen oft tabuisiert werden. So stützt sich die Geschichtswissenschaft auf die Berichte von Außenstehenden, in den jüngeren Krisen meist Mitarbeitern der UNO und anderer Hilfsorganisationen oder Vertretern von Regierungen, die oft mit den lokalen Verhältnissen wenig vertraut waren. Für das frühe 20. Jahrhundert stammt das Material in der Hauptsache von Kolonialbeamten und Offizieren, deren Sicht auf die Vorgänge häufig mehr von dem geprägt war, was sie die ferne Metropole über die Situation in der Kolonie wissen lassen wollten, als von dem, was wirklich vor sich ging.

Wichtige Hinweise auf die einheimische Wahrnehmung von Katastrophen können wir aus der mündlichen wie auch der schriftlichen Überlieferung gewinnen. Als besonders aussagekräftig haben sich die Namen von Krisen erwiesen.[4] Sie beziehen sich meist auf soziale Verhaltensweisen und Bewältigungsstrategien, manchmal auf Personen oder Orte, selten hingegen auf religiös-kulturelle Deutungsmuster. Die Krise von 1913/14 gehört in der einheimischen Kategorisierung zu den »Hungerkrisen, die töten« und damit zu den schlimmsten überhaupt.[5] Ihre Namen verweisen in den verschiedenen Sprachen des Sahel übereinstimmend auf ihre große Ausdehnung, die Intensität und vor allem auch auf die weiten Wanderungsbewegungen, die sie auslöste.

Innerhalb einer angemessenen Frist Nahrung zu den Hungernden zu bringen, ist in der Sahelzone erst möglich, seit es geteerte Straßen und Lastwagen, Eisenbahnen und Flugzeuge gibt. 1913/14 gab es keine Hilfe von außen bzw. wenn überhaupt Hilfe erwogen wurde, dann kam sie zu spät. Die Betroffenen waren auf sich selbst angewiesen, und in der Regel warteten sie nicht ab, sondern handelten – wie es auch in Madibus Beschreibung seiner öden Heimat anklingt: Sie gingen entweder weg oder aßen, was noch zu finden war.

Neben angepassten Anbau- und Weidetechniken gehörten Migrationen und das Ausweichen auf Hungerspeisen zu den wichtigsten Strategien der Sahelbewohner, einer sich abzeichnenden Versorgungskrise entgegenzutreten. Den unmittelbaren Hunger zu stillen, war dabei nachrangig; das oberste Ziel bestand darin, langfristig die Lebensgrundlagen zu erhalten. Hierbei ergänzen sich oft die Rollen, die Frauen und Männer übernahmen. Bei den Tuareg im Air zum Beispiel zogen die Männer mit den größeren Tieren weg, um im Süden die Vorräte aufzustocken; die Frauen blieben mit ihren Ziegen zurück.[6]

Das Sammeln der genannten Hungerspeisen kann als eines der ersten Anzeichen für die Wahrnehmung einer Krise gelten. Wilde Pflanzen wurden nur in einer solchen Situation in größerem Umfang verzehrt, denn sie galten als dem Menschen nicht angemessene und nicht wirklich sättigende Nahrung – selbst wenn man versuchte, sie wie die gewohnten Gerichte zuzubereiten. Eigentlich waren wilde Pflanzen nach Ansicht der Sahelbewohner nur für Tiere zum Verzehr geeignet. Das Essen war wie in vielen Gesellschaften ein stark sozial und kulturell aufgeladener Akt. Was eine Person aß, unter welchen Umständen sie es tat und ob dies allein oder in Gemeinschaft geschah, stand einerseits in Verbindung mit religiösen Reinheitsgeboten und Vorschriften sowie mit anderweitig begründeten Präferenzen und Tabus, aber andererseits auch mit dem Sichtbarmachen von politischer Macht, sozialem Status und wirtschaftlicher Potenz.

Katastrophen traten im Sahel selten plötzlich ein; sie sind eher als langfristige Prozesse denn als isolierte Ereignisse zu verstehen. Eine

Hungerkrise war nicht die direkte Folge von Dürren oder Überschwemmungen. Der Verlauf hing stark von spezifischen, oft lokalen Gegebenheiten ab, und dabei spielten sowohl natürliche als auch gesellschaftliche Faktoren eine wichtige Rolle. Je länger eine Krise dauerte, desto schwieriger wurde es für die Zurückgebliebenen, sich und ihre Tiere zu ernähren. Mit der Verschärfung der Krise brachen daher auch sie nach Süden auf. Migrationsbewegungen führten so immer mehr Menschen und Tiere an den wenigen Punkten zusammen, wo noch Nahrung und Wasser verfügbar waren. Die Konzentration erhöhte nicht nur das Risiko von Epidemien für Mensch und Tier. Das ungewohnte Zusammenleben überforderte oft auch die Ressourcen der Zielorte, was wiederum zu Unruhen und Gewalt führen konnte. Trockenheit, Wanderungen, Hunger, Epidemien, Gewalt und Tod: Das sind die Stichworte, die auch die sahelische Hungerkatastrophe von 1913/14 beschreiben, doch lässt sich deren Verlauf nur in ihrem räumlichen und zeitlichen Kontext verstehen.

Der Sahel, die »Küste« am Südrand der Sahara, gehört zu einer ökologischen Übergangszone zwischen der Wüste im Norden und den tropischen Regenwäldern im Süden. Die Sahelzone erstreckt sich von Senegambien im Westen über den Nigerbogen und den Tschadsee bis zum äthiopischen Hochland und zum Roten Meer und umfasst Teile der heutigen Staaten Gambia, Senegal, Mauretanien, Mali, Burkina Faso, Niger, Nigeria, Tschad, Sudan, Eritrea und Äthiopien. Der Sahel im engeren Sinne ist die mittlere von drei ökologischen Zonen, die man aufgrund der durchschnittlichen jährlichen Regenmenge unterscheidet: Sahara (100–200 Millimeter Niederschlag pro Jahr), Sahel (600–700 Millimeter) und Sudan (bis 1000 Millimeter). Die Länge der Regenzeit und die Wassermenge hängen direkt mit der Lage eines Ortes auf der Nord-Süd-Achse in der ›Innertropischen Konvergenzzone‹ zusammen, denn die Monsunregen sind zeitverschoben eine direkte Begleiterscheinung der Wanderung des Sonnenstandes zwischen Äquator und nördlichem Wendekreis.

Die jährliche Regenmenge ist besonders wichtig, weil sie die Art und Weise bestimmt, wie das Land genutzt werden kann. Im Wüstenklima der Sahara ist außerhalb von Oasen nur die Aufzucht von Kamelen möglich. Im eigentlichen Sahel dominiert Viehwirtschaft. Erst in den feuchteren Savannen der Sudanzone kann Regenfeldbau betrieben werden,

Hauptanbauprodukte waren damals Hirse und Sorghum. Nur an wenigen Orten ist Wasser ganzjährig verfügbar und ermöglichte damit in jener Zeit Gartenbau.

Der Sahel ist bekannt für die extreme Variabilität der dort herrschenden Klimaverhältnisse. Die Situation kann sich von Ort zu Ort und von Tag zu Tag erheblich verändern. Dürren sind nichts Außergewöhnliches, besonders wenn wir von der meteorologischen Definition als einem Defizit vom Durchschnitt der jährlichen Regenmenge einer bestimmten Periode ausgehen. Die oben beschriebenen ökologischen Zonen verschieben sich also fortwährend nach Süden oder Norden.

Es lassen sich aber durchaus Trends feststellen. Das 20. Jahrhundert gehört in eine lang anhaltende Periode zunehmender Trockenheit, die bereits im späten 16. oder frühen 17. Jahrhundert einsetzte. Die ökologischen Zonen haben sich in dieser Zeit je nach Ort bis zu einigen hundert Kilometern nach Süden verschoben. Die Regenmengen schwanken aber auch von Jahr zu Jahr beträchtlich (siehe Abb. 7). Es begann mit einer trockenen Periode – in die die Krise von 1913/14 fällt –, dann folgten einige eher regenreiche Jahrzehnte, unterbrochen von einer Dürre in den frühen 1940er-Jahren. Deshalb war es ein Schock, als in den späten 1960er-Jahren die Trockenheitsperiode einsetzte, die im Grunde bis heute andauert. Damals interpretierten viele Wissenschaftler die Dürren als direkte Folge des globalen Klimawandels. Man nahm an, er würde mit der weltweit spürbaren Erwärmung der menschengemachten Verwüstung (Desertifikation) des Sahel weiter Vorschub leisten. Einige prophezeiten sogar, die Übernutzung des fragilen Ökosystems durch Überbevölkerung, Abholzung und Überweidung werde bald zu einem vollständigen Kollaps führen. Das System ist nicht kollabiert, denn die sahelischen Gesellschaften haben sich selbst unter sehr widrigen Bedingungen als außerordentlich anpassungsfähig erwiesen. Heute ist sich die Klimawissenschaft einig, dass das Auftreten von sahelweiten Dürren kein isoliertes Phänomen darstellt, sondern eng mit den Oberflächentemperaturen der umgebenden Weltmeere zusammenhängt, bekannt auch als Ursache des El-Niño- bzw. La-Niña-Effekts.[7] Die Auswirkungen auf die Monsunregen und auf langfristige Prognosen für die Regenmuster im Sahel sind aber stark umstritten.

In der Wahrnehmung der lokalen Gemeinschaften war eine mehrjährige Dürre die Ursache für die Krise von 1913/14. Damals interpretierten sie viele als eine Strafe oder Prüfung Gottes und setzten sie in Zusammenhang mit der Präsenz von ›Fremden‹, vor allem der Europäer. Das neue Element störe die gottgewollte Ordnung und stelle vor allem auch die Legitimation der alten Herrschaft in Frage. So verband sich die natürliche Sphäre des Wetters mit dem Zustand der menschlichen Gesellschaft. Ursache des göttlichen Eingreifens sei das Fehlverhalten von Menschen, vor allem eben der Herrschenden. Erst wenn die richtige Ordnung wiederhergestellt werde, könne die Krise als überwunden gelten. In der Folge solcher Legitimitätskrisen wurden manchmal Herrscher ausgewechselt, doch nur selten kam es dabei zu grundlegenden Umwälzungen. In vielen Fällen stabilisierten sie die bestehenden Machtverhältnisse eher. Die Krise von 1913/14 führte so zu einer Konsolidierung der kolonialen Herrschaft.

Die Voraussetzung allen Lebens im schwierigen natürlichen Umfeld des Sahel war und ist eine hohe Anpassungsfähigkeit. Besonders wichtig waren in diesem Zusammenhang Austauschbeziehungen über die Grenzen der ökologischen Zonen und Wirtschaftsweisen hinweg. Transhumante, also mit den Herden wandernde Kamel- und eher sesshafte Rinderzucht, stellte Lasttiere, Fleisch, Milch und Butter zur Verfügung, die durch den Ertrag von Ziegenherden ergänzt wurden. Diese Produkte wurden im Süden gegen Hirse und Salz, in den Oasen gegen Datteln getauscht. So entstanden komplexe regionale Wirtschaftssysteme, die über die großen Karawanenrouten in Nord-Süd- wie auch in West-Ost-Ausrichtung miteinander und mit der übrigen Welt verbunden waren.

Sie waren die Basis für eine Vielzahl von kleineren und größeren Staatswesen, die die Geschichte des sudanischen Afrika seit Jahrhunderten prägten. Viele von ihnen beruhten auf Sklaverei. Raubzüge nach Süden, Razzien genannt, erfolgten im Jahresrhythmus, um den Nachschub an Menschen als wichtigster Ressource für den Fernhandel, die lokalen Armeen und bis zu einem gewissen Grad auch für die Landwirtschaft zu sichern. Die so ergänzten Heere waren das wichtigste Mittel der Herrschenden, ihre Macht gegen innere und äußere Rivalen zu behaupten. Krieg und Gewalt waren weit verbreitete Phänomene, und die damit ver-

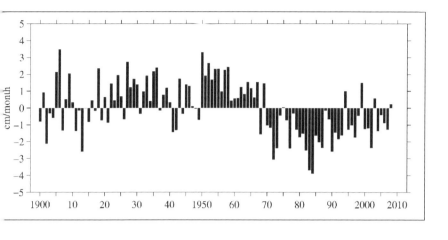

7   Mittlere Abweichungen vom Durchschnitt der Niederschlagsmengen in der
    Sahelzone (1900–2008), bezogen auf Zentimeter je Monat

bundene Zerstörung war wohl die Hauptursache für lokal begrenzte Hungerkrisen in der vorkolonialen Zeit.

Wie sehr diese gesellschaftliche und politische Organisation das Überleben sichern half, sollte bei aller Anpassungsleistung (Resilienz) nicht überbewertet werden. Dürren, Überschwemmungen und andere Bedrohungen wie Heuschreckenplagen waren vielleicht nicht alltägliche, aber doch wiederkehrende Ereignisse. Die Versorgung aller Bevölkerungsgruppen mit Nahrung und anderen Lebensnotwendigkeiten war wohl immer prekär. Hunger in seinen verschiedenen Formen war allgegenwärtig: die Versorgung hing von Alter, Geschlecht und sozialem Status ab, was verbreitet zu Mangel- und Fehlernährung führte. Der saisonale Hunger vor dem Einbringen der nächsten Ernte war ein jährlich wiederkehrendes Phänomen. Mangeljahre waren nicht selten, und in unregelmäßigen Abständen kam es laut der einheimischen Überlieferung zu der schwersten Form von Hunger, nämlich zu Hungerkrisen, die Tote forderten. Die Krise von 1913/14 aber übertraf schließlich in ihren Dimensionen alles Vertraute.

Im Jahre 1913 blieben in der ganzen Sahelzone die Regenfälle fast vollständig aus.[8] Bis weit in den Süden hinein klagten die Menschen über fehlende Niederschläge. Besonders hart wirkte sich aus, dass dies nicht das erste trockene Jahr in Folge war, denn bereits seit 1910 hatte es nicht mehr ausreichend geregnet. Die Vorräte waren seit Langem aufgebraucht, als es im Sommer 1913 nicht regnen wollte und die Aussaat verdorrte. Doch trugen andere Faktoren zur Verschärfung der Krise bei. Weil der gesamte Sahel betroffen war, halfen bewährte Bewältigungsstrategien wie die befristete Abwanderung in besser versorgte Gebiete nur wenig. Auch wenn die genauen Zahlen nicht zu eruieren sind, waren damals Tausende und Abertausende unterwegs, zuerst die jungen Männer, dann andere Gruppen, bis schließlich nur diejenigen zurückblieben, die nicht anders konnten: zumeist Alte, Frauen und kleine Kinder.

Viele kehrten auch nach der Krise nie in ihre Heimat zurück. Die Ursachen des Bevölkerungsrückgangs der betroffenen Gebiete sind aber unklar, da wir nicht zwischen einer befristeten oder permanenten Auswanderung und dem Tod durch Hunger, Gewalt oder Krankheit unterscheiden können. Bei genauer Betrachtung löst sich die Katastrophe in eine Vielzahl regionaler Krisen auf. Die räumliche Ausdehnung war nämlich weniger auf die Allgegenwart der Dürre zurückzuführen als vielmehr auf den tief greifenden Wandel der regionalen Versorgungs- und Gesellschaftsstrukturen, der mit der kolonialen Eroberung durch die europäischen Truppen eingesetzt hatte.

Die europäische Eroberung des Sahel begann an seinen Rändern. Seit dem 15. Jahrhundert stritten sich Portugiesen und Holländer, später dann Franzosen und Briten um die Kontrolle der Küste von Senegal. Erst um 1840 setzten sich hier die Franzosen durch. Gleichzeitig begannen die Briten vom Süden des späteren Nigeria aus nach Norden vorzustoßen. Die weit im Inneren des Kontinents gelegenen Gebiete erreichten die Expeditionskorps aber erst, als der Wettlauf um Afrika um 1880 richtig los ging. Mit der Ausnahme der britischen Gebiete Sudan und Nordnigeria gehörte der Sahel zu den beiden großen kolonialen Föderationen Französisch-Westafrika und Französisch-Zentralafrika. Es dauerte Jahrzehnte, um die neue Form der Herrschaft durchzusetzen, und der letzte militärische Eroberungszug ins Tibestigebirge im Norden des Tschad fiel ins Dürrejahr 1913/14. An einigen Orten stabilisierte die koloniale Herrschaft bereits bestehende Machtverhältnisse. Diese Gebiete waren während der Krise weniger betroffen als diejenigen, in denen sich untereinander zerstrittene Eliten gegen neue, oft von der Kolonialmacht eingesetzte Machthaber stellten.

Die kolonialen Verwaltungen griffen jedoch nicht nur in die politische Ordnung, sondern auch anderweitig in das regionale Gefüge ein: Auch wenn sie zu diesem frühen Zeitpunkt die Grenzen ihrer Herrschaftsgebiete nicht vollständig kontrollieren konnten, behinderten ihre Maßnahmen dennoch die Handelsbeziehungen. Am meisten traf das die vom Sklavenhandel dominierten Fernhandelsrouten durch die Sahara nach Norden, doch Eingriffe in die Steuer- und Zollverwaltung störten auch den regionalen Austausch. Am folgenreichsten war jedoch der Versuch, in allen Bereichen, vor allem auch beim Steuereinzug, eine Geldwirtschaft nach europäischem Muster einzuführen. Das erwies sich als schwierig, unter anderem, weil der Nachschub an Münzen nicht garantiert war. Das ohnehin instabile Gesellschaftsgefüge wurde weiter gestört, als die Kolonialmächte dazu übergingen, das bereits seit mehr als

100 Jahren pro forma geltende Verbot des Sklavenhandels auch tatsächlich durchzusetzen, und Maßnahmen einleiten, um die Sklaverei ganz zu unterbinden. Die Emanzipation einer großen Anzahl von Sklavinnen und Sklaven war nicht zuletzt ein probates Mittel, um die Machtbasis einheimischer Eliten zu schwächen.

In ihrer Gesamtheit gesehen destabilisierten diese Maßnahmen die sudano-sahelischen Gesellschaften beträchtlich. Die lange Dürreperiode der frühen 1910er-Jahre verstärkte diese Effekte. An vielen Orten führte dies während der Krise zu mehr sozialer Unrast und Gewalt. In einigen besonders widerständischen Regionen des Tschad, der unter militärischer Verwaltung stand, reagierten die kommandierenden Offiziere mit verstärkter Repression, was einen wahren Teufelskreis eröffnete. Für die Kolonialverwaltung hatte die Aufrechterhaltung von Ruhe und Ordnung Priorität, dafür wurden Truppen dorthin geschickt, wo es am meisten an Nahrung mangelte. Um sie zu versorgen, wurden die letzten Vorräte requiriert. Zudem versuchte man an vielen Orten, die Steuern des laufenden Jahres einzuziehen; jetzt vorzugsweise wieder in Naturalien. Weil dies nicht reichte, musste für die Soldaten aus dem Süden Getreide beschafft werden, und die notwendigen Konvois nach Norden dezimierten ihrerseits den bereits gefährdeten Bestand an Lasttieren. Meldungen von Diebstählen, Raubüberfällen und Entführungen häuften sich. Zur Niederschlagung der sozialen Unrast wären weitere Truppen nötig gewesen, doch auch die Kolonialverwaltung fürchtete im Sommer 1914, ein weiteres Dürrejahr nicht durchhalten zu können. Planungen zum Rückzug begannen, doch dann setzte der Ausbruch der Ersten Weltkriegs in Europa auch im fernen Sahel andere Prioritäten, gerade als endlich die Regenfälle einsetzten, die auch dieses Jahr lange auf sich hatten warten lassen.

Im Gedächtnis späterer Sahelbewohner waren solche Details nicht mehr von großer Bedeutung; es zählte vor allem die Tatsache, dass die eigene Gemeinschaft überlebt und weiterbestanden hatte. Erst in vergleichbaren Situationen wurden die früheren Erfahrungen zum Thema, besonders weil man sich daraus Lehren für die Gegenwart erhoffte. Die Erinnerung der Alten spendete so Hoffnung, auch die aktuelle Krise zu überstehen. Das erfuhr der deutsche Anthropologe Gerd Spittler bei seinem Aufenthalt 1984/85 bei den Tuareg: »Wichtig waren auch die Erzählungen von einigen Alten über die große Dürre von 1913/14. Noch vor einigen Jahren hatte sich außer mir als historisch interessiertem Ethnologen niemand für diese Erzählungen interessiert. Jetzt hatten sie plötzlich Hochkonjunktur, und selbst die Kinder kannten den Namen dieser großen Dürre. Was die Alten erzählten, war meist noch schlimmer als das, was die Leute heute erlebten. Sie konnten darin einen Trost finden, dass es früher – noch zu Lebzeiten einiger Alten – Dürren und Hungerkrisen gegeben hatte, die die jetzige an menschlichem Leiden übertrafen.«[9]

Lernen aus der Vergangenheit ist ein aktiver Prozess und hat wenig gemein mit einem fatalistischen Abwarten. Von den Betroffenen wurden die Erfahrungen der langen und ausgeprägten Dürreperiode in der zweiten Hälfte des 20. Jahrhunderts als wichtige Bausteine für zukünftiges Verhalten gesehen. Die Wissenschaft hat seit damals viele ihrer damaligen Annahmen über die Rolle der Sahelbewohner in einer Krise korrigieren müssen. Gerade die Erinnerung trägt also dazu bei, dass der lebensfeindliche Sahel nicht als permanente Katastrophe erfahren wird. Es liegt an uns, ein Verständnis für Naturraum, Klima und gesellschaftliche Verhältnisse zu entwickeln, das neben Unsicherheit und Unvorhersehbarkeit auch Anpassungsfähigkeit und Resilienz als Teil des Ökosystems Sahel begreift.

»Es fühlte sich so an, als ob sich der Boden unter den Füssen in kniehohen Wogen hebe und senke«

Das Große Kanto-Erdbeben (Kanto daishinsai) in Japan 1923

Andreas Dix

Jedes Jahr am 1. September machen sich in Tokio viele Menschen auf den Weg, um zu Fuß von ihrem Arbeitsplatz nach Hause zu laufen. Diese Jahreszeit ist in weiten Regionen Japans für solche Aktivitäten denkbar ungünstig. Zum einen beginnt die Taifun-Saison und zum anderen herrschen oft noch tropische Temperaturen und eine hohe Luftfeuchtigkeit, so dass die zurückgelegten Distanzen von 20, 30 Kilometern eine große physische Herausforderung für alle Teilnehmer darstellen. An anderen Tagen legen viele Pendler im Großraum Tokio dieselbe Strecke morgens und abends mit U- und S-Bahnen zurück.

Die Region Kanto, in der Mitte der Insel Honshu gelegen, ist heute die größte Agglomeration der Welt. Zu ihr zählen sieben Präfekturen, inklusive der beiden Städte Tokio und Yokohama; insgesamt nimmt sie eine Fläche von rund 32.000 Quadratkilometern ein, auf der rund um die Bucht von Tokio und in ihrem Hinterland ca. 41,7 Millionen Menschen leben. Dieser riesige Ballungsraum zwingt die Menschen dazu, für ihren Lebensunterhalt immer größere Pendeldistanzen zwischen Wohnung und Arbeitsplatz auf sich zu nehmen, die sie nur noch mit öffentlichen Verkehrsmitteln zurücklegen können. Was aber würde geschehen, wenn diese Transportsysteme ausfielen, weil sie zum Beispiel durch ein Erdbeben zerstört wurden, während die Menschen sich aber noch an ihren Arbeitsplätzen aufhalten?

Dieses Szenario trainieren die Einwohner Tokios jeweils am 1. September: ob und wie sie es schaffen würden, im Falle einer Katastrophe zu Fuß nach Hause zu kommen. Der 1. September ist seit 1960 der ›Disaster Prevention Day‹ und nimmt im Jahreskalender der Feier- und Gedenktage einen festen Platz ein.[1] Nicht nur Fußmärsche gehören zum Programm dieses Tages; an vielen Schulen werden Evakuierungsübungen durchgeführt oder die Schüler besuchen mobile Ausstellungen, wo sie über das richtige Verhalten bei Erdbeben informiert werden.[2] Dieser Termin wurde nicht zufällig gewählt, sondern erinnert an das bisher folgenschwerste Erdbeben in Japan, das ›Große Kanto-Erdbeben‹ vom 1. September 1923.

Dieser feste Gedenktag weist bereits darauf hin, welch große Bedeutung Naturgefahren im Bewusstsein und alltäglichen Leben der Menschen in Japan haben. Dies geschieht nicht ohne Grund, denn verglichen mit Mitteleuropa ist Japan, bedingt durch seine topographische Lage und die besondere geologische Situation, viel größeren ›energiereichen‹ natürlichen Prozessen und Ereignissen ausgesetzt, die schwere Zerstörungen zur Folge haben können. Die über 3000 Inseln, die Japan umfasst, stellen die Gipfelflur eines Gebirgsmassivs dar, das im Osten aus dem an dieser Stelle bis 9000 Meter tiefen Pazifischen Ozean und im Westen aus der bis zu 3000 Meter tiefen Japansee aufsteigt. Die Täler und Bergfüße liegen unter Wasser. Daraus ergibt sich, dass rund drei Viertel der Oberfläche des Landes aus Steilhängen besteht und nur 25 Prozent der Landoberfläche flacher als 15 Grad geböscht sind.[3] Über alle Inseln verteilt finden sich ruhende und aktive Vulkane. Von den mehr als 200 quartären Vulkanen sind heute zwischen 60 und 80 aktiv. Japan liegt am östlichen Rand der asiatischen Kontinentalplatte. Der Pazifikküste vorgelagert ist eine Subduktionszone, an der sich die philippinische und die pazifische Platte unter die Kontinentalplatte schieben. Dadurch kommt es regelmäßig zu einer großen Zahl kleinerer Erdstöße. Im Durchschnitt werden ca. 5000 dieser Erdstöße pro Jahr registriert.[4] Insofern verwundert es nicht, dass man auch als Japanbesucher häufig kleinere Erdstöße selbst miterleben und darüber hinaus im Fernsehen fast täglich Berichte über den jüngsten Taifun, neue Vulkanaktivitäten und andere Naturgefahren verfolgen kann.

Die japanische Geschichte ist dementsprechend durch schwerwiegende Naturkatastrophen mit umfangreichen Schäden und einer großen Zahl von Todesopfern geprägt.[5] Vor dem Großen Kanto-Erdbeben 1923 hatten in der zweiten Hälfte des 19. Jahrhunderts vor allem das sogenannte Mino-Owari-Erdbeben vom 28. Oktober 1891 und das einen großen Tsunami auslösende Sanriku-Beben vom 15. Juni 1896 Zerstörungen und eine immense Zahl von Toten verursacht. Während 1891 etwa 7000 Todesopfer zu beklagen waren, verloren während der wahrscheinlich größten Tsunamikatastrophe in der japanischen Geschichte im Sommer 1896 ca. 27.000 Menschen ihr Leben.[6]

Naturereignisse werden durch ganz spezifische soziale, politische und kulturelle Rahmenbedingungen zu Katastrophen. Diese Rahmenbedingungen sind es auch, die ganz entscheidend dazu beitragen, wie schnell die Schutzmaßnahmen und der Wiederaufbau vonstatten gehen. Das Große Kanto-Erdbeben ist nicht nur durch die Größe der verursachten Schäden von Bedeutung, sondern auch, weil es das Land zu einem Zeitpunkt heimsuchte, als dessen Entwicklung zu einem Industriestaat und einer Weltmacht westlicher Prägung schon einige Zeit vorangeschritten war. Seit 1854 hatte Japan einen bis dahin ungeahnten wirtschaftlichen und militärischen Aufschwung erlebt. Nach einer über 300 Jahre währenden Phase der Abschottung nach außen hatte sich das Land unter dem Druck der westlichen Großmächte geöffnet. Die wirtschaftliche Krisensituation, aber auch soziale Spannungen führten dazu, dass lokale Fürsten von kaisertreuen Samurai entmachtet und die Kaiserherrschaft mit dem Tenno wieder neu eingeführt wurde. Die Residenz des Kaisers wurde von Kyoto nach Tokio verlegt. Staat, Institutionen und Recht wurden nach europäischen Vorbildern aufgebaut, insbesondere aus der preußisch-deutschen Verfassung von 1871 wurden viele Strukturen übernommen.[7]

Damit einher ging eine Politik der militärischen Stärke und Expansion nach außen. Unter dem Motto ›Reiches Land, reiche Armee‹ wollte sich Japan international behaupten.[8] Hand in Hand mit dem Staat entstanden Großbetriebe, die Anschluss an die westliche Technologie fanden. Der Modernisierungsprozess wurde vor allem von der Regierungsbürokratie mit großer Energie vorangetrieben. In kurzer Zeit entwickelte sich ein modernes Bankensystem, die Infrastruktur in Form von Straßen und Eisenbahnlinien wurde ausgebaut und ein flächendeckendes Post- und Telegraphensystem eingeführt. Nicht zuletzt wurden die großen kaiserlichen Universitäten in Tokio, Kyoto, Sendai und Fukuoka gegründet, an denen auch in großer Zahl Ausländer unterrichteten.[9]

Die straffe, zentralistische Modernisierungspolitik bildete ab den 90er-Jahren des 19. Jahrhunderts dann auch die Grundlage für eine militärische Expansionspolitik. Wie europäische Staaten auch, baute Japan in diesen Zeiten des Hochimperialismus ein eigenes Kolonialreich auf. Den Beginn dieser Entwicklung markieren der japanisch-chinesische Krieg der Jahre 1894/1895 sowie der japanisch-russische Krieg von 1904/1905, wodurch Japan nicht nur die Kontrolle über Korea und Taiwan erlangte, sondern auch seinen Aufstieg zur wichtigsten Militärmacht in Ostasien einleitete.

1912 endete die Meiji-Ära und ein neuer Tenno, der sich das Motto Taisho (›Große Rechtschaffenheit‹) gab, wonach seine Regierungszeit Taisho-Ära genannt wird, bestieg den Thron. Offensichtlich war er bereits bei Regierungsantritt krank, so dass er nur 14 Jahre regierte. Nachdem Japan zunächst vom Ersten Weltkrieg und dem Ausfall der europäischen Konkurrenz profitiert hatte, geriet das Land anschließend in den Sog der Weltwirtschaftskrisen der 20er- und frühen 30er-Jahre. Die wirtschaftlichen Krisen hatten verheerende Auswirkungen. Durch den Wegfall von Exportmärkten kam es zu Massenarbeitslosigkeit, zu Bauernelend auf dem Land und auch zu verschärften politischen Auseinandersetzungen zwischen sozialistischen und nationalistischen Gruppen in den Städten. Andererseits wird die Taisho-Ära aber auch als eine Zeit der kulturellen Blüte und der vorsichtigen Pluralisierung und Öffnung der Gesellschaft angesehen.[10]

In der Zwischenzeit war Tokio zu einer Millionenstadt angewachsen. Erste Ansätze einer durchgreifenden Stadtplanung waren beim Wiederaufbau der Ginza, des großen Prachtboulevards, nach der Zerstörung durch einen Brand am 26. Februar 1872 und im Regierungsviertel in Hibiya realisiert worden; der größte Teil der Stadt bestand allerdings weiterhin aus dicht gedrängten, aus Holz gebauten Wohnhäusern.[11]

In dieser Situation ereignete sich 1923 das Erdbeben. Die ersten Erdstöße wurden am 1. September um 11.58 Uhr vormittags registriert und erreichten bereits eine Stärke von über 7 auf der Richter-Skala. Nach dem offiziellen japanischen Bericht ereigneten sich bis zum 5. September 1923 insgesamt nicht weniger als 936 weitere aufgezeichnete Erschütterungen.[12] Zerstörungen waren hauptsächlich in den sieben Präfekturen Tokio, Kanagawa, Shizuoka, Chiba, Saitama, Yamanashi und Ibaraki zu verzeichnen. Betroffen waren vor allem die neue Hauptstadt Tokio und der wichtigste Hafen Yokohama.[13] Besonders auffällig waren die starken Hebungen und Senkungen des Bodens in bestimmten Gegenden. Bereits diese Erdbebenstöße führten zum Einsturz der vielen traditionell aus Holz und Papier gebauten Häuser. Aber selbst die aus Backsteinen errichteten Häuser in den westlichen Handelsniederlassungen in Yokohama und die neuen Backsteingebäude auf der Ginza widerstanden den Erdstößen nicht. Ein Zeitzeuge, der amerikanische Kaufmann Otis Manchester Poole, der sich als Mitarbeiter einer britischen Teehandelsfirma in Japan aufhielt, beschrieb den Zusammenbruch seines Kontorgebäudes in Yokohama sehr detailliert so:

»Etwa eine halbe Minute lang hielt die Bauweise unserer Umgebung stand, dann begann der Einsturz. Gipsplatten lösten sich von den Zimmerdecken, flogen uns um die Ohren und erfüllten die Luft mit einer dichten, alles einhüllenden Staubschicht. Wände wölbten sich, dehnten sich und barsten; Bilder tanzten an ihren Aufhängungen, flogen herunter und zerbarsten in Splitter. Tische rutschen herum, Aktenschränke, Geldschränke und Möbel kippelten, kreiselten eine Weile und fielen dann zur Seite. Es fühlte sich so an, als ob sich der Boden unter den Füßen in kniehohen Wogen hebe und senke.«[14]

Führten bereits die ersten Erdstöße zum Einsturz vieler Gebäude, so wurden die eigentlich großen Schäden erst durch das unmittelbar nach dem Erdbeben ausbrechende Feuer verursacht. Um die Mittagszeit brannten in vielen Privathäusern und Garküchen offene Holzkohlefeuer, um das Mittagessen zuzubereiten. Die traditionellen Baumaterialien boten den offenen Feuern leichte Nahrung. Schnell breiteten sich Flächenbrände aus, die sich – auch durch Taifunwinde angefacht – zu mehrere Tage dauernden Feuerstürmen auswuchsen. Es wird geschätzt, dass sich der Feuersturm mit einer Geschwindigkeit von bis zu 70 bis 80 Metern pro Sekunde ausbreitete. In Tokio flammte das Feuer an 134 Stellen gleichzeitig auf. Die Wasserversorgung brach sofort zusammen, so dass auch die Feuerwehr nichts mehr ausrichten konnte. Die Brände wüteten fast drei Tage und zerstörten ca. 40 Prozent der Stadtfläche. Am schlimmsten war das Militärbekleidungsdepot im Honjo Ward betroffen, wo viele Menschen Zuflucht gesucht hatten. Allein an diesem Ort, im Zentrum der schlimmsten Brandkatastrophe, starben ca. 40.000 Menschen im Feuer. Speziell in Tokio, aber auch in Yokohama wurden mehr Häuser durch das Feuer zerstört als durch das Erdbeben. Über der Stadt stand eine gewaltige Rauchwolke, die zum ›Wahrzeichen‹ der Katastrophe wurde und oft abgebildet worden ist.[15] Die Verluste an öffentlichen Gebäuden und privaten Wohnbauten waren immens. Im offiziellen Bericht wird die Gesamtzahl aller ganz oder teilweise zerstörten Häuser in allen Präfekturen zusammen mit 592.000 oder 28 Prozent aller vorhandenen Gebäude angegeben. Die Liste der zerstörten öffentlichen Gebäude wirkt endlos, darunter allein 151 Shinto-Schreine, 633 buddhistische Tempel und 202 Kirchen.[16] Der offizielle Bericht weist für alle betroffenen Präfekturen einschließlich Tokio und Yokohama 91.344 Todesopfer aus. Darüber hinaus gab es aber auch 52.000 Schwer- und Leichtverletzte sowie insgesamt über 3 Millionen Menschen, deren Häuser durch das Erdbeben zerstört oder abgebrannt waren. Damit waren rund 29 Prozent der Bevölkerung von vormals rund 12 Millionen Menschen von diesem Erdbeben unmittelbar betroffen.[17]

Erdbeben und Feuer verursachten so flächendeckende Zerstörungen, dass für einige Tage das öffentliche Leben und auch die öffentliche Ordnung vollkommen zusammenbrachen. Bereits zwei Minuten nach den ersten Erdstößen waren alle Kommunikationslinien unterbrochen. Im übrigen Land wussten die Menschen und Behörden zunächst nicht, was in Tokio und Umgebung geschehen war. In der Nacht vom 2. auf den 3. September wurden dann Flugzeuge nach Osaka und zu anderen Armeehauptquartieren entsandt, um Hilfe anzufordern.[18]

Im Ausland traf die früheste Nachricht von dem Erdbeben über das Schiff ›Korea‹ ein, das in der Bucht vor Yokohama vor Anker gelegen hatte. Eine einzelne Funknachricht wurde u. a. von Kriegsschiffen der American Asiatic Squadron aufgefangen, die vor der chinesischen Küste kreuzte. Der Kommodore der Squadron schickte seine Schiffe sofort nach Yokohama und ließ dort Vorräte verteilen.

Der seit der Meiji-Zeit bestehende starke Zentralstaat mit seinen trotz der Katastrophe intakt gebliebenen Institutionen war der Grund dafür, dass das Land relativ rasch in der Lage war, sich selbst zu helfen. Durch den Zusammenbruch der Strom- und Wasserversorgung und den Ausfall der Straßenbeleuchtung wurden in den ersten Tagen die noch funktionierenden Feuerwehr-, Polizei- und Militäreinheiten in ihrer Arbeit sehr behindert, was sich allerdings sehr schnell änderte. Erschwert wurde die Situation jedoch dadurch, dass viele Menschen versuchten, die Städte zu verlassen. Dies war aber nicht möglich, da auch die Eisenbahnverbindungen zusammengebrochen waren. Nur eine einzige Eisenbahnlinie war am Abend des 1. September wieder in Betrieb. Etliche Handels- und Kriegsschiffe, die in der Bucht auf Reede lagen, boten Hilfe an. Die Nachrichten über das Erdbeben erreichten die USA schon in der Nacht vom 1. auf den 2. September 1923. Am folgenden Tag bewilligte das amerikanische Rote Kreuz ein Hilfspaket von 5 Millionen Dollar. Außerdem wandte sich der Präsident Calvin Coolidge in einer seiner populären Radioansprachen an die Amerikaner und bat um Spenden. Innerhalb weniger Tage wurden in den USA 10 Millionen Dollar für die Katastrophenopfer gesammelt. Aber auch viele Auslandsjapaner – nicht nur in den USA – halfen. Allerdings trübte sich das Verhältnis zu den Vereinigten Staaten wenig später wieder, als diese nämlich die erhoffte Lockerung ihrer Einreisebestimmungen und damit die Ausreise von verarmten Japanern in die USA nicht zulassen wollten.[19] Die militärische Aufrüstung Japans machte es in dieser Situation möglich, bis zum 8. September – also innerhalb nur einer Woche – ca. 35.000 Soldaten in das Erdbebengebiet zu entsenden, um Reparatur- und Räumarbeiten durchzuführen, aber auch die öffentliche Ordnung wiederherzustellen.

Das größte Problem war die Versorgung der Menschen mit Nahrungsmitteln. Am Tag der Katastrophe ging man davon aus, dass die Reisvorräte nur für vier Tage reichen würden. Bereits am 6. September war die allgemeine Versorgung der Überlebenden mit Reis aber gewähr-

8 Brennende Gebäude in Tokio nach dem Erdbeben von 1923

leistet. Bis zum 30. September, also einen Monat lang, musste gekochter Reis als Grundversorgung an verschiedenen Stellen kostenlos an die Menschen ausgegeben werden, die alles verloren hatten. In Tokio wurde zuerst vor allem die Wasserversorgung in den Flüchtlingscamps wiederhergestellt, die auf den Freiflächen vor dem Kaiserlichen Palast, im Akasuka Park und im Militärbekleidungsdepot im Honjo Ward entstanden waren.

Gravierend war der Zusammenbruch der öffentlichen Ordnung, der vor allem dadurch gefährlich wurde, weil sich schnell Gerüchte verbreiteten. Ausbrecher, Diebe usw. nutzen die Gunst der Stunde für Straftaten. Diese Unruhe konnte von der Polizei in den ersten Tagen nicht unterbunden werden, da auch alle Kommunikationsmöglichkeiten zusammengebrochen waren. Auch erschienen in dieser Zeit keine Zeitungen.

Bereits am Tag nach dem Erdbeben wurde ein Katastrophenhilfe-Büro unter dem Vorsitz des Premierministers Uchida gegründet, das ebenfalls am 2. September ein sogenanntes Beschlagnahmegesetz erließ, das es dem Staat ermöglichte, alle notwendigen Güter zu requirieren. Dazu wurde gleichzeitig das Kriegsrecht über die gesamte Region Tokio und die Kanagawa-Präfektur verhängt und am 6. September noch weiter verschärft. An alle lokalen Verwaltungen und Polizeistationen ergingen Befehle, durch welche die Ordnung aufrechterhalten werden sollte. So wurden die lokalen Verwaltungen angewiesen, Treffen und Veröffentlichungen zu verhindern, die der Aufrechterhaltung der Ordnung zuwiderliefen. Sie sollten nach Waffen und Munition suchen und diese sicherstellen. Ein- und auslaufende Schiffe sollten gründlich untersucht sowie an allen wichtigen Verkehrsknotenpunkten Kontrollposten errichtet werden. Alle lokalen Verwaltungen waren befugt, in allen Gebäuden jederzeit Kontrollen durchführen zu dürfen, verdächtige Personen in bestimmten Bezirken festzusetzen und eine Postzensur einzurichten. Dieses Besatzungsregime war angesichts der großen Schäden, der vielen Obdachlosen und vor allem wegen der Ausschreitungen gegen Koreaner notwendig, um die öffentliche Ordnung wiederherzustellen.

Für die im Erdbebengebiet wohnenden Koreaner war die Katastrophe äußerst folgenschwer. Insgesamt lebten zu dieser Zeit rund

200.000 Koreaner in Japan, davon ca. 12.000 in der Region um Tokio und Yokohama.[20] Ihre Zahl war seit der Annexion Koreas als japanischer Kolonie 1910 rasch angestiegen. Neben anderen wurden nun auch die Koreaner beschuldigt, das Erdbeben und das nachfolgende Chaos ausgenutzt zu haben. Schon am Samstag – also am Tag nach dem ersten Erdstoß – wurden Gerüchte laut, dass Koreaner aus Gefängnissen ausgebrochen seien, Feuer gelegt und gestohlen hätten.[21] Die Gewalt gegen die Koreaner konnte sich in den ersten Tagen relativ frei entfalten, da Polizei und Militär noch weitgehend handlungsunfähig waren. Spontan organisierte Streifen von Freiwilligen, sogenannte ›Jikeidan‹, bewaffneten sich mit Messern, Schwertern und angespitzten Bambusspeeren, um Jagd auf Koreaner zu machen. Es gibt Hinweise darauf, dass zumindest in den ersten Tagen die Armee die rund 3700 ›Jikeidan‹ gewähren ließ.[22] Einzelne größere Massaker folgten, wie die Ermordung von 103 Koreanern auf der Hachiman-Brücke in Yokohama am 2. September oder die Ermordung von 159 Koreanern vor der Eisenbahnstation von Kanagawa. Am selben Tag soll ein Amerikaner beobachtet haben, wie insgesamt 250 Koreaner in Gruppen zu jeweils fünf Personen an Händen und Füßen zusammengebunden, mit Öl übergossen und dann bei lebendigem Leib verbrannt wurden.[23]

Am Nachmittag des 3. September erließen die Polizeibehörden erstmals einen Aufruf, Übergriffe auf Koreaner zu unterlassen. Am 5. September wurden vom japanischen Kabinett die Übergriffe auf die Koreaner nochmals verurteilt, allerdings dauerte die Verfolgung noch über eine Woche an.[24] Schließlich wurden aber mit der Wiederkehr der staatlichen Ordnung die Koreaner besser vor den Übergriffen geschützt. Sie wurden in Polizeistationen und Armeecamps gebracht; in Narashino in der Chiba-Präfektur wurde ein Auffanglager für insgesamt 3075 Koreaner eingerichtet.[25] Die Zahl der koreanischen Opfer wurde wohl nie offiziell ermittelt. Yoshino Sakuzo, ein Professor der Kaiserlichen Universität, versuchte, die Übergriffe auf Koreaner möglichst genau zu dokumentieren und nannte die Zahl von 2613 Getöteten. In der New York Times berichtete die Auslandskorrespondentin Margaret de Forst Hicks im Januar 1924 sogar von nur 500 Opfern. Es gab aber auch andere ausländische Stimmen, wie den ›Japan Weekly Chronicle‹, der davon ausging, dass von den 12.000 im Großraum Tokio und Yokohama vor dem Erdbeben lebenden Koreanern insgesamt 4000 in spezielle, von der Polizei und der Armee geschützte Lager gebracht worden waren. Von den an ihren Wohnorten verbliebenen 8000 Koreanern seien wohl die meisten getötet worden.[26]

Auch auf staatlicher Seite nutzten bestimmte Gruppen das Chaos, um alte politische Rechnungen zu begleichen – so ist wohl der sogenannte Amakasu-Zwischenfall (Amakasu-jiken) zu interpretieren. Am 16. September 1923, also rund zwei Wochen nach dem Erdbeben, wurden zwei bekannte Anarchisten, Osugi Sakae und Ito Noe, zusammen mit Sakaes sechs Jahre altem Neffen von der für ihre Brutalität bekannten Militärpolizei, der Kempeitai, ermordet und ihre Körper in einen Brunnenschacht geworfen. Diese Tat, besonders die Ermordung des Kindes, löste ein großes Echo aus. Der verantwortliche Polizeioffizier Amakasu Masahiko wurde zu zehn Jahren Haft verurteilt, aus der er aber bereits nach drei Jahren wieder entlassen wurde.

Der grundsätzliche Wille zum Wiederaufbau von Tokio und Yokohama stand wohl zu keiner Zeit zur Diskussion. Der Aufstieg Japans nach dem Sieg im Russisch-Japanischen Krieg 1905 zu einer der Weltmächte und die gleichzeitige Schwächung Europas durch den Ersten Weltkrieg hatten das Selbstbewusstsein des japanischen Staates so weit gestärkt, dass der Wiederaufbau der Hauptstadt und des Haupthafens auch aus politischen und strategischen Gründen als notwendig erachtet wurde, wenngleich das im Meiji-Staat stark entwickelte Selbstbewusstsein der Nation, Erdbeben zu beherrschen, einen empfindlichen Dämpfer erlitten hatte.[27] Ab 1924 wurde im Großraum Tokio und Yokohama mit dem Wiederaufbau begonnen. Dies geschah vor allem unter dem Einfluss von Shinpei Goto, einem profilierten Politiker, der verschiedene Ministerämter innehatte und von 1920 bis 1923 Bürgermeister von Tokio gewesen war. Er wurde erneut Innenminister und gleichzeitig Vorsitzender der Wiederaufbaukommission für die Hauptstadt. Bereits im Dezember 1923 hatte die Regierung ein Sonder-Stadtplanungsgesetz erlassen. Auf dessen Grundlage wurden in Tokio 3600 Hektar – mithin 45 Prozent des Stadtgebietes – und in Yokohama 345 Hektar als Neuordnungsflächen ausgewiesen. Ein besonders wichtiges Ziel bestand darin, neue Straßendurchbrüche ausführen zu können und alte Straßenverbindungen zu verbreitern.[28] Gegen diese Planungen gab es Proteste zahlreicher gut organisierter Bürgergruppen, vor allem, weil nun Grundstücke gegen den Willen ihrer Eigentümer eingezogen und überdies zehn Prozent der Fläche entschädigungsfrei zum Bau von Straßen oder zur Anlage von Grünflächen als Schutz- und Abstandszonen einbehalten werden konnten. Dieser Widerstand blieb aber wirkungslos, vielmehr wurden in den folgenden Jahren bis 1930 in den von den Bränden betroffenen Stadtarealen in Tokio rund 80 Prozent aller Grundstücke neu zugeschnitten.[29] Zusammen mit den Straßen wurden in Tokio aber auch 55 Parks mit einer Gesamtfläche von 42 Hektar neu angelegt.

Das Bündel der Baumaßnahmen war sehr umfangreich und umfasste Flussregulierungs-, Kanal- und Brückenbauarbeiten, aber auch den umfassenden Neubau von öffentlichen Gebäuden. So wurden nun alleine 121 öffentliche Schulen in der stabileren Stahlbetonbauweise neu errichtet.[30] Daneben wurde auch in die Infrastruktur investiert. Dazu gehörte beispielsweise die Neuanlage des großen Tsukiji-Fischmarktes, der noch heute Tokio mit Fisch beliefert.[31] Ein weiterer wichtiger Punkt war die möglichst schnelle Versorgung der Bevölkerung mit Wohnraum. Zu diesem Zweck wurde am 23. Mai 1924 die sogenannte Dojunkai gegründet, bei der es sich um eine Stiftung unter Kontrolle des Innenministeriums handelte, die sich zum stärksten Instrument des staatlich geförderten Wohnungsbaus in Japan entwickelte.[32] Shinpei Goto hatte ursprünglich viel großartigere Pläne für den Wiederaufbau durchsetzen wollen; sein Plan sah vor, alles Land, das durch das Erdbeben zerstört worden war, vom Staat aufkaufen und dann ohne Rücksicht auf alte Grundstücksgrenzen und Strukturen moderne Infrastruktur und Bebauung darauf errichten zu lassen. Diese Pläne waren aber rasch an divergierenden Interessen, z. B. von Seiten der Militärs, die ihren Etat nicht geschmälert sehen wollten, gescheitert.[33] Dennoch wurde 1930 der offizielle Wiederaufbau abgeschlossen. Besonders öffentliche Bauten wie Schulen und Brücken waren nun in Stahlbetonbauweise ausgeführt.[34]

Nur 22 Jahre später wurde Tokio nochmals großflächig zerstört. Dieses Mal waren es aber amerikanische Bomberverbände, die gegen Kriegsende vermehrt die Stadt angriffen. Um die verheerende Brandwirkung zu optimieren, hatte die US Air Force auf ihrem Testgelände, dem Dugway Proving Ground im Bundesstaat Utah, sowohl eine deutsche als auch eine japanische Siedlung aufbauen lassen und an ihnen die Wirkung ihrer Brandbomben getestet. Im Februar und März 1945 wurden dann die Luftangriffe auf Tokio intensiviert. Den Höhepunkt bildete der Nachtangriff vom 9. März 1945, in dem über 41 Quadratkilometer des Stadtgebietes durch Brand vernichtet wurden und über 100.000 Einwohner der Stadt umkamen.[35] Diese Katastrophe hatte ähnliche Auswirkungen auf die Stadtstruktur wie das Kanto-Erdbeben 1923.

Nach dem extremen Bauboom der Nachkriegszeit präsentiert sich Tokio heute in der Innenstadt als modernes Wirtschafts- und Finanzzentrum mit futuristischen Bauten. Dies verdeckt die Tatsache, dass es immer noch einen hohen Prozentsatz älterer Häuser gibt, die zum Teil aus Holz errichtet sind. Zwar hat man ab 1969, einem ›Katastrophenschutz-Basisplan‹ folgend, gesicherte Freiflächen zur Evakuierung aller Bewohner ausgewiesen, große Hochhäuser als Brandbarrieren errichtet und seit den 8oer-Jahren auch strengere Bestimmungen für erdbebensicheres Bauen erlassen.[36] Auch erwecken die vielen Hinweisschilder und die anfangs erwähnten Übungen den Eindruck, dass Japan, ähnlich wie in der Meiji-Zeit, eine ›Erdbeben-Nation‹ ist, ein Land also, das auf das nächste Beben bestens vorbereitet ist. Dass aber nur der Ernstfall zeigt, wie gut und sinnvoll diese Maßnahmen tatsächlich sind, hat das Erdbeben in Kobe 1995 schmerzlich verdeutlicht. Hier kollabierten beispielsweise für erdbebensicher gehaltene Straßen- und Hauskonstruktionen. Überdies zeigte diese Katastrophe wie schon 1923, dass Erdbeben nicht nur Naturereignisse sind, sondern national wie international auch als soziale und politische Katastrophen gewertet werden. So erschütterte das Erdbeben 1995 das Selbstbewusstsein einer Nation, das bereits durch den Zusammenbruch der sogenannten ›Bubble-Economy‹ der 8oer-Jahre schwer gelitten hatte. Es hat aber auch gezeigt, wie schnell und effektiv eine ökonomisch hoch entwickelte Gesellschaft mit den Schäden von Katastrophen fertig werden kann.

Gefährlicher Wasserstand im »Wirtschaftswunderland«

Die Hamburger Sturmflut vom Februar 1962

Jens Ivo Engels

Die große Februarsturmflut 1962 – sie passte so gar nicht in die Wirtschaftswunderzeit. Seit zehn Jahren zeigte alles in Richtung auf eine sichere Zukunft: Wohlstandswachstum, Vollbeschäftigung, mehr Freizeit und bald gar Urlaubsreisen ins Ausland, neue Konsumgüter von der Waschmaschine bis zum ersten eigenen Auto. Es ging den Menschen nicht nur gut, sie waren sich auch sicher, dass es ihnen immer besser gehen würde.

Da riss die Sturmflut jäh den Vorhang der Idylle hinweg. Der »Blanke Hans« erschütterte das von Fortschritt und Konsum genährte Sicherheitsgefühl. Und er machte deutlich, dass es Anfang der 1960er-Jahre noch immer gewaltigen Nachholbedarf gab und längst nicht alle an der Wiederaufstiegsgeschichte Teil hatten. Hinter der dünnen Fassade von »Wirtschaftswunderland« hatten Not und Bedrängnis in Barackensiedlungen überdauert.

Auch der gesellschaftliche Konsens war trügerisch. Noch 1958 hatte Konrad Adenauer die Bundestagswahl mit absoluter Mehrheit gewonnen – dank des Versprechens, »keine Experimente« zu wagen, und wegen einer sehr großzügigen Rentenreform. Mit der dynamisierten Rente profitierten jetzt die Ruheständler von der allgemeinen Lohnsteigerung. Doch ab 1961 regierte die CDU (Christlich Demokratische Union Deutschlands) nicht mehr alleine, und der Koalitionspartner FDP (Freie Demokratische Partei) forderte energisch, den greisen Kanzler durch einen Jüngeren abzulösen. Im Herbst des Sturmflut-Jahres 1962 wurde der

Pressestandort Hamburg dann zum Schauplatz eines folgenreichen Ereignisses: der sogenannten Spiegel-Affäre. Die Bundesregierung, allen voran Verteidigungsminister Strauß, versuchte, Einfluss auf die Inhalte des Nachrichtenmagazins zu nehmen und ihren Chefredakteur mit dem Strafrecht einzuschüchtern. Die lautstarken Proteste gegen diesen Gängelungsversuch gelten heute als Startschuss für eine kritische politische Öffentlichkeit in der Bundesrepublik. Manche ahnten nun, dass der Trend bald eher links der CDU liegen könne. Schon vier Jahre später hatte die Republik eine Koalitionsregierung von CDU und SPD (Sozialdemokratische Partei Deutschlands). Einer der wichtigsten Manager der Großen Koalition machte während der Flutkatastrophe zum ersten Mal von sich reden: Innensenator Helmut Schmidt.

Katastrophen gewähren Einblicke in die Gemütslage einer Gesellschaft. Hier lassen sich die in normalen Zeiten unsichtbaren Haarrisse in der kollektiven Mentalität wie unter einer Lupe besichtigen. Die Februarsturmflut 1962 traf eine Gesellschaft, die sich ihrer selbst und ihres Erfolges sicher zu sein schien. Zugleich war die Suche nach neuen Lösungen und nach neuen Werten bereits in Gang. Die Reaktionen auf die Sturmflut sind Momentaufnahmen einer Gesellschaft im Aufbruch.

Was war passiert? In der Nacht vom Freitag, den 16. Februar, auf Samstag, den 17. Februar 1962, rannte die Nordsee gegen die Küsten an. Ein Sturmtief aus dem südlichen Eismeer hatte sich in Richtung Europa verlagert. Der auflandige Orkan schob gewaltige Wassermassen gegen die Küsten in der Deutschen Bucht und in die Flussmündungen. Die Seedeiche brachen entlang der schleswig-holsteinischen und niedersächsischen Küste; Flussdeiche an Elbe und Weser gaben nach oder wurden überflutet. Auf quadratkilometergroßen Flächen breitete sich das Seewasser aus, schloss Einzelgehöfte und Siedlungen ein oder überschwemmte sie. Besonders schlimm traf es Hamburg mit mehr als 100 Deichschäden. Rund 20 Prozent des Stadtgebietes standen unter Wasser, darunter auch dicht bewohnte Viertel wie der Stadtteil Wilhelmsburg. Durch die überfluteten Straßen trieben Möbel, Autos, Tierkadaver und Menschenleichen. Wilhelmsburg erlangte traurige Berühmtheit, weil hier in einer Schrebergartensiedlung das Gros der Todesopfer zu beklagen war. Insgesamt starben in Hamburg 315 Menschen, 20.000 Menschen wurden vorübergehend obdachlos; zusätzlich erhielten 12.000 Haushalte später Hilfen für die Neubeschaffung von verloren gegangenem Hausrat. Vielerorts hatten sich Menschen auf Hausdächer geflüchtet und warteten auf Hilfe. Im gesamten Küstengebiet und großen Teilen Hamburgs wurde die Infrastruktur stark beschädigt: Die Strom-, Gas- und Wasserversorgung fiel aus, Straßen waren auch nach dem Rückzug des Wassers lange unbenutzbar. Die Flut zerstörte 333 Häuser und über 6200 sogenannte Behelfsunterkünfte, bewohnte Hütten, wie man sie in Laubenkolonien findet.

Am Samstagmorgen richtete Innensenator Helmut Schmidt ein Krisenzentrum ein, von dem aus die Hilfsmaßnahmen koordiniert wurden. Schmidt sorgte vor allem dafür, dass die Rettungskräfte erheblich verstärkt wurden. Neben Feuerwehr, Rotem Kreuz und Technischem Hilfswerk erreichte Schmidt auch die Mitwirkung des Bundesgrenzschutzes, der Bundeswehr und nichtdeutscher Streitkräfte, die über die NATO (North Atlantic Treaty Organization) angefordert wurden. So konnte auch eine große Zahl von Hubschraubern eingesetzt werden. Rund 20.000 Helfer waren im Einsatz, von denen zwölf ihr Engagement mit dem Leben bezahlten.

Die vordringlichste Aufgabe der Helfer bestand darin, die Eingeschlossenen zu retten, sie in Notunterkünften in Schulen und Kasernen unterzubringen. Hier erwies sich vor allem der Hubschraubereinsatz vielerorts als alternativlos; über 1100 Menschen verdankten ihre Rettung der Hilfe aus der Luft. Auch die Unterbringung stellte die Behörden vor erhebliche Probleme, da es kaum Notfallpläne gab. So war die Versorgung der Obdachlosen mit Betten, Decken und Nahrungsmitteln eine große Herausforderung.

Wie bei fast jeder Naturkatastrophe wurden auch in diesem Fall die Küstenbewohner und Elbanrainer von den Ereignissen überrumpelt. Mit so hohen Wasserständen, gar einer Katastrophe, hatte niemand gerechnet, denn am 16. Februar war keine Springflut. Das Wasser wäre also unter normalen Umständen nicht viel höher gestiegen als im Durchschnitt. Hamburg, rund 70 Kilometer Luftlinie von der Küste entfernt, hielten die meisten Menschen ohnehin nicht für sturmflutgefährdet. Aber der Orkan hatte einen ungewöhnlich starken Winddruck erzeugt.

Er presste das Wasser der Nordsee in die Elbmündung wie in einen Trichter und staute es bis weit ins Landesinnere. Die Fachleute hätten es übrigens besser wissen können: Nach der großen Sturmflut von 1953, die in den Niederlanden tausende Menschen das Leben gekostet hatte, waren Planungen für einen besseren Deichschutz in Norddeutschland angelaufen. Von den Defiziten der Hamburger Anlagen wusste man grundsätzlich in den zuständigen Behörden, wie sich später herausstellte. Jedoch gab es folgenreiche organisatorische Lücken. Der gebrochene Deich von Wilhelmsburg war lange Jahre nicht gepflegt worden. Hauptgrund dafür war vermutlich die Tatsache, dass er genau auf der Zuständigkeitsgrenze von Hafenbauamt und Wilhelmsburger Ortsamt lag.

Nun war es nicht so, dass es kein Frühwarnsystem für ungewöhnliche Hochwasser gegeben hätte. Doch eine Kette unglücklicher Umstände ließ die Warnungen erst sehr spät bei den zuständigen Behörden eintreffen. Dazu gehörte, dass die Nachrichtenverbindung zwischen dem Pegel in Cuxhaven und den Wasserbaubehörden in Hamburg unterbrochen war. Erst am späteren Freitagabend, gegen 21:00 Uhr, löste die Abteilung Wasserbau die Hochwasser-Alarmstufe Drei aus. Um diese Zeit war jedoch in anderen Ämtern niemand mehr erreichbar. Auch die alsbald über Rundfunk verbreiteten Warnungen an die Hamburger Bevölkerung fanden kaum Gehör. Tief im Binnenland rechnete kaum ein Einwohner mit unmittelbarer Gefahr. Viele der Opfer wurden im Schlaf vom steigenden Wasser überrascht. Die Großstadt wurde unvorbereitet getroffen und offenbarte ihre Verletzlichkeit – das unterstrichen die Kommentatoren der Presse immer und immer wieder.

Die öffentliche Resonanz auf die Katastrophe war groß – nicht nur in Hamburg und Norddeutschland. Nahezu alle Zeitungen der Republik berichteten ausführlich und mit langen Kommentaren über die Flutnacht und ihre Folgen. Dafür sorgte allein die große Zahl der Todesopfer. Hinzu trat aber vor allem das Überraschungsmoment, die Demonstration der Verletzlichkeit menschlicher Existenz auch in Zeiten ungebrochener Prosperität.

Auffällig ist, wie sehr die Ereignisse zumindest in den ersten Tagen religiös gedeutet wurden. Die Katastrophe erschien dabei als Beweis für die unmittelbare Beziehung zwischen Mensch und Gott; der Mensch

9 Die Flut in Hamburg-Wilhelmsburg, dem am schwersten betroffenen Stadtteil Hamburgs (Aufnahmedatum: 18. Februar 1962)

könne sich »nicht der Hand Gottes entwinden«, so die Saarbrücker Landeszeitung am 19. Februar. Der Sinn des Geschehens liege darin, den Menschen diese Wahrheit wieder ins Gedächtnis zu rufen. Offensichtlich hielten es die Redaktionen, aber auch Politiker wie Bundespräsident Heinrich Lübke für geboten, unter Hinweis auf göttlichen Ratschluss Trost zu spenden. Auch dies gehörte zur Adenauer-Ära. Forschungen der letzten Jahre haben herausgearbeitet, dass die Bedeutung von konfessioneller Identität und kirchlichem Leben in dieser Zeit zugenommen hatte, um dann allerdings in den 60er-Jahren wieder deutlich abzunehmen.

Noch augenfälliger war allerdings der zivilisationskritische Impuls nach der Katastrophe. Viele Kommentare mahnten, sich nicht zu sehr auf Technik zu verlassen. Sie verwiesen auf die Brüchigkeit moderner Zivilisation, auf trügerische Sicherheit und die Hybris des modernen Menschen. In der Hannoverschen Allgemeinen hieß es am 20. Februar, zu den größten Gefahren gehöre »die Vergeßlichkeit des Menschen und seine mit der Technisierung gewachsene Neigung, der Perfektion der Organisation und der Technik blindlings zu vertrauen«. Dabei sei das »Bewußtsein abhanden gekommen, daß ihn die Natur mit ihrer elementaren Gewalt noch genauso gnadenlos ... vernichten kann, wie sie es mit den Menschen vor Jahrhunderten tat«. Und: »Diese Einsicht muß zur Demut verpflichten«, und man müsse erkennen, »daß der Mensch sich selbst und seine Hilfsmittel überschätzt hat«. Die Kieler Nachrichten bemühten am 19. Februar 1962 ebenfalls einen Topos, der bis heute aktuell zu sein scheint: »Da schickt sich der Mensch an, in die Geheimnisse des Unbekannten unseres Universums einzudringen, aber wieder einmal mehr hat ihm die Natur gezeigt, wo er seine Grenzen hat«. Vor allem die Großstadtbewohner seien verwundbar, wie die hohe Zahl der Todesopfer in Hamburg und die vergleichsweise geringen Verluste an der Nordseeküste zeigten. Das Unbehagen an der Zivilisation saß tief.

Zu den Gemeinplätzen in der Katastrophenwahrnehmung gehört die Beschäftigung mit den menschlichen Regungen, die das schreckliche Ereignis auslöst. Im Fall der Hamburger Sturmflut stand neben dem Entsetzen über das Geschehene vor allem die Genugtuung über die enorme Solidaritätsbereitschaft der Mehrheit – wie dies bis auf den heutigen Tag bei Katastrophen zu beobachten ist. Bundesweite Spendenkampagnen,

Hilfslieferungen und weitere Zeichen der Anteilnahme, wie etwa Trauergottesdienste im ganzen Land, beherrschten schon bald die Berichterstattung. Sie waren Teil dessen, was man auch als symbolische »Nationsbildung« bezeichnen kann: In Schmerz, Trauer und Hilfsbereitschaft vereint, bildeten die Bewohner der Bundesrepublik ihre gemeinsame Identität ein Stück weit fort. Dazu gehörten auch internationale Ein- und Ausschlüsse. So galt die Hilfe von NATO-Truppen als Ausweis für die westliche Solidarität mit dem einstigen Kriegsgegner, als lebendiges Zeichen für das Zusammengehörigkeitsgefühl der Freien Welt, deren Teil die Bundesrepublik nunmehr war. Andererseits vermerkten die Zeitungen auch die ihrer Ansicht nach zynische, unsolidarische Reaktion in der kommunistischen Welt: Die SED (Sozialistische Einheitspartei Deutschlands) frohlocke über das Geschehene und mache die Bundesregierung und überhöhte Rüstungsausgaben dafür verantwortlich, so die Welt am Sonntag am 25. Februar 1962.

So enthüllte die Katastrophe die prekäre Situation der Bundesrepublik Deutschland als Frontstaat sowohl am Eisernen Vorhang als auch an der Demarkationslinie zwischen Land und Wasser, Zivilisation und Naturgewalt, Ordnung und Chaos. An der somit doppelt erfahrenen Grenze zwischen Menschlichkeit und Unmenschlichkeit wusste man sich umso klarer auf der richtigen Seite.

Das galt jedenfalls für das Gesamtbild – einige beunruhigende Phänomene unterminierten jedoch diese positive Vorstellung. Zu den unschönen Seiten des Geschehens gehörten Gaffer und Gleichgültigkeit. Schon am Morgen nach der Katastrophennacht blockierten Schaulustige die Zufahrtsstraßen zu den Hamburger Katastrophengebieten. In Wilhelmsburg mussten gar bewaffnete Ordnungskräfte eingesetzt werden, um der Gaffer Herr zu werden und die Rettungsarbeiten ungestört fortsetzen zu können. Die Kommentatoren führten dieses Verhalten auf unterschiedliche Ursachen zurück. Die Kulturkritiker sahen hierin ein Ergebnis zunehmender Verrohung infolge des Verlusts traditioneller Werte. Angesichts eines Tumultes von Jazzfans, als ein Konzert abgesagt werden musste, unterstellten sie in der Regel, dass die Gaffer hauptsächlich Jugendliche waren. Somit konnten »Amerikanisierung« und andere angeblich ungünstige Einflüsse als Folge der langsam Raum greifenden

Popkultur für moralische Mängel verantwortlich gemacht werden. Die kulturelle Modernisierung der Gesellschaft bedrohte in den Augen dieser konservativen Beobachter ihre Fähigkeit zum Zusammenhalt.

Andere Kommentatoren erinnerten sich dagegen an Wunden aus der Vergangenheit. Es handele sich um ein Zeichen für die »Lust am Untergang anderer. Die Sucht, an der Stätte des Grauens den Kitzel des Todes zu spüren, ist eine moralische Verelendung des Menschen, woran die Greuel der Hitlerzeit und des Krieges mitgewirkt haben« (Der Mittag, 20.2.1962).

Die Szenen in Hamburg beschworen schmerzhafte Erinnerungen herauf. Plötzlich waren Hunger, Tod, flächendeckende Zerstörung, emotionales und materielles Elend wieder bedrückend präsent, kamen via Zeitung und in einigen Fällen bereits durch das Fernsehen auch in den südlichen Teilen der Bundesrepublik an. Offensichtlich gemahnten die Bilder aus Hamburg an die Erlebnisse der Kriegs- und Nachkriegszeit.

Die vielen Todesopfer aus den Laubenkolonien machten deutlich, dass auch im Jahr 1962 ein bedeutendes Problem der Nachkriegszeit noch nicht vollständig gelöst war: die Wohnungsnot. Rund 200 Menschen kamen um, weil sie in einem Gebiet und in Behausungen lebten, die eigentlich nicht zum Wohnen geeignet waren. Sie konnten sich nicht in die Sicherheit höherer Stockwerke retten, weil die von ihnen bewohnten Schrebergartenhütten eingeschossig waren. Der Hochwasserschutz für die Schrebergärten selbst war vernachlässigt worden. Die Laubenbewohner waren in großer Zahl ehemalige Kriegsflüchtlinge oder Vertriebene. Viele von ihnen befanden sich in fortgeschrittenem Alter – die meisten waren 60 Jahre und älter. Somit warf die Katastrophe ein scharfes Licht auf soziales Elend, dessen Wurzeln in den Krieg zurückreichten. Die Bilder von Notunterkünften und Menschen, die in langen Schlangen nach Trinkwasser anstanden oder aus mobilen Küchen versorgt wurden, beschworen einmal mehr die Nöte der späten 40er-Jahre herauf, erinnerten an Hunger, Zerstörung und Vertreibung.

Insgesamt überrascht aus heutiger Sicht, wie stark die militärische Komponente in der Katastrophenwahrnehmung ausgeprägt war, und zwar positiv wie negativ. Der unangefochtene Star der Sturmflutgeschichte war und ist Helmut Schmidt als Katastrophenmanager. Eine seiner wichtigsten Leistungen bestand darin, dass er ohne rechtliche Bedenken die Hilfe des Militärs anforderte, vor allem über das NATO-Oberkommando in Brüssel. Aber auch sein Habitus, seine Umgangsformen im Krisenstab nötigten den Beobachtern großen Respekt ab. Sie bewunderten Schmidts zupackende Art, sein Organisationstalent und seine lösungsorientierte Handlungsweise, indem sie ihm einen quasi-militärischen Führungsstil attestierten. Militärisches Handeln war aus Sicht der Zeitgenossen die angemessene Antwort auf den Einbruch der Naturgewalten und das drohende soziale Chaos. Der Spiegel kommentierte am 7. März 1962 unter der Überschrift »Herr der Flut« durchaus anerkennend: »Der Führer berief sich selbst«.

Aber militärische Aspekte grundierten nicht ausschließlich die Selbstvergewisserung über die letztendliche Beherrschbarkeit der Katastrophe. Die Sturmflutkatastrophe wurde offenbar auch analog einer militärischen Bedrohung empfunden, rief die Möglichkeit des Krieges in Erinnerung. Auch Vertreter der Hamburgischen Regierung wie Bürgermeister Nevermann verglichen die Situation mit einem Kriegsfall. Dies ist vor dem Hintergrund der außenpolitischen Situation durchaus verständlich. Schließlich war die Berliner Mauer erst ein halbes Jahr zuvor errichtet worden, und im Oktober des gleichen Jahres 1962 sollte die Kuba-Krise die Welt an den Rand eines Atomkriegs führen. So beschrieben die Kommentatoren die Naturgewalten nicht nur mit militärisch-kriegerischen Metaphern. Vielmehr stellten viele besorgte Beobachter die Frage, was passiere, wenn Westdeutschland Ziel eines Angriffs werde. Hamburg zeige, dass die Notfallvorsorge bei weitem nicht ausreiche. Mit einem Glücksfall wie Schmidt könne schließlich nicht überall gerechnet werden. In den politischen Kommentarspalten liest man Anfang 1962 daher regelmäßig die Forderungen nach ausgearbeiteten Notfallplänen, nach einem Ausbau der Zivilverteidigung und vor allem den Ruf nach einer Notstandsgesetzgebung: »Für den politischen, den staatlichen Notstand sind sie auf jeden Fall erforderlich; doch dürfte sich das Geschehen, das dabei gemeistert werden muß, in vielem nicht von den Ereignissen unterscheiden, die eine Naturkatastrophe auslösen kann«, schrieb Christ und Welt am 2. März 1962. Nur so sei der Staat in der Lage, auf sicherer rechtlicher Grundlage in Notsituationen zu handeln. Diese

Forderung wurde rund sechs Jahre später, im Frühjahr 1968, erfüllt. Zu diesem Zeitpunkt waren die Notstandsgesetze freilich schon lange heiß umstritten. Für die Studentenbewegung waren sie ein Zeichen dafür, dass die politische Elite der Bundesrepublik danach trachte, Demokratie und Freiheitsrechte einzuschränken. Diese Einschätzung überlagerte nun die Erinnerung an Naturkatastrophen und Weltkrieg.

Auch auf einem ganz anderen Gebiet zeigt der Umgang mit der Hamburger Sturmflut eine wichtige Veränderung auf. Zwar gab es viel Raum für kulturkritische Bemerkungen und transzendente Interpretationen des Geschehenen. Doch wurden bereits unmittelbar nach der Katastrophe auch sehr konkrete Fragen danach gestellt, ob das Unglück nicht hätte vermieden werden können. In der Regel beantworteten pragmatisch orientierte Kommentatoren diese Frage mit einem Ja. Auch die von der Bürgerschaft umgehend eingesetzte Untersuchungskommission kam zu dem Ergebnis, dass die hohen Opferzahlen und die schlimmsten Schäden durch professionellen Hochwasserschutz ohne Weiteres hätten verhindert werden können. Aus den kritischen Fragen wie auch aus den von Verwaltung, Experten und Politikern verfolgten Lösungen sprach ein ganz anderes Verständnis von Technik, Zivilisation und Natur, als es die Kulturkritik erwarten ließ. Vielmehr gingen die Beteiligten fast unisono von der technischen Machbarkeit des totalen Hochwasserschutzes aus. Im Auftrag der betroffenen Bundesländer berechneten Wasserschutzexperten die notwendige Deichhöhe. Sie simulierten Wellengang und Strömungsverhalten mit Hilfe eines Küstenmodells im Labor und fahndeten nach Möglichkeiten, das Auftreten von hohen Sturmfluten im Voraus zu bestimmen. Trotz des im Moment des Unglücks zutage tretenden Unbehagens an der Technik erhoben die entscheidenden Akteure technokratische und planerische Großlösungen zum Gebot der Stunde. Das galt für Hamburg wie für die Küstenländer. In den bald umgesetzten »Generalplan Deichverstärkung, Deichverkürzung und Küstenschutz Schleswig-Holstein« beispielsweise investierte man bedeutende Mittel. Alle Deiche erhielten eine einheitliche Höhe von 8,80 Metern. Man verkürzte die Deichlinie von insgesamt 500 auf nur noch 290 Kilometer Länge. Die Mündung der Eider erhielt ein riesiges Sperrwerk, welches das Flussbett bei Sturmflut hermetisch gegenüber der See abriegelt.

Diese Maßnahmen künden von der Gewissheit, dass Naturrisiken prinzipiell und mittels guter Organisation beherrschbar seien. Sie sind damit ein Beispiel für jene Planungs- und Machbarkeitseuphorie, die einen großen Teil der Eliten Westeuropas in den 60er- und zu Beginn der 70er-Jahre beseelte. Zukunftsforscher sagten der Menschheit damals in auffälligem Kontrast zu den zivilisationskritischen Warnungen vom Februar 1962 eine technisch beherrschbare und damit goldene Zukunft voraus. In der großen Politik sollten weitreichende Planungskonzepte einige Jahre später umgesetzt werden. Als die Große Koalition 1966 Antworten auf eine erste Wirtschaftskrise finden musste, verfiel sie auf das Instrument der Globalsteuerung. Im Zusammenwirken der wichtigsten Akteure in Regierung, Wirtschaft, Gewerkschaften und Gesellschaft sollte die wirtschaftliche Entwicklung auf der Grundlage wissenschaftlich fundierter Planung gesteuert werden. Weitere Bereiche wie etwa das Bildungswesen sollten in den folgenden Jahren ebenfalls beplant werden, bevor sich das Vertrauen in Planung und Steuerung zu Beginn der 70er-Jahre wieder verflüchtigte – nicht zuletzt, weil die nun beschworene Umweltkrise zeigte, dass Naturvorgänge kaum vollständig beherrschbar waren.

Die Hamburger Sturmflut von 1962 erweist sich in der Rückschau als ein Schlüsselereignis, in dem sich eine Vielzahl von Erzählsträngen über die frühe Bundesrepublik bündeln lässt. Der Schock über die Toten, das Elend vieler Überlebender und die Zerbrechlichkeit technischer Sicherheit legte unterschiedliche Schichten zeitgenössischer Befindlichkeit, aber auch die erheblichen Lösungskapazitäten der Gesellschaft frei. Trotz vieler Sturmfluten mit häufig höheren Wasserständen als im Februar 1962 ist es seitdem nicht mehr zu einer vergleichbaren Katastrophe an der norddeutschen Küste gekommen.

Das Erdbeben, Vater Staat und der liebe Gott

Das Marmara-Erdbeben 1999

Anna Akasoy

»Dann hörte er ein anderes Geräusch, ein eigenartiges, leises Grollen wie das Rumpeln eines auf der Straße rollenden Panzers. Zuerst dachte er, dass es das sei, ein Polizeipanzer auf Patrouille. Dann allerdings wurde das Grollen lauter und schien durch das Wasser auf ihn zuzukommen, auf die Stadt zu.«[1] Mit diesen Worten beschreibt Sinan Başioğlu, die Hauptfigur in ›Gardens of Water‹, dem Erstlingsroman des Amerikaners Alan Drew, die Ereignisse am frühen Morgen des 17. August 1999. Drew war drei Jahre lang als Lehrer in Istanbul tätig, wo er vier Tage vor dem Erdbeben eintraf.

Für die Bevölkerung Kleinasiens, deren überwiegende Mehrheit in erdbebengefährdeten Gebieten lebt, gehören Beben der Stärke 3 oder 4 auf der Richterskala zur Normalität. Was sich jedoch im August 1999 ereignete, überstieg diese Normalität in einem bis dahin noch nie da gewesenen Ausmaß. Nach offiziellen Angaben kamen bei dem Beben der Stärke 7,4 auf der Richterskala etwa 17.000 Menschen ums Leben, 44.000 wurden verletzt. Inoffiziellen Angaben zufolge verloren bis zu 40.000 Menschen ihr Leben. Das Erbeben hatte eine dicht besiedelte Region getroffen. Das Epizentrum lag in Gölcük, 90 Kilometer östlich von Istanbul. Die Häuser erfüllten oft nicht die notwendigen Sicherheitsstandards und waren zudem auf dem unsicheren Sandgrund der Küstenregion errichtet. Die hohe Industrialisierungsdichte setzte die Bevölkerung unmittelbar nach dem Erdbeben zusätzlichen Gefahren aus. Eine Ölraffinerie in der Region brannte mehrere Tage lang – in unmittelbarer

Nachbarschaft befanden sich unter anderem eine Gasfüllstation und eine Produktionsanlage für Düngemittel.[2]

In Alan Drews Roman lebt Sinans Familie mitten im am schlimmsten betroffenen Gebiet und wird nach dem Beben in einer von Amerikanern errichteten Zeltsiedlung untergebracht. Die Menschen in der Siedlung haben mit den psychischen Folgen der Katastrophe zu kämpfen. Innerhalb der Familien und der Notgemeinschaft steigen die Spannungen, traditionelle Strukturen brechen auf. Viele der von Sinan teilweise auch an sich selbst beobachteten Reaktionen entsprechen den Beobachtungen in wissenschaftlichen Studien. Geschlechteridentitäten werden ins Wanken gebracht, da Fremde anstelle des Hausherrn die Familie versorgen. Im Roman verbringen viele Männer ihre Zeit damit, vor ihren behelfsmäßigen Unterkünften zu sitzen, zu rauchen und Bier zu trinken. Aytül Kasapoğlu und Mehmet Ecevit haben in ihren Befragungen von 500 Personen ein Jahr nach dem Erdbeben dementsprechend einen deutlich erhöhten Konsum von Zigaretten und einen leicht erhöhten Alkoholkonsum festgestellt. Die Befragungen wurden in den drei betroffenen Regionen Kocaeli, Sakarya und Düzce durchgeführt. Zu diesem Zeitpunkt lebten noch 130.000 Menschen in Notunterkünften. In ›Gardens of Water‹ gibt das Erdbeben den Auftakt zu einer Familientragödie und zu einer tiefen persönlichen Krise der Hauptfigur.

Die internationale Gemeinschaft reagierte im August 1999 schnell und großzügig. Großes Aufsehen erregten vor allem die umfangreichen Hilfslieferungen aus dem benachbarten Griechenland, die eine Jahrhunderte währende, erbitterte Feindschaft zu überwinden schienen. Der griechische Außenminister Giorgos Papandreou drückte seinem türkischen Kollegen İsmail Cem unmittelbar nach dem Beben sein Beileid aus; innerhalb von zwei Tagen schickte das Land neben medizinischen Gütern auch Seismologen und Spezialisten für die Suche nach Verschütteten.[3] Als Athen nur wenige Wochen später ebenfalls von einem Erdbeben getroffen wurde, erwiderte die Türkei diese Geste. Bewegend war insbesondere die Hilfsbereitschaft aus der Bevölkerung, die sich in empathischen Schlagzeilen der Presse und in Blutspenden niederschlug. Ähnlich positiv wurde die Hilfe aus Israel aufgenommen.[4]

Von der internationalen Öffentlichkeit weit weniger beachtet wurden hingegen interne Reaktionen in der Türkei, die ein Erdbeben ganz anderer Art anzukündigen schienen. Wie auch bei anderen Naturkatastrophen begann, als der erste Schock überwunden war, die Suche nach Verantwortlichen. In diesem Fall wurde man – wie so oft – bei den korrupten Bauherren fündig. Der Bauunternehmer Veli Göçer tauchte erst einmal unter, ließ aber in einem Interview mit einem deutschen Radiosender verlautbaren, er selbst sei Schriftsteller und habe nicht ahnen können, dass Sand und Muscheln nicht in Beton hätten gemischt werden dürfen. Wie der englische ›Guardian‹ berichtete, stürzten bei dem Erdbeben in Yalova nahezu 500 der von Göçer errichteten 3000 Häuser ein.[5]

Göçer und seinesgleichen waren jedoch nicht die Einzigen, die zur Verantwortung gezogen werden sollten. In aller Deutlichkeit wurden die korrupten Behörden angeprangert, darunter die Armee und der Rote Halbmond. Doch das Versagen des Staates war viel tiefgreifender. Die hohen Opferzahlen und die Diskrepanz zwischen offiziellen und inoffiziellen Zahlen waren unter anderem der starken Binnenwanderung in der Türkei geschuldet. Neben der für schwach entwickelte Regionen üblichen Landflucht waren über Jahre viele Kurden vor dem Krieg zwischen der Arbeiterpartei Kurdistans PKK (Partiya Karkerên Kurdistan) und den türkischen Streitkräften, paramilitärischen Einheiten wie offizieller Armee, aus dem Südosten des Landes geflohen. Der Bau des Atatürk-Staudamms kostete weitere Menschen ihre Heimat. Wie Sinan Başioğlu, ebenfalls Kurde, waren viele im Nordwesten des Landes neuer Armut, Diskriminierung und schlechten Unterbringungsbedingungen ausgesetzt. Im August 1999 ließ sich die Lage schlecht beschönigen. Der Vertrauensverlust in ›devlet baba‹, Vater Staat, war immens. Entsprechend kündeten viele Stimmen unmittelbar nach dem Erdbeben von einer Revolution der politischen Kultur der Türkei, von der lang ersehnten Geburt einer Zivilgesellschaft.[6] Anzeichen dafür gab es viele. Alpaslan Özerdem und Sultan Barakat verzeichneten etwa in ihrer im Jahr nach dem Erdbeben veröffentlichten Untersuchung eine größere Informiertheit der türkischen Bevölkerung. Diese ergab sich schon alleine dadurch, dass die Erdbebenregion im urbanen, industrialisierten westlichen Teil der Türkei lag, der zugleich ein Medienzentrum ist.

Mehrere Autoren wie etwa Rita Jalali haben zudem die Rolle von Nichtregierungsorganisationen hervorgehoben, in erster Linie AKUT (Arama Kurtarma Derneği). Die Organisation zur Suche und Rettung von Verschütteten zeichnete sich im August 1999 durch besondere Aktivität und Effizienz aus und erhielt ein entsprechendes Medienecho. Dies stand in krassem Gegensatz zu dem Eindruck, den das Verhalten der offiziellen Organe hinterließ. Emblematisch für das Versagen der Regierung war die Weigerung des Gesundheitsministers, Blutspenden aus Griechenland anzunehmen.[7]

Zudem traten zunehmend erfolgreiche und vergleichsweise neue Akteure auf der politischen Bühne auffällig in Erscheinung: die Anhänger der islamisch orientierten Partei. Zum damaligen Zeitpunkt war dies die Tugendpartei FP (Fazilet Partisi), die unter anderem mit Ali Müfit Gürtuna den Bürgermeister von Istanbul stellte. Recep Tayyip Erdoğan, der das Amt von 1994 bis 1998 innegehabt hatte, war im Juli 1999 nach vier Monaten aus der Haft entlassen worden, zu der er wegen religiöser Propaganda verurteilt worden war. Das gegen ihn verhängte lebenslange Politikverbot wurde erst nach dem Sieg seiner Partei im Jahre 2002 aufgehoben. Während die alten, säkularen Eliten des Landes mit großem Misstrauen auf die ›Islamisten‹ reagierten, gelang es diesen, als Vertreter der wirtschaftlichen Aufsteiger Anatoliens und als Sammelbewegung für die Verfechter der Demokratie an Macht zu gewinnen. Ihre erfolgreiche Politik in den Städten ließ sie nicht nur aus ideologischen, sondern auch aus praktischen Gründen attraktiv erscheinen.

Barry Rubin, Herausgeber von ›Turkish Studies‹, bemerkte zudem bei einem von der Zeitschrift veranstalteten Runden Tisch, der Diskurs über die ethnische und regionale Vielfalt der Türkei und über die Unterschiede in der religiösen Praxis werde nun offener geführt. Entsprechend zitierte auf derselben Veranstaltung Kemal Kirişci von der Bosporus Universität einen Vertreter einer nationalistischen kurdischen Partei mit den Worten: »Manche ... haben von einem Konflikt zwischen Kurden und Türken gesprochen und dass beide sich versöhnen müssen. Das ist nicht der Fall. Beide sind bei dem Erdbeben unter denselben Trümmern umgekommen und haben seit den letzten tausend Jahren zusammengelebt.«[8]

Schon unmittelbar nach dem Erdbeben hatten einige Autoren Zweifel daran angemeldet, dass etwaige strukturelle Umstürze zu einem Ende von Korruption und Klientelismus führen würden. Özerdem und Barakat hatten von positiven wie negativen Entwicklungsmöglichkeiten gesprochen, Mine Eder ging sogar davon aus, dass bestehende Machtverhältnisse gestärkt werden könnten. Zudem, so Eder, hätte es die islamische Rhetorik vom Erdbeben als Gottesstrafe der Regierung leicht gemacht, legitime Kritik als staatsfeindlich abzutun.[9] Tim Jacoby und Alpaslan Özerdem, der die Region unmittelbar nach dem Erdbeben besucht hatte, verliehen 2008 ihrem Pessimismus Ausdruck. Entgegen der weit verbreiteten Ansicht, das Erdbeben habe zu einem veränderten Verhältnis zwischen Staat und Gesellschaft geführt, habe der Staat seine starke Position behaupten können, welche er, so die Autoren, bereits seit der osmanischen Zeit innehabe. Die Zentralisierungsmaßnahmen der Regierung bei der Erdbebenhilfe hatten den Kräften der Zivilgesellschaft die Handlungsmöglichkeiten genommen. Während als staatsfreundlich wahrgenommene Organisationen unterstützt wurden, sahen sich solche mit unliebsamen politischen Idealen Repressionsmaßnahmen ausgesetzt. Ähnlich erging es den Medien, die angehalten wurden, kritische Berichterstattung zu vermeiden. Ein Aufbegehren gegen diese Politik blieb aus, nicht zuletzt, weil die verschiedenen Kräfte innerhalb der Zivilgesellschaft zu sehr gespalten waren. Auch die Reaktionen der unmittelbar Betroffenen gaben wenig Anlass zur Hoffnung, da die Bereitschaft, Vorsichtsmaßnahmen zu treffen, gering blieb.

Ob eine Revolution der politischen Kultur von der internationalen Ebene ausgehen würde, war ebenfalls unklar. In einem im Jahre 2001 erschienenen Artikel nahm Paul Kubicek an, dass die im Dezember 1999 getroffene Entscheidung der EU, der Türkei den Kandidatenstatus für eine Mitgliedschaft in der Gemeinschaft zuzubilligen, mehr Anlass zum Optimismus biete als die Aufbruchstimmung in der Folgezeit des Erdbebens. In gewisser Weise sind diese Hoffnungen bestätigt worden, als die EU Ende 2004 der Türkei Beitrittsverhandlungen zusagte. Obwohl seitdem tatsächlich viele Reformen in die Wege geleitet worden sind, fallen die Berichte von Menschenrechtsorganisationen wie ›Human Rights Watch‹ weiterhin kritisch aus, auch die Europäische Kommission verzeichnet nach wie vor größeren Reformbedarf.

Zu den zumindest zeitweise verglommenen Hoffnungsschimmern aus der Zeit des Erdbebens zählt die Verbesserung der türkisch-griechischen Beziehungen. Diese erlitten einen herben Rückschlag, als der UN-Plan zur Wiedervereinigung Zyperns bei der Volksabstimmung im April 2004 am Votum des griechischen Südens der Insel scheiterte.

Zudem kam es in den letzten Jahren zu einer Reihe aufsehenerregender Gewalttaten gegen Christen und Juden. Im November 2005 starben bei mehreren islamistischen Anschlägen gegen Istanbuler Synagogen und britische Einrichtungen über 50 Menschen, im Januar 2007 wurde der türkisch-armenische Journalist Hrant Dink durch türkische Nationalisten ermordet. Hinzu kommen Dutzende weiterer Attentate im Südosten der Türkei, in den Touristenzentren und in den Metropolen des Landes, die von Islamisten und Nationalisten kurdischer wie türkischer Herkunft verübt wurden.

Und dennoch ist seitdem nicht alles beim Alten geblieben. Seit dem Erdbeben hat die islamisch orientierte Partei ihren Einfluss von der lokalen auf die nationale Ebene zunehmend ausgeweitet. Die Widerstände aus den republikanisch-säkularen Kreisen, von den alten Eliten und ihren Institutionen waren und bleiben stark.[10] Erst 1997 hatte das Militär in einem ›sanften Putsch‹ die Koalitionsregierung von Tansu Çillers Partei des rechten Weges DYP (Doğru Yol Partisi) und Necmettin Erbakans islamischer Wohlfahrtspartei RP (Refah Partisi) zum Rücktritt gezwungen. Im folgenden Jahr wurde die RP verboten, drei Jahre später auch deren Folgepartei, die Fazilet Partisi. Durch keine dieser Maßnahmen konnte verhindert werden, dass die islamisch orientierte Partei für Gerechtigkeit und Entwicklung AKP (Adalet ve Kalkınma Partisi) 2002 die Wahlen in einem Erdrutschsieg gewann und seitdem die Regierung stellt. Im Jahr 2008 scheiterte ein Versuch der Generalstaatsanwaltschaft, die AKP verbieten zu lassen und ihren führenden Politikern ein Politikverbot zu erteilen, an einer knappen Mehrheit im Verfassungsgericht. Immer wieder wird im Parlament und in den Gerichten um das Kopftuchverbot an Universitäten gestritten, das zu einem mächtigen Symbol unterschiedlicher Einstellungen zu Atatürks Erbe geworden ist.

Waren somit womöglich die religiös orientierten Gruppierungen die Profiteure des Erdbebens und der daraus folgenden politischen Krise? In gewisser Weise mag dies, wenn auch nicht widersinnig, so zumindest wenig zukunftsweisend erscheinen. Religiöse, zumal islamische Reaktionen auf Naturkatastrophen werden oft mit Fatalismus in Verbindung gebracht – im Unterschied zu säkularen Reaktionen, die Ursache und Wirkung wissenschaftlich untersuchen und entsprechende Vorsichtsmaßnahmen entwickeln. Das Modell hierfür ist Japan: ebenfalls stark erdbebengefährdet, liegt die Zahl der Opfer hier regelmäßig deutlich unter den in der Türkei üblichen Größenordnungen. Die traditionelle islamische Theologie steht jedoch mit ihrer Betonung der göttlichen Allmacht einer Erforschung von Naturgesetzen entgegen. Eine solche Einstellung lässt sich hinter den Antworten vermuten, die Kasapoğlu und Ecevit im Rahmen ihrer Studie erhalten haben.[11] Bei 42,2 Prozent der Befragten wurde von den Autoren ein verantwortungsbewusstes Verhalten festgestellt – die Interviewpartner hatten beispielsweise eine Erdbebenversicherung abgeschlossen, ihr Haus untersucht oder an Präventionskursen teilgenommen. Unter den 58 Prozent, die keine entsprechenden Konsequenzen aus dem Beben zogen, gaben 13,2 Prozent an, man könne sich dem Willen Gottes nicht entziehen.

Auch geschlechtsspezifische Reaktionen lassen auf eine religiös geprägte, traditionelle Kultur schließen, die auch im Umgang mit Katastrophen zum Tragen kommt und aufgrund ihrer scheinbaren Unbeweglichkeit wenig Anlass zu der Hoffnung gibt, dass die Opferzahlen eines Tages auf ein japanisches Niveau sinken könnten. A. Nuray Karancı und Ahmet Rüstemli haben beispielsweise in ihren Untersuchungen zu dem Erebeben, das im Jahre 1992 in Erzincan mehr als 600 Menschen das Leben kostete, noch 16 Monate nach der Katastrophe bei Frauen stärkere psychische Auswirkungen als bei Männern festgestellt. Dies lässt sich vermutlich dadurch erklären, dass der private und geschützte Raum, den Frauen als ihre Sphäre betrachten, nun nicht länger als sicher wahrgenommen wurden. Ein weiteres Resultat dieser Studie war, dass nur ein Drittel der Befragten nach dem Erdbeben von 1992 Vorbereitungen für ein mögliches zukünftiges Schadensereignis trafen, obwohl Erdbeben fest im kollektiven Gedächtnis der Bevölkerung Erzincans verankert sind. 88,9 Prozent der Befragten erwarteten ein weiteres Erdbeben und nur 29 Prozent vertrauten den zuständigen Behörden. Dies mag man vielleicht mit einem Fatalismus erklären, der einer religiösen Grundhaltung erwachsen sein könnte, aber auch dem Gefühl des Ausgeliefertseins gegenüber einem unzuverlässigen Staat.

Eine solche Interpretation lässt jedoch andere zentrale Elemente islamischen Denkens außer Acht. Wie David Sayers in seiner Analyse türkischer Zeitungsberichte, die in den 30 Tagen nach dem Erdbeben erschienen sind, festgestellt hat, dominiert die Interpretation des Erdbebens als Strafe Gottes, als Gnade oder als Prüfung. Hierfür gibt es koranische Vorbilder, aber auch Vorlagen in den ›prophetischen Traditionen‹ (›hadith‹: Berichte über Aussagen und Taten Muhammads). Lange vor der Gründung der türkischen Republik sind solche Texte in der islamischen Welt in Reaktionen auf Erdbeben verwendet worden. Ibn al-Dschazzār beispielsweise, der im Jahre 1576 in Kairo unmittelbar nach einem Erdbeben einen Traktat verfasste, zitiert eine ganze Reihe prophetischer Traditionen, in denen Naturkatastrophen eine Strafe für die Sünder und eine Gnade für die Gläubigen darstellen.[12] Schon bei Ibn al-Dschazzār lässt sich allerdings kein Fatalismus feststellen. Auch wenn die Gläubigen Gottes Gnade durch gute Taten nicht direkt bewirken können, so sind sie doch dazu verpflichtet, den Gesetzen Folge zu leisten – die Offenbarung ist dabei der beste Leitfaden, den sie haben. Der ägyptische Autor des 16. Jahrhunderts benennt dabei klar Schuldige in seiner Gesellschaft, diejenigen nämlich, die Kaffeehäuser frequentieren, wo Musik gespielt wird und man sich am Anblick bartloser Kellner ergötzen kann. Gegen derartige Missstände lässt sich leicht vorgehen.

Aktionismus ist daher keineswegs nur eine Eigenheit des modernen Islamismus, sondern auch in der Geschichte der islamischen Welt ein fester Bestandteil religiös begründeter Haltungen. Was am modernen türkischen Islamismus allerdings neu wirkt, ist eine Sichtweise auf Ursache und Wirkung, in der pragmatische, moderne Elemente mit traditioneller Theologie verbunden werden. Während Ibn al-Dschazzār die naturphilosophische Erklärung komplett als unsinnig und falsch verwirft, ist die Haltung der modernen religiös orientierten türkischen Autoren ambivalent. Rein wissenschaftliche Erklärungen werden abgelehnt, aber die Natur wird als Zweitursache dennoch anerkannt, so dass neben dem moralischem Fehlverhalten der Bevölkerung und der islamfeindlichen Eliten auch konkrete, praktisch behebbare Ursachen ins Spiel gebracht werden. In dieser Sichtweise haben der Staat und die säkularen Machthaber die Tat Gottes erst zu einer Katastrophe werden lassen.[13] Problemanalyse und Lösungsansätze finden hier auf zwei Ebenen statt. Während die eine Ebene unter säkular ausgerichteten Türken auf wenig Verständnis stößt, erlaubt es die zweite Dimension – in der Erfolge und Versagen empirisch belegbar sind – einen größeren Kreis anzusprechen. In Drews Roman ist Sinan Başioğlus Bekannter Malik von den Islamisten indes wenig beeindruckt: »Du bist nur ein weiterer blöder Politiker«, entgegnet er dem Bürgermeister. »Ihr benutzt Gott zum Stimmenfang.«[14]

Politische Kommentatoren haben hinsichtlich der weiteren Entwicklung in der Türkei sehr unterschiedliche Ansichten. Ob ein Mittelweg gelingt, der die ideologisch stark verfeindeten Lager im Rahmen einer Zivilgesellschaft ihre Auseinandersetzungen auf demokratische Weise führen lässt, steht in den Sternen. Somit bleibt abzuwarten, ob das politische Erdbeben eine Revolution der politischen Kultur eingeläutet hat. In jedem Fall bietet die Katastrophe eine Momentaufnahme einer politischen Landschaft, die von einem Wandel ergriffen ist, der durch das Ereignis an Dynamik gewonnen haben könnte.

Vorzeichen für das neue Jahrhundert?

Der Tsunami im Indischen Ozean 2004 und der Hurrikan Katrina im Golf von Mexiko 2005

Greg Bankoff

Der Tsunami des Jahres 2004 im Indischen Ozean und der Hurrikan Katrina des Jahres 2005 sind zum Inbegriff für ›Naturkatastrophen‹ von bisher nie da gewesenem Ausmaß und zum Maßstab für Tod und Zerstörung geworden. Leider waren sie keine vereinzelten Vorboten des neuen Jahrhunderts, das aus dem Schock und dem Schrecken des 11. September 2001 hervorging und bereits solch denkwürdige und tödliche Ereignisse wie die starken Erdbeben in Südasien und China in den Jahren 2005 und 2007 gezeigt hat. So wie das 20. Jahrhundert hauptsächlich als ein Zeitalter des ›totalen Krieges‹ und der Konflikte wahrhaft globaler Dimensionen erinnert wird, so scheint das 21. Jahrhundert auf dem besten Weg zu sein, das Zeitalter der Mega-Katastrophen zu werden: Erdbeben mit Millionen Todesopfern, 500 Milliarden Dollar teure Hurrikane, transkontinentale Pandemien. Obwohl jede dieser Prognosen für sich genommen zwar erschreckend, aber langfristig vielleicht leicht zu handhaben ist, muss das beunruhigende Spektrum mannigfaltiger Katastrophen bedacht werden, das innerhalb weniger Jahre oder sogar Monate die gleiche Region oder das gleiche Land treffen kann, wodurch die nationalen Wiederaufbaukräfte überfordert werden und sogar die internationalen Kräfte bis an die Belastungsgrenze geraten können.

Katastrophen geschehen jedoch nicht zufällig – sie werden gemacht. Gott ist nicht plötzlich zorniger geworden und lässt seine göttliche Gerechtigkeit an der zunehmend missratenen Menschheit walten und auch die Natur ist nicht tyrannischer geworden und sucht die Überraschten mit der vollen Wucht ihrer Wut heim. Vielmehr erschaffen wir uns selbst eine immer verwundbarere Welt, in der die Bedingungen und Umstände zum Entstehen solcher extremen Ereignisse beitragen. Natürlich tun wir dies nicht mit Absicht, aber aus mangelnder Vorausschau und verblendet durch unmittelbare Bedürfnisse und politische Erwägungen kreieren wir unweigerlich nach und nach eine immer weniger sichere Welt – Dennis Mileti prägte dafür den Begriff »Katastrophen nach Muster«.[1] Aber das Risiko ist nicht für alle Menschen gleich hoch. Die modernen Gesellschaften sind nicht nur von neuartigen Risiken geprägt, sondern diese »Welt-Risikogesellschaft« ist zugleich auch eine Welt, in der die westlichen Nationen und mächtige Wirtschaftsunternehmen das Risiko für andere definieren.[2] Über die Jahrhunderte wurden weite Teile des Globus, und zwar hauptsächlich in den Entwicklungsländern, speziell in der Äquatorialzone, als ›anfällig für Naturkatastrophen‹ eingestuft, das heißt als Zonen, in denen Katastrophen vergleichsweise öfter vorkommen als in anderen Gebieten, wo sie nicht nur seltener eintreten, sondern auch weniger Todesopfer fordern, wenn sie sich ereignen.[3] Obwohl der Tsunami, der am 26. Dezember 2004 über zwölf Länder rund um den Indischen Ozean hereinbrach und eine sehr große Zahl von Menschenleben forderte, in seiner extremen Dimension zu Herzen ging und staatliche sowie private Spenden in vorher nie gekannter Höhe auslöste, passte er in dieser Hinsicht genau in das gängige westliche Schema, das zu wissen glaubt, wo per definitionem solche Tragödien stattzufinden haben. Hingegen erwies sich Hurrikan Katrina, der in weniger als Jahresfrist am 29. August 2005 die Südküste der Vereinigten Staaten traf, als sehr viel beunruhigender, obwohl er im Vergleich zum Tsunami nur einen winzigen Bruchteil an Todesopfern verursachte; vielleicht lag das daran, dass er als Omen für die zukünftige Entwicklung aufgefasst werden konnte und sogar als ›unnatürliche Katastrophe‹ eingestuft wurde.

Unabhängig davon, wie sehr man es zu verhehlen sucht, bleibt die beunruhigende Tatsache bestehen, dass Katastrophen von Jahrzehnt zu Jahrzehnt alltäglicher werden. Lange bevor die Erderwärmung und der ansteigende Meeresspiegel zum Medienthema, zur öffentlichen Angelegenheit und zum Gegenstand der (Un-)Tätigkeit der Regierungen wurden, war der Tribut, den solche Ereignisse forderten, bereits stetig gestiegen. Insbesondere die Zahl der großen Katastrophen ist in den letzten 50 Jahren angewachsen. Nach der ›Münchener Rück‹, einem der größten Rückversicherungsunternehmen der Welt, gab es in den 1950er-Jahren 20 wirklich große Katastrophen, in den 70er-Jahren waren es 47 und in den 90er-Jahren 86.[4] Auch die Zahl der Todesopfer steigt. Berichten zufolge töteten die Katastrophen, die sich zwischen 1987 und 1996 ereigneten, 609.098 Menschen und schädigten weitere 2,282 Milliarden Menschen; die entsprechenden Zahlen für das folgende Jahrzehnt von 1997 bis 2006 belaufen sich auf 1.209.002 Tote und 2,679 Milliarden in Mitleidenschaft gezogene Menschen.[5] Die wirtschaftlichen Belastungen sind noch aussagekräftiger: Bemessen am Dollar-Kurs des Jahres 1999 betrugen die wirtschaftlichen Verluste durch Katastrophen während der 90er-Jahre geschätzte 608 Milliarden und waren damit dreimal so hoch wie in den 80er-Jahren, fast neunmal so hoch wie in den 60er-Jahren und mehr als fünfzehnmal so hoch wie in den 50er-Jahren.[6]

Darüber hinaus sind diese Katastrophen nicht gleichmäßig über den Globus verteilt. Nur vier Prozent der Todesopfer aller Katastrophen zwischen 1985 und 1999 waren in den Industrieländern zu beklagen. Der Anteil stieg für die Periode zwischen 1997 bis 2006 auf über acht Prozent, aber nur wegen der 70.000 Todesfälle, welche auf die Hitzewelle des Sommers 2003 in Europa zurückzuführen waren; sonst liegt der Anteil im Jahresdurchschnitt zwischen zwei bis drei Prozent aller Todesfälle.[7] Von den fast 2,7 Milliarden Menschen, die im selben Jahrzehnt von Katastrophen betroffen waren, stammten 85 Prozent aus Asien und weniger als anderthalb Prozent aus Ländern, die anhand des ›Human Development Index‹ als hoch entwickelte Länder eingestuft werden.[8] In der Tat ist die Zahl der katastrophenbedingten Todesfälle in den Industrieländern in den letzten Jahrzehnten proportional zur Gesamtbevölkerung dramatisch zurückgegangen, weil Bauvorschriften und Bebauungspläne durchgesetzt und Altbauten saniert wurden, damit sie bestimmten Gefahren besser widerstehen können; die Hilfsdienste wurden besser ausgerüstet und die Frühwarnsysteme weiterentwickelt. Einerseits ist es zwar zutreffend, dass die Kosten der materiellen Aufwendungen seit den 1960er-Jahren real etwa um das Achtfache gestiegen sind, so dass die reichsten Länder über 57 Prozent der zwischen 1985 und 1999 gemessenen wirtschaftlichen Verluste tragen mussten. Andererseits machte diese Summe aber nur zweieinhalb Prozent ihres jährlichen Bruttoinlandsproduktes aus, während die entsprechende Summe für die ärmsten Länder 13,4 Prozent ihres gesamten Bruttoinlandsprodukts betrug.[9]

Es gibt eine schier endlose Flut von Statistiken, die im Grunde alle das Gleiche aussagen: die Katastrophen werden häufiger; es gibt eine erhöhte Zahl größerer Ereignisse; sie töten immer mehr Menschen; sie verursachen immer größeren materiellen Schaden und diese Kosten werden zu einem unverhältnismäßig hohen Anteil von den Menschen in den armen Ländern getragen. Es besteht sogar Einigkeit über die fundamentalen Ursachen dieser erhöhten Verwundbarkeit, nämlich die stetig steigende Anzahl von Menschen, die in einer immer teureren Infrastruktur in risikoanfälligen Regionen leben. Eine Besonderheit der letzten Jahrzehnte ist die Tendenz zur Migration in Küstenregionen, in denen die Menschen den Katastrophen stärker ausgesetzt sind und wo der Küstenschutz oft nur ein trügerisches Gefühl der Sicherheit erzeugt.[10] Die Hälfte der Weltbevölkerung lebt heutzutage in städtischen Gebieten, 37 Prozent wohnen innerhalb einer 100 Kilometer breiten Zone in Küstennähe und allein 13 der weltweit insgesamt 19 Megastädte (mit über 10 Millionen Einwohnern) sind Hafenstädte.[11] Alle Tendenzen deuten darauf hin, dass die meisten der 2,2 Milliarden Menschen, um die die Weltbevölkerung zwischen 2000 und 2030 voraussichtlich anwachsen wird, in den städtischen Gebieten der Entwicklungsländer leben werden.[12]

Allerdings sollte Risiko nie als ein rein statistisches Thema verhandelt werden, es ist auch eine kulturelle Angelegenheit: Es geht nicht nur um das, was wir tun, sondern auch darum, warum und wie wir es tun. Eine Rationalität à la Max Weber durchdringt heutzutage die meisten Aspekte unseres Alltags, erhebt die Naturwissenschaften zu einer Ideologie und macht die Technologie zu ihrer Dienerin. Es wird aber zunehmend schwieriger, zwischen natürlichen und technologischen Gefahren zu unterscheiden.[13] Definitionsgemäß geht jede Naturkatastrophe mit der Einwirkung eines physikalischen Ereignisses, wie Erdbeben, Vulkanausbruch oder Hurrikan, auf eine sozial verwundbare Gesellschaft einher. Die zunehmende Wahrscheinlichkeit, dass dabei auch industrielle und großtechnische Anlagen getroffen werden, weist aber auch auf eine technische Gefahr hin – also auf Ölkatastrophen, Gasaustritte, die Freisetzung von Chemikalien und dergleichen mehr, das heißt: Die Unterscheidung verschwimmt.[14] Naturwissenschaften und Technologie werden einerseits als kompromittiert oder »befangen« wahrgenommen, die Nichtexperten an den Rand gedrängt und die Kenntnisse der Laien abgetan, während die Naturwissenschaften andererseits im Kundeninteresse eingesetzt werden, um – wie Lee Clarke es ausdrückt – durch »Fantasiedokumente« die Katastrophen zu »bändigen«.[15] Inzwischen wird daran gezweifelt, ob Naturwissenschaften und Technologie wirklich in der Lage sind, die langwierigen sozialen, politischen und juristischen Probleme zu bewältigen, die mit solchen komplexen Katastrophen einhergehen.[16] Deswegen tritt man für eine sogenannte post-normale Wissenschaft ein, die eine erweiterte Experten-Gemeinschaft mitsamt allen Interessengruppen umfassen soll und in der die Naturwissenschaften nur eine von vielen Quellen für Beweise sind. Man hofft, auf diese Weise die systemischen Zwänge der herkömmlichen Naturwissenschaften und der Technologie zu problematisieren und transparenter zu machen.[17]

In der Tat gibt es diesen neuen Typus von Katastrophen bereits: die sogenannte ›Natech‹- oder naturaltechnologische Katastrophe. Eine solche wird verursacht, wenn eine natürliche Gefahr gleichzeitig chemische und toxische Gefährdungen auslöst, die so großflächig wirken können, dass sie die lokalen Hilfskapazitäten – die bereits mit Rettungs- und Bergungsmaßnahmen völlig ausgelastet sind – überfordern und so eine Kaskade von Katastrophen herbeiführen, weil ein Ereignis das nächste auslöst. Allein in den USA gab es von 1990 bis 2003 pro Jahr zwischen 530 und 820 solcher Fälle.[18] Natech-Ereignisse treten vermehrt und nicht nur in den westlichen Ländern auf, parallel zur steigenden Anzahl von Katastrophen, der Ausdehnung städtischer Gebiete und der Ausweitung kommerzieller Industrieanlagen. Eine Besonderheit solcher Ereignisse ist ihre anthropogene Herkunft, die komplexe Haftungsprobleme und oft langwierige und kostspielige Rechtsstreitigkeiten verursacht, die wiederum die langfristige materielle und mentale Erholung der betroffenen Gemeinschaften beeinflussen.[19]

Für einflussreiche Wissenschaftler wie Ulrich Beck sind diese Tendenzen der ultimative Ausdruck der Modernität und symptomatisch für das, was er »Risikogesellschaft« nennt. Diese neue Art von Gesellschaft, in der die Vorteile des ökonomisch-technischen Fortschritts zunehmend durch die Produktion und Distribution von Risiken überschattet werden, beschäftigt sich hauptsächlich mit der Verursachung und Verteilung des Risikos. Diese Risiken sind nicht mehr ortsgebunden, wie im Zeitalter der ›klassischen‹ Industriegesellschaften, sondern sie haben sich über die ganze Erde ausgedehnt und erzeugen nun supranationale und nichtklassenspezifische globale Katastrophen.[20] Diese »reflexive Modernisierung«, die durch die Komplexität des modernen Lebens entstanden ist, formt Gesellschaften, welche zunehmend damit beschäftigt sind, über die Prävention und das Management von Risiken zu debattieren, die sie selbst erzeugt haben.[21] Art und Ausmaß dieser drohenden Katastrophen unterscheiden sich von jenen der Vergangenheit und führen somit zu einer neuen Terminologie: Kai Erikson ermittelt eine »neue Spezies von Schwierigkeiten«, Enrico Quarantelli ersetzt das Wort »Desaster« durch »Katastrophe«, Beck spricht von den »schlimmsten vorstellbaren Katastrophen«, und Lee Clarke rät dazu, auf den »schlimmsten Fall« vorbereitet zu sein.[22] Beck warnt, einem globalen Risiko ausgesetzt zu sein, gehöre am Anfang des 21. Jahrhunderts zu den Bedingungen des Menschseins.[23]

Entsprechen der Tsunami im Indischen Ozean oder der Hurrikan Katrina diesem Muster vom Extremfall bzw. der größten anzunehmenden Katastrophe überhaupt oder sind sie noch einer älteren Kategorisierung solcher Ereignisse zuzurechnen? Bei näherer Betrachtung weisen sie Merkmale von beiden Formen auf und sind deswegen vielleicht Vorzeichen dessen, was in Zukunft auf uns zukommen wird. Aber es geht nicht einfach nur um das, was geschehen ist, sondern es ist auch von Bedeutung, wie es interpretiert wurde. Es geht auch um die Frage, ob diese beiden Katastrophen – wie es so oft geschieht – überhaupt miteinander verglichen werden können, obwohl sie doch so ausgesprochen unterschiedlichen Typen von Katastrophen angehören. Um die letzte Frage zuerst aufzugreifen, so erinnern uns der Tsunami und Katrina daran, dass die Beherrschung der Risiken selbst in den sogenannten Industrieländern nur begrenzt möglich ist, wie uns die Medien mit ihren Bildern von schutzlosen und verlassenen Menschen vor Augen führten, die wir bis dahin eher mit den Bedingungen in Entwicklungsländern in Verbindung gebracht hatten. Sogar der Tsunami, der den landläufigen Vorstellungen über die Weltgegenden, in denen sich solche grauenvollen und tödlichen Ereignisse normalerweise zutragen, noch am ehesten entsprach, betraf viele neue Industrie- oder Schwellenländer wie Thailand, Malaysia und Indien und tötete eine große Anzahl westlicher Touristen, die gerade an den tropischen Stränden in der Sonne lagen. Die größte Anzahl von Schweden, die in der Neuzeit je einer einzelnen Katastrophe zum Opfer fielen, kam in Thailand als Folge des Tsunamis im Indischen Ozean ums Leben.[24]

Der Tsunami am 26. Dezember 2004 im Indischen Ozean war in jeder Hinsicht ›groß‹. Das Erdbeben, das 240 Kilometer vor der Küste der indonesischen Insel Sumatra den Tsunami auslöste, hatte die gewaltige Stärke von 9,4 auf der Richterskala. Damit ist es das zweitgrößte Erdbeben, das seit 1900 je gemessen wurde. Es setzte die Energie von 23.000 Hiroshima-Bomben frei und vermochte es dadurch, die Erdumdrehung etwas anzustoßen und so die Dauer eines Erdentages ein wenig zu verkürzen. Der Tsunami schlug in zwölf verschiedenen Ländern zu, einige Wellen erreichten am Strand eine Höhe von 20 Metern. Sie schoben sich sechs bis sieben Stunden durch den Indischen Ozean, ehe sie an die 4800 Kilometer entfernten Küsten Ostafrikas gelangten. Der Tsunami tötete ungefähr 225.000 bis 275.000 Menschen, machte 1,6 Millionen Menschen heimatlos und brachte wahrscheinlich eine Million Menschen um ihre Arbeitsstelle.[25] Er zeitigte sehr ungleichmäßige Auswirkungen. Die Küste der Provinz Aceh in Nordsumatra wurde vollständig verwüstet, nahezu die gesamte urbane Bausubstanz – wie z. B. Banda Aceh – wurde völlig dem Erdboden gleichgemacht, mit Ausnahme der aus Beton errichteten Moscheen, deren Rettung die Gläubigen dem Eingreifen Gottes zuschrieben; außerdem fanden über 160.000 Menschen den Tod. Auch Sri Lanka, Indien und Thailand hatten eine hohe Zahl von Opfern zu beklagen, jeweils 35.000, 11.000 und über 8000 Tote oder Vermisste.[26]

Auch wenn die Auswirkungen des Tsunamis in Ländern wie Malaysia eine andere Größenordnung hatten, so bedeutet dies nicht, dass dort keine Gemeinden traumatisiert wurden. Die 52 Toten und 200 Verletzten auf der Insel Penang, die im Nordwesten vor der Küste der malaysischen Halbinsel liegt, waren hauptsächlich einheimische Familien, die am Strand picknickten und nicht rechtzeitig vor der drohenden Welle gewarnt werden konnten. Genauso war der Verlust von fast 1500 Fischerbooten ein schwerer Schlag für die Inselwirtschaft.[27] Trotz des unglaublichen Ausmaßes der Verwüstung passt der Tsunami im Indischen Ozean in die verbreitete Vorstellung von einer ›Naturkatastrophe‹ und von den Weltgegenden, in denen sie stattfinden sollte. Dies wird in den Medienberichterstattungen deutlich, die zeigen, wie katastrophale Risiken die Armen verfolgen.[28]

Indem diese Katastrophe ein Schlaglicht auf die erwartbare Liste der verschlimmernden Faktoren – wie das Versagen der Regierung, Sicherheitsaspekte, innerörtliche Konflikte und den Mangel an Frühwarnsystemen – warf, erwies sie sich zugleich als eine durch menschliches Handeln verursachte Katastrophe. Insbesondere die Zerstörung der Küstenriffe und das Abholzen der Mangrovenwälder – welche die Anlage von Shrimps-Farmen und die Entwicklung des Tourismusbetriebs ermöglichten – wurden dafür verantwortlich gemacht, den Küstengebieten ihren natürlichen Schutz vor den Gefahren des Meeres geraubt zu haben.[29] Was aber diesen Tsunami von anderen Ereignissen vergleichbaren Ausmaßes eigentlich unterscheidet, ist die ausführliche Berichterstattung über die Katastrophe und den Wiederaufbauprozess in den westlichen Medien. Es muss durchaus die Frage gestellt werden, ob es tatsächlich das Ausmaß der Zerstörung war, das die Aufmerksamkeit der Welt für solch eine lange Zeit fesselte, oder vielleicht doch eher die Tatsache, dass sich unter den Toten eine kleine, aber merkliche Anzahl westlicher Touristen befand. Die Größenordnung der Katastrophe stand in Relation zur Höhe der kurzfristig zugesagten internationalen Hilfe vorwiegend der industriell entwickelten Länder, wobei die USA, Australien und Deutschland etwa ein Sechstel der zugesicherten 13,5 Milliarden US-Dollar zur Verfügung stellten.[30] Diese überströmende Großzügigkeit lässt einen sehr aussagefähigen Vergleich mit den wesentlich geringeren Summen für die Opfer des Erdbebens in Kaschmir im Jahre 2005 zu. Letzteres ereignete sich in einer entlegenen Region Pakistans, die als

Brutstätte des militanten Islam gilt und in der es keine westlichen Touristen gibt.

So wurde eine »Geographie der Großzügigkeit« geschaffen, wobei die internationale Unterstützung häufig von einer ganzen Reihe unwesentlicher Faktoren abhängt, die nur am Rande mit den eigentlichen Bedürfnissen der betroffenen Personen verknüpft sind.[31] Selbst dort, wo beträchtliche Hilfsmittel bereits nach kurzer Zeit zur Verfügung stehen, wie dies beim Tsunami im Indischen Ozean der Fall war, können dadurch Probleme eigener Art entstehen. Benedikt Korf kommt zu dem Schluss, die »Natur demütige nicht, [aber] Hilfe schon«.[32] Ein ›zweiter Tsunami‹ von übereifrigen ausländischen Hilfsorganisationen überschwemmte die gepeinigten Gemeinden, fest entschlossen, diese wieder aufzubauen. Mangels der erforderlichen Abstimmung lag das Resultat ihrer Bemühungen aber eher in der Verstärkung sozialer Ungerechtigkeiten sowie einer Unterstützung der Rodung von Wäldern, der Überfischung von Küstengewässern und der wahllosen Zersiedelung.[33] Während Medienberichterstattung und Massentourismus einerseits eine weltweite Risiko-Gemeinschaft gebildet haben, ist diese andererseits eine sehr selektive Gemeinschaft, in der Formen von ›Katastrophendiskriminierung‹ vorherrschen.

Der Wirbelsturm Katrina entsprach hingegen keiner der herrschenden Vorstellungen, wie eine Katastrophe aussehen sollte. Am 29. August 2005 zerstörte ein Sturm der Kategorie 5 etwa 233.000 Quadratkilometer im Süden der Vereinigten Staaten. Nachdem die Schutzdämme gebrochen waren, überflutete er 80 Prozent von New Orleans, verursachte so den Tod von 1500 Menschen und erwies sich mit einem Schadensvolumen von 200 Milliarden US-Dollar als die teuerste Katastrophe in der amerikanischen Geschichte. Die Einwohnerzahl der Stadt sank von vormals 484.674 auf 181.400 im Januar 2006.[34] Eigentlich hatte sich Katrina bereits zu einem Sturm der Kategorie 3 abgeschwächt, als er die Küstenlinie von Louisiana erreichte. Warum also war er so zerstörerisch, insbesondere, da die Stadt schon vorher erfolgreich anderen Wirbelstürmen von vergleichbarer Stärke und ähnlichem Verlauf getrotzt hatte?[35] Hierin liegt der Grund, warum einige Wissenschaftler von einer buchstäblich ›konstruierten‹ Katastrophe sprechen. Anders ausgedrückt, hatten der verbreitete Wunsch nach küstennah gelegenen Bauplätzen und deren Bebauung zur Folge, dass es zu einer starken Reduzierung des natürlichen Schutzes der Küstenlinien kam. Die umliegenden Feuchtgebiete, die vielleicht die größte Wucht der ankommenden Flutwellen absorbiert hätten, wurden in den letzten 50 Jahren pro Jahr um durchschnittlich 65 Quadratkilometer zurückgedrängt. Der Schwund von Mangroven und Sanddünen erhöhte die Küstenerosion und trug zur Bodenabsenkung bei, was zu weniger Sicherheit für die Siedlungsgebiete führte.[36] Gleichzeitig wuchsen die urbanen Gebiete sowohl hinsichtlich der Siedlungsgröße als auch der Bevölkerungsdichte immer weiter an, bis zu zehn Prozent seit 1950. Ein großer Teil der Bevölkerung lebt in den küstennahen Gebieten. Im Jahr 2003 waren es etwa 53 Prozent (153 Millionen Menschen), das ist ein Zuwachs von 28 Prozent seit 1980, wobei zehn der fünfzehn größten Städte Amerikas in diesen Gebieten liegen. Immer mehr Menschen, die sich auf einem immer enger werdenden Areal zusammendrängen, vervielfältigen die Probleme der engmaschigen Infrastruktur und der Evakuierungsmöglichkeiten. Sie verschärfen auch die Probleme, die mit der Oberflächenversiegelung und dem Oberflächenabfluss in Zusammenhang stehen.[37]

Außerdem sind natürlich noch die Schutzdämme zu erwähnen, die mehr als 560 Kilometer langen Deiche, Erdwälle und Hafendämme, welche die Stadt vor Überflutung schützten. Zusammen mit den Feuchtgebieten des Süßwassermarschlandes und den Zypressensümpfen bildeten sie für New Orleans den Schutz vor eventuellen Wirbelstürmen und Flutwellen. Unglücklicherweise durchschneidet heute ein im Jahre 1968 auf Meereshöhe angelegter Kanal, der die Stadt mit dem Golf von Mexiko verbindet, auf direktem Weg diese schützende Zone. Ursprünglich war dieser dazu gedacht, die Bedeutung des Hafens von New Orleans zu sichern. Allerdings wurde durch die Erbauung des Mississippi-Golf-Kanals eher das Eindringen von Salzwasser ins Inland und damit einhergehend das Absterben des auf Salz empfindlich reagierenden Zypressensumpflandes der Umgebung gefördert als die Hochseeschifffahrt. Der vor Ort bereits als ›Wirbelsturmautobahn‹ bezeichnete Kanal verläuft genau auf der Route, die der Wirbelsturm Katrina nahm. So strömte eine Flutwasserwelle durch den Kanal, überspülte die schützenden Wälle und

Dämme und überschwemmte die niedriger gelegenen Stadtbezirke, die von mit dem Kanal verbundenen Wasserwegen durchzogen werden.[38] Genau solche ›Koinzidenzen‹ haben einige Wissenschaftler dazu veranlasst, die Vorstellung anzuzweifeln, dass Umweltzerstörung und zunehmende Schadensanfälligkeit als eine direkte Konsequenz der wirtschaftlichen Entwicklung an sich zu betrachten und nicht nur einer Gruppe von Verfechtern von Sonderinteressen zuzuordnen seien, die solche Projekte befürworten, von ihnen profitieren und die Armen den Preis für die daraus resultierenden Konsequenzen zahlen lassen.[39]

Der Wirbelsturm Katrina wurde, wie jede andere Naturkatastrophe auch, durch eine physikalische Gefährdung verursacht, die auf eine verwundbare Bevölkerung einwirkte – auch wenn das Ausmaß dieser Gefahr durch schlecht durchdachtes menschliches Handeln unverhältnismäßig gesteigert wurde. In der Flut von Reportagen, die dieses Ereignis begleitete, wurde ein weiterer Gesichtspunkt gerne übersehen: nämlich die Tatsache, dass dieser Wirbelsturm auch eine Natech-Katastrophe von kolossalem Ausmaß war. Er verursachte im Vergleich mit der Havarie des Öltankers Exxon Valdez 1989 vor Alaska die zweitgrößte Ölverschmutzung in der Geschichte Amerikas. Mehr als 36 Millionen Liter Treibstoff liefen aus, verschmutzten 1800 Häuser und zogen eine Fläche von 2,7 Quadratkilometern in Mitleidenschaft. Insgesamt wurden in sechs Staaten 504 Fälle von austretendem Gefahrgut registriert, die mit gefährlichen Mengen an Arsen, Diesel und anderen schädlichen Giften kontaminierte Sedimentschichten hinterließen.[40]

All dies lässt für die Zukunft Übles erahnen, so z. B. physikalische Gefahren, die dicht bevölkerte städtische Zentren häufiger und mit größerer Wucht treffen, kostspieligere Zerstörungen der Infrastruktur verursachen und eine steigende Zahl von Natech-Katastrophen auslösen. Trotz dieser neuartigen Umstände wurde der Wirbelsturm Katrina bisher häufiger auf eher konventionelle Weise dargestellt, wenngleich auch mit einer bestimmten Tendenz: Was der Sturm und seine Nachwirkungen dem grellen Licht der internationalen Öffentlichkeit offenbarten, war die verarmte Schattenseite der amerikanischen Gesellschaft. Das hier vermittelte Bild stand eher in Einklang mit dem persönlichen, politischen und organisatorischen Versagen eines Entwicklungslandes als mit der sogenannten entwickelten Welt. Überdies hatte dieses Bild etwas sehr Verstörendes an sich, denn es enthüllte die Tatsache, dass die Armut in den Vereinigten Staaten in den meisten Fällen ein dunkelhäutiges Gesicht hat. New Orleans war vorwiegend eine Stadt der Schwarzen, 70 Prozent der Bevölkerung waren afroamerikanischer Herkunft. Das Profil der Stadt vor der Katastrophe unterschied sich merklich vom Rest der Nation: 25 Prozent der Familien lebten unterhalb der Armutsgrenze, verglichen mit 13 Prozent landesweit. Der Anteil alleinerziehender Frauen mit Kindern war doppelt so hoch wie im amerikanischen Durchschnitt. 51 Prozent der Bevölkerung lebte in Mietwohnungen, viele davon waren Billigunterkünfte; einer von fünf Haushalten besaß kein Auto; acht Prozent hatten kein Telefon und so weiter.[41] Es lässt sich nicht leugnen, dass für ethnische Minderheiten die Normalität in Amerika anders ist: Afroamerikaner und lateinamerikanische Einwanderer haben ihr jeweils eigenes Bündel von sprachlichen, rechtlichen und kulturellen Problemen, mit dem sie konfrontiert sind.[42]

Als die FEMA (Federal Emergency Management Agency – Nationale Koordinierungsstelle für Katastrophenhilfe) die Bewohner von New Orleans anwies, ihre Motorfahrzeuge zu betanken und sich in einem Motel im sichereren Hinterland einzumieten, hatte eine bedeutende Minderheit ganz einfach nicht das Geld oder die Mittel, um diesen Anweisungen Folge zu leisten. Das eigentliche Wunder bestand darin, dass es trotzdem so viele Menschen schafften, sich in Sicherheit zu bringen – immerhin etwa 80 Prozent der Bevölkerung. Bei den Zurückgebliebenen handelte es sich natürlich nur um die Ärmsten und Gefährdetsten. Sie ertrugen die volle Wucht des Sturms und die darauf folgenden Wassermassen so gut, wie sie konnten.[43] Die Nachwirkungen der Katastrophe waren ebenso problematisch, denn nur 26 Prozent der schwarzen im Vergleich zu 60 Prozent der weißen Bewohner kehrten in ihre Häuser zurück. Dies änderte die demographische Zusammensetzung der Stadt von einer Dominanz der afroamerikanischen Einwohner hin zu einer Stadt, in der nun die weißen Einwohner 43 Prozent der Bevölkerung ausmachen. Dieses ›neue‹ New Orleans ist zunehmend eine überwiegend weiße bürgerliche Gemeinschaft, die sich auf höherem Grund zusammendrängt.[44]

Vielleicht wird sich herausstellen, dass die ›schöne neue Welt‹ des 21. Jahrhunderts nicht solch ein wissenschaftlich durchstrukturiertes Universum sein wird, wie Aldous Huxley es in seinem berühmten gleichnamigen Science-Fiction-Roman von 1932 imaginierte. Stattdessen könnte diese Zukunft eher zu einem wissenschaftlichen Alptraum werden, der durch unvorhersagbare Klimaveränderung, häufige und zunehmend komplexer werdende Katastrophen und Dutzende, wenn nicht sogar Hunderte Millionen Umweltflüchtlinge gekennzeichnet ist. Diese Aussicht mag erschreckend sein – aber nicht ganz ohne einen Hoffnungsschimmer.

Eine sehr ermutigende neue Entwicklung, die aus all den Trümmern, Toten und gegenseitigen Schuldzuweisungen nach dem Tsunami im Indischen Ozean und dem Wirbelsturm Katrina hervorging, ist eine Volks-Wissenschaft, welche die Technologie nutzt, um die Bedürfnisse und Notlagen der von den Katastrophen am stärksten Betroffen zu lindern. Diese neue Anpassungsleistung umfasst die Gründung einer Online-Gemeinschaft zur Reaktion auf Katastrophen (online disaster response community: ODRC). Sie setzt sich aus geoinformatischen Technologien wie unter anderem GIS (geographic information system: Geoinformationssystem), Fernerkundung und GPS (global positioning system: satellitengestütztes globales Positionsbestimmungssystem) zusammen, die über das Internet in formellen und informellen Netzwerken verbunden sind und deren Mitglieder Informationen sammeln. Es handelt sich hierbei um eine Art ›Bürger-Journalismus‹, das heißt um Amateure, Aktivisten und Techniker, die vor Ort, aber auch aus der Ferne Informationen sammeln, die den Wiederaufbauprozess unterstützen und anschließend frei zugänglich außerhalb der bereits bestehenden Kanäle vor allen Dingen über Blogs, Wikis, Mobiltelefone und das Internet-GIS verbreitet werden.[45] Vorher-Nachher-Vergleiche von Satellitenaufnahmen der betroffenen Gebiete wurden verwendet, um das Ausmaß der Katastrophe zu veranschaulichen, während das Internet Seiten bot, die es ermöglichten, die Standorte der Katastrophenhilfe zu lokalisieren, Nachrichten zu verschicken, zu spenden und die laufende Kommentierung der Unzulänglichkeiten der Ämter, vor allem der FEMA, zu unterstützen.[46] Die Sicherheitsvorkehrungen der Industrieländer nach dem 11. September und die Nutzbarkeit des Internets im Rest der Welt wirken zur Zeit noch einschränkend, aber jedes Ereignis liefert neue Hinweise darauf, wie das ODRC bei künftigen Katastrophen besser eingesetzt werden kann.

Zudem wird sich unsere Sicht auf die Geographie der Gefahr im Laufe des 21. Jahrhunderts vielleicht ändern. Katastrophen werden nämlich zunehmend als gemeinsames Schicksal der Menschheit wahrgenommen und nicht nur als unvermeidliches Schicksal derer, die in Entwicklungsländern leben. Wenn angesichts der allgemeinen Teilhabe an der Gefährdung eine Interessengemeinschaft entsteht, dann gibt es noch Hoffnung auf Linderung oder gar Vermeidung der schlimmsten Konsequenzen, die durch Bevölkerungswachstum, ausufernde Urbanisierung und Klimaveränderung drohen. Angesichts fehlender historischer Präzedenzfälle verblasst solch ein Optimismus allerdings ein wenig.

Die Klimakatastrophe

Szenen und Szenarien

Franz Mauelshagen

Climate Fiction In einem Sitzungssaal der ›National Oceanic and Atmospheric Administration‹ (NOAA) haben sich Klimaexperten versammelt. Der Larsen-B-Eisschelf im nordwestlichen Teil des Weddell-Meeres, an der Ostküste der Antarktis, ist abgebrochen. Überall auf der Welt herrschen extreme Witterungsverhältnisse. Die Wissenschaftler suchen nach Erklärungen. Krisensitzung ... »Herrschaften, bitte mal alle herhören ... Herhören bitte ... Wir haben eine ganze Menge Arbeit vor uns, und wir haben nicht viel Zeit. Also lassen Sie uns bitte anfangen. Vorsteen?« Vorsteen steht auf: »Unsere Rastermodelle sind alle nutzlos.« »Rastermodelle werden uns hier sowieso nicht weiterhelfen«, meint der Meteorologe Booker und ergreift das Wort: »Kanada meldet Wetterbewegungen, die von der Arktis nach Süden ziehen. Über Sibirien ist ein Tiefdruckgebiet von ungekanntem Ausmaß. In Australien wütet der stärkste Taifun seit Beginn der Aufzeichnungen.« »Besteht da ein Zusammenhang?« »Das müssen wir in Betracht ziehen.« Ein Solarphysiker wirft ein: »Die einzige Kraft, die das globale Wetter beeinflussen kann, ist die Sonne.« Darauf erwidert Janet Tokada, eine Hurrikan-Expertin von der NASA: »Wir haben das schon getestet. Die Sonne verhält sich normal.« Aus dem Hintergrund meldet sich der Paläoklimatologe Jack Hall zu Wort: »Und die nordatlantische Strömung? Ich erhielt gestern einen Anruf von Professor Rapson aus dem Hedland Centre. Er sagte, die nordatlantische Strömung zeige deutliche Veränderungen.« »Ich bitte Sie, Jack, wie soll denn das möglich sein?« »Der Strom hängt vom Gleichgewicht zwischen Salz- und Süßwasser ab.« »Das wissen hier alle.« »Ja, aber keiner hat bisher berücksichtigt, wie viel Süßwasser aufgrund des schmelzenden Polareises in den Atlantik gelangt ist. Ich glaube, wir haben einen kritischen Grad der Entsalzung erreicht.« »Das wäre eine Erklärung für diese Wetterbedingungen«, meint Janet Tokada. Hall: »Hedland liefert dazu äußerst überzeugende Daten. Sie haben mich gebeten, mein Klimamodell damit zu füttern, um die nächsten Ereignisse zu berechnen.« »Stopp! Wollen Sie damit sagen, dass es mit diesen Wetteranomalien so weitergeht?« »Das geht nicht nur weiter. Es wird schlimmer. – Ich fürchte, wir stehen am Rand eines dramatischen Klimawandels.«

Die Szene stammt aus dem Film »The Day after Tomorrow« (2004) von Roland Emmerich. Wie kein zweites Produkt der Filmschmiede Hollywood hat er die Klimakatastrophe in Bilder gefasst und ihr damit gleichsam ein Gesicht gegeben.[1] Wie alle Science-Fiction-Filme lebt er von einer spannungsgeladenen Mischung aus Realitätsferne und -nähe und von der Irritation, die sie beim Zuschauer hervorruft. Die NOAA gibt es wirklich, während Jack Hall eine erfundene Figur ist. Der Larsen-B-Eisschelf brach tatsächlich in einer Fläche von 3200 Quadratkilometern, so groß wie der US-Bundesstaat Rhode Island, zwischen Februar und März 2002 von der Antarktis ab und entließ tausende Eisberge in das Weddell-Meer. Die Krisensitzung der Klimaforscher ist erfunden. Doch in wenigen Sekunden trifft die Szene einige charakteristische Merkmale der heutigen Expertendiskussion: Tatsächlich gibt es Solarphysiker, die an die Sonne als einzigen Klimaantrieb glauben. In ihren Reihen finden sich einige der hartnäckigsten Zweifler der These von der anthropogenen (›vom Menschen geschaffenen‹) Verursachung der Klimaerwärmung. Auch die Rolle der Paläoklimatologie ist in der Hauptfigur Jack Hall gut getroffen.

Die Paläoklimatologie ist eine staunenswerte Teildisziplin der Klimatologie. Sie rekonstruiert das Klima der Jahrmillionen und -milliarden vor der Entstehung nationaler meteorologischer Messnetze seit dem 19. Jahrhundert. Ein angemessenes Verständnis des Klimasystems, seiner Funktionsweise, Dynamik, möglichen Schwankungsbreite und der Zeiträume, in denen sich Klimaverhältnisse wandeln können, ist nur durch viel weiter zurückreichende Rekonstruktionen möglich. Paläoklimatologen stützen sich dabei auf indirekte Klimainformationen, sogenannte Proxys, vorwiegend aus natürlichen Quellen, wie Eis, Seesedimente, Baumringe usw. – für die letzten tausend Jahre auch auf schriftliche Aufzeichnungen. Ohne die Paläoklimatologie hätte die Klimaforschung heute kein Wissen über das Szenario, das dem Film zugrunde liegt.

Plötzlicher Klimawandel Der Film zeigt einen plötzlichen Klimaumschwung (›abrupt climate change‹) und knüpft dabei an ein Szenario an, das Paläoklimatologen für die Jüngere Dryas rekonstruieren konnten. Vor etwa 14.500 Jahren wurde es deutlich wärmer auf der Erde. Die letzte Eiszeit näherte sich ihrem Ende. In die nördliche Hemisphäre kehrten aber für kurze Zeit noch einmal eisige Bedingungen zurück. Diese Phase wird nach einer Blume (›Dryas octopetala‹), die sich bei Kälte wohlfühlt und damals in Europa ausbreitete, als ›Jüngere Dryas‹ bezeichnet. Der Rückfall in die Eiszeit endete vor etwa 11.500 Jahren, als die Durchschnittstemperaturen in Grönland in nur einer Dekade um 10 Grad Celsius anstiegen. Es begann das Holozän, die Zwischeneiszeit, in der wir uns nach geologischer Zeitrechnung noch heute befinden.

Der Kälteeinbruch der Jüngeren Dryas wird mit einer Störung der sogenannten thermohalinen Zirkulation erklärt. Ist sie intakt, transportiert die nordatlantische Strömung warmes Oberflächenwasser aus tropischen und subtropischen Breiten in den kühleren Norden. Zwischen Wasser und Atmosphäre findet ein Wärmeaustausch statt, der Europa und Nordamerika wärmere Luftmassen zuführt als in diesen nördlichen Breiten sonst vorherrschen würden. Die bodennahen Temperaturen werden so vor allem im Winter abgemildert. Für die Aufrechterhaltung dieses Wärmestromes spielt der Salzgehalt des Wassers eine entscheidende Rolle. Durch Zufluss kalten Schmelzwassers als Folge der Klimaerwärmung, besonders in polaren Regionen, kann der Salzgehalt verändert und die Strömung unterbrochen werden. Das geschah zu Beginn der Jüngeren Dryas durch den Zustrom kalten Süßwassers aus der raschen Schmelze des nordamerikanischen Gletschereises. Das Klima Europas und Nordamerikas reagierte auf die Unterbrechung des warmen Golfstroms mit plötzlich sinkenden Temperaturen. So könnte auch in absehbarer Zeit die globale Erwärmung in eine Kaltzeit umkippen, zumindest auf der Nordhalbkugel. Wissenschaftler sprechen von einem nicht-linearen Klimawandel, das heißt die Erwärmung verläuft nicht kontinuierlich in eine Richtung weiter, sondern wird unterbrochen und wendet sich plötzlich um, bis sich der Wärmetransport über den Nordatlantik wieder einstellt. Auf diese Weise kann geschehen, was zunächst paradox erscheint: Die globale Erwärmung kann in eine Kaltzeit umschlagen, zumindest im Norden. So geschah es nicht nur während der Jüngeren Dryas, sondern noch einmal ungefähr 8200 Jahre vor der Gegenwart. Es war das bisher letzte Ereignis dieser Art.

Gleich zu Beginn von »The Day After Tomorrow« beschreibt der Paläoklimatologe Hall das Szenario der Jüngeren Dryas auf einer fiktiven Klimakonferenz in Neu-Delhi vor Regierungsvertretern. Er ist selbst überrascht, als das von ihm entworfene Szenario kurz darauf Realität wird. In der Folge bilden sich gigantische Sturmgebiete. Manhattan wird überschwemmt, Tornados verwüsten Los Angeles, über Tokio gehen hühnereigroße Hagelsteine nieder. Die ganze nördliche Hemisphäre versinkt in Eis und Schnee, New York überfriert vollständig. Auf diese meteorologische Katastrophe reagiert die Regierung der Vereinigten Staaten, indem sie die Bevölkerung nach Mexiko evakuiert. In einer Rettungsaktion befreit Hall schließlich eine Gruppe Überlebender aus New York, darunter seinen Sohn. Die letzte Szene zeigt die Erde aus Astronautenperspektive: Große Teile Nordamerikas liegen unter einer Eisdecke. Der Film hat also ein zweifaches und auch ambivalentes Finale: einerseits das glückliche Ende einer Rettungsaktion, andererseits einen neuen Klimazustand. Ob es der Menschheit gelingen wird, sich ihm anzupassen, bleibt offen.

Die beiden Geschichten, die hinter diesem doppelten Ende stehen, werden durch einen Kunstgriff auf ein gemeinsames Zeitmaß gebracht. Im Film vollzieht sich der Klimaumschwung im Tempo einer gewöhnlichen Naturkatastrophe. Die Klimageschichte kennt jedoch kein Beispiel für einen Klimasturz innerhalb weniger Tage oder Wochen. Keines der bekannten Ereignisse plötzlichen Klimawandels, das Paläoklimatologen in ihren Daten aufgespürt haben, lief mit solcher Geschwindigkeit ab. ›Abrupt‹ oder ›rapide‹ bedeutet in ihrer Zeitrechnung zehn, hundert oder tausend Jahre – gleichsam ein Wimpernschlag in 4,6 Milliarden Jahren Erdgeschichte. Science-Fiction-Filme sind jedoch keine Dokumentarfilme. ›Action‹ und Dramatik sind auf schnelle Abläufe angewiesen. Das Maß ihrer Schnelligkeit ist nicht Weltzeit, die einer Ewigkeit gleichkommt, sondern Lebenszeit. Drehbuch und Regie folgen nur den ungeschriebenen Gesetzen für einen Hollywood-›Blockbuster‹, wenn sie das Tempo des Klimawandels an ihren Plot, nicht aber ihren Plot an ein realistisches Tempo für ›abrupten‹ Klimawandel anpassen. Roland Emmerich hat es selbst gesagt: »Natürlich haben wir den Prozess dramatisiert. Man kann keinen Film machen, der über drei, vier Jahre dahinplätschert.«[2]

Zeitmaschinen Der Geologe Richard B. Alley besitzt Sprachwitz und die seltene Gabe, einem breiten Publikum schwierige wissenschaftliche Zusammenhänge anschaulich nahezubringen. Er hat im Jahre 2000 ein Buch über abrupten Klimawandel veröffentlicht.[3] Darin schildert er, wie durch die Untersuchung von Eisbohrkernen und Sedimenten mehrere Phasen plötzlicher Klimaveränderung entdeckt wurden. So hat sich in wenigen Jahrzehnten das wissenschaftliche Bild vom Klima der zurückliegenden Eiszeit dramatisch gewandelt.

Zu Beginn des 20. Jahrhunderts glaubten Klimaforscher und Meteorologen, dass sich das Klima über mehrere 10.000 Jahre stetig und sehr langsam veränderte. Mit derart langfristigen Klimaveränderungen waren Sintfluten und andere Katastrophenmythen, wie sie im Gilgamesch-Epos oder in der Bibel überliefert sind, unvereinbar. Die Vorstellungen vom Möglichen änderten sich jedoch um 1950, als Klimaforscher bereit waren, beträchtliche klimatische Veränderungen in Zeiträumen von nur wenigen tausend Jahren anzunehmen. Die Zeitspannen für Klimawandel wurden in den Folgejahrzehnten immer kürzer: In den 1970er-Jahren war man bei Jahrhunderten angekommen. Um 1990 schließlich hatten Wissenschaftler hinreichende Belege für noch raschere Veränderungen des Weltklimas. Ein Klimaumschwung konnte sich nun im Zeitraum eines Jahrhunderts und sogar eines Jahrzehnts ereignen.[4] Die Entdeckung mehrerer Phasen plötzlichen Klimawandels während der letzten Eiszeit hat auch unser Bild vom Klima der letzten 10.000 Jahre verändert, derjenigen erdgeschichtlichen Phase, die von Geologen als Holozän bezeichnet wird. Das Klima des Holozän erscheint heute als eine ungewöhnlich lang anhaltende Phase vergleichsweise geringer Temperatur- und

Niederschlagsschwankungen, und man nimmt an, dass die Rahmenbedingungen, die über den gesamten Zeitraum herrschten, die Entwicklung von Jäger- und Sammlergesellschaften zu Agrargesellschaften entscheidend begünstigt haben. Sie wird als ›neolithische Revolution‹ bezeichnet und gilt als bedeutendster Einschnitt in der Geschichte der menschlichen Zivilisation vor Beginn der industriellen Revolution im 19. Jahrhundert.

Die milden und relativ konstanten klimatischen Bedingungen während des Holozän, die lange als Normalfall angesehen wurden, gelten heute als glücklicher Ausnahmezustand der Klimageschichte. Nichts spricht dagegen, dass wieder eine Phase deutlich größerer Schwankungen eintreten könnte. So ist die paradoxe Lage entstanden, dass wir heute zwar mehr über das Klima und seine möglichen Schwankungen wissen als noch vor wenigen Jahrzehnten, dies jedoch nicht bedeutet, dass wir mehr Gewissheit über den zukünftigen Klimaverlauf haben. Im Gegenteil: Die Unsicherheiten haben zugenommen.

Ein großer Teil des Wissens über die Klimavergangenheit ist der Analyse von Eisbohrkernen zu verdanken. Alley hat sie, mit einer wunderbaren Metapher, als zwei Meilen lange Zeitmaschinen bezeichnet. Tatsächlich ermöglichen sie die ›Reise‹ in eine ferne Vergangenheit, die aus der Perspektive heutiger Menschen mit einer Lebenserwartung von etwa 80 Jahren so weit weg, unbekannt und mysteriös erscheint wie die fernste Zukunft. Wir haben jedoch nur durch die Kenntnis der Vergangenheit des Klimas eine Idee, wie es sich in Zukunft entwickeln könnte. Klimamodelle, die wichtigsten Instrumente, um in die Zukunft zu schauen, werden heute an der Vergangenheit getestet. Ihre Simulationen früherer Klimaverhältnisse lassen sich mit dem rekonstruierten Klima vergleichen und so ihre Qualität prüfen. Auch Klimamodelle sind Zeitmaschinen. Man kann mit ihnen sogar in die Zukunft, nicht nur in die Vergangenheit reisen. Dabei folgen sie dem Prinzip, dass wieder geschehen kann, was schon einmal geschah. Ihre Projektionen der Zukunft sind nur so gut wie die Nachbildungen der Vergangenheit.

Zeitmaschinen sind ein Lieblingsutensil der Science-Fiction, in der Literatur wie im Film. Die erste Zeitmaschine erfand der englische Romancier Herbert George Wells (1866–1946), ein sozialistischer Utopist und Futurist. Die Maschine wird natürlich nur äußerlich beschrieben. Ihre Funktionsweise bleibt rätselhaft. Demgegenüber können Wissenschaftler heutzutage erklären, mit welchen Methoden sie Eisbohrkerne untersuchen und wie sie ihre Klimamodelle konstruieren. Allerdings bleibt dies wissenschaftlichen Laien so verschlossen wie die Zeitmaschine von H. G. Wells. Alley veröffentlichte im Jahre 2001 in der Zeitschrift »Nature« einen Artikel, in dem er wieder von einer Zeitmaschine sprach. Geologen stehe keine richtige Zeitmaschine für die Erforschung von Vulkanen, Kontinentalverschiebungen, Dinosauriern und anderen Erdbewohnern der Vergangenheit zur Verfügung. Darum müssten sie die »Geschichten«, die sich in das Schichtgestein wie auf Buchseiten eingeschrieben hätten, erst mühsam entziffern. Um das aber zu können, müssten sie die Beziehung zwischen heutigen Vorgängen und ihren sedimentären Ergebnissen wie einen Rosette-Stein[5] nutzen, um die alten Sedimentschichten in die große Erzählung von der Erde zu übersetzen. Diese Methode, die Gegenwart als Schlüssel zur Vergangenheit zu verwenden, nennt man Uniformitarismus.

Die Wurzeln des Uniformitarismus, der manchmal auch als Gradualismus bezeichnet wird, liegen im 19. Jahrhundert. Der erste Uniformitarist unter den Geologen war wohl James Hutton (1726–1797), der einflussreichste Charles Lyell (1797–1875). Der Vorstellung einer langsamen und nur graduellen Veränderung der Erde, ihrer Oberfläche, der Verteilung von Land und Meer, von Flora und Fauna setzten Denker wie Georges Cuvier (1769–1832) den Katastrophismus entgegen. Danach ist das heutige Erscheinungsbild der Erde das Ergebnis plötzlicher gewaltsamer Umbrüche, etwa durch Meteoriteneinschläge, Kollisionen mit Kometen, gigantische Vulkanausbrüche oder andere Ereignisse mit globalen Folgen.

»Während Tiefengeologen sich leise von Lyells Uniformitarismus entfernt haben, lebt die Vorstellung sonderbarerweise in der Paläoklimatologie fort«, meint Alley. »Die Möglichkeit eines anthropogenen oder natürlichen Klimawandels, der sich auf Gesellschaften und Ökosysteme auswirkt, treibt eine kleine Armee von Forschern dazu an, das Verhalten des Erdsystems zu verstehen und sogar vorherzusagen. Die Geschichte des Systems wird für die Konstruktion und den Test von Modellen verwendet, und je mehr diese Geschichte auf Zahlen gestützt ist, desto besser.«[6] Dahinter aber stehe wiederum die Annahme, dass die moderne Beziehung zwischen Klimaveränderungen und Veränderungen im Erdsystem über die gesamte Klimageschichte hinweg gleich geblieben sei. Manchmal sei sie leicht zu rechtfertigen, manchmal aber auch nicht. Die Entdeckung einer Vielzahl von Beispielen für abrupten Klimawandel hat die uniformitaristische Hypothese der Paläoklimatologie infrage gestellt. Das Klima verändert sich nicht linear. Es ist mit Sprüngen, aber auch mit Wendepunkten zu rechnen. Dieses Wissen bringt neue Unsicherheit in alle Vorhersagen, denn nur bei einem ungefähr linearen Verlauf sind die Prognosen eines Temperaturanstiegs zwischen 3 und 5 Grad Celsius im weiteren 21. Jahrhundert zuverlässig, nur dann lässt sich sagen, wie viel Zeit für Politik, Wirtschaft und Gesellschaft bleibt, um die Treibhausgase zu reduzieren und sich an den Klimawandel anzupassen. »Wie stehen die Chancen, dass natürliche oder menschliche Einflüsse einen plötzlichen Klimawandel auslösen – groß genug, schnell genug und so bald, dass er ökonomisch eine Rolle spielen könnte? Die einfache Antwort ist wiederum, dass wir es nicht wissen. Die Erkenntnis, dass ein solches Ereignis überhaupt möglich ist, hat sich erst seit wenigen Jahren verbreitet«, schreibt Alley in seinem Buch.[7] Man könnte sagen, dass der neue Katastrophismus in der Paläoklimatologie die Zeitmaschinen, die bisher gültigen Modelle, durcheinandergebracht hat. Wie aber geht man mit der neuen Unsicherheit um?

Science Fact? Wir schreiben das Jahr 2010. Nach 60 Jahren ununterbrochenem Zufluss süßen Schmelzwassers bricht der Golfstrom zusammen. Der Warmwasserzufluss der thermohalinen Zirkulation erreicht die nördlichen Breiten nicht mehr. Das Klima in Europa und großen Teilen der nördlichen Hemisphäre wird merklich kälter. Die Regenwassermengen gehen in vielen stark bevölkerten Gebieten und landwirtschaftlichen Schlüsselregionen dramatisch zurück. Winterstürme nehmen zu und verstärken die Folgen für die Landwirtschaft. Westeuropa und der Nordpazifikraum werden häufiger mit stärker werdenden Westwinden konfrontiert. In der Dekade zwischen 2010 und 2020 sinken die Temperaturen jedes Jahr beträchtlich, in Nordeuropa bis zu sechs Grad Celsius in zehn Jahren. Hier gehen die Niederschläge um

30 Prozent zurück. Wind und Niederschlagsmangel trocknen Landoberflächen, Seen und Flüsse aus. Um 2020 gleicht das europäische Klima demjenigen des heutigen Sibirien. Auch andere Regionen sind schwer getroffen. China und Indien haben damit zu kämpfen, dass der Monsun häufiger ausbleibt oder zu stark ist und zu Überschwemmungen führt. Weltweit knappere Wasserressourcen und Nahrungsmittel bergen ein großes Konfliktpotenzial in sich. Dasselbe gilt für Wanderungsbewegungen, die nun von Norden nach Süden einsetzen – in Asien, in Amerika und auch in Europa. 2012: Teile der skandinavischen Bevölkerung bewegen sich südwärts, werden aber an den Grenzen anderer europäischer Staaten abgewiesen. 2015: In der Europäischen Union brechen politische Konflikte um Nahrung und Wasser aus. Einige wohlhabende Europäer wandern nach Nordamerika aus. Japan und Russland erreichen eine strategische Einigung über die Energieressourcen in Sibirien und Sachalin. 2018: Russland wird Mitglied der Europäischen Union, weil es Energiequellen zur Verfügung stellen kann, die Europa langsam ausgehen. Die Vereinigten Staaten bilden mit Kanada und Mexiko eine Sicherheitsallianz. 2020: Wanderungsbewegungen aus Ländern nördlich der Alpen, aus den Niederlanden und Deutschland, setzen in Richtung Spanien und Italien ein. Der Ölpreis steigt, weil die Treibstoffversorgung durch Konflikte in und um die ölfördernden Länder gefährdet ist. In Südostasien wird der Konflikt dauerhaft. 2025: Die europäische Union steht vor dem Zusammenbruch. Die Migration in Länder des Mittelmeerraums, nach Algerien, Marokko, Ägypten und Israel nimmt zu. Die Bedingungen in China verschlechtern sich so dramatisch, dass es zu bürgerkriegsähnlichen Zuständen und Grenzkonflikten kommt. Im Persischen Golf, an den Küsten Saudi-Arabiens, stehen die chinesische und die US-amerikanische Kriegsflotte vor einer militärischen Auseinandersetzung ...

Soweit einige Kostproben aus einem Szenario abrupten Klimawandels – diesmal aber nicht für einen Science-Fiction-Film. Vielmehr entstammt es einer Studie, die im Oktober 2003 von den Futuristen Peter Schwartz und Doug Randall aus Interviews mit Klimaforschern erarbeitet wurde.[8] Auftraggeber war das damals von US-Verteidigungsminister Donald Rumsfeld geleitete Pentagon. Seit einigen Monaten führten die USA im Irak »Krieg gegen den Terrorismus«. Nach dem Schock des

11. September 2001 stand die amerikanische Politik im Zeichen der nationalen Sicherheit. In deren Namen erodierten seitdem demokratische Werte und Menschenrechtsstandards: Ashcroft-Gesetze, Folter, Guantanamo ... Aber nicht nur in den USA, auch von anderen Regierungen westlicher Demokratien wurde Sicherheit über Freiheit gestellt. Katastrophenszenarien, befürchtete und wirkliche Terroranschläge wurden zu Argumenten, mit denen zivilisatorische Standards wie z. B. die Unschuldsvermutung in Frage gestellt wurden.

Konjunkturen nationaler Sicherheitspolitik sind Konjunkturen kollektiver Angst. Das eröffnete auch den Szenarien für den plötzlichen Klimawandel eine unverhoffte Gelegenheit, politische Aufmerksamkeit zu erlangen. Bekanntlich war die Regierung von Georg W. Bush auf das Thema Klimawandel nicht gut zu sprechen. Sie hat mehrfach wissenschaftliche Gutachten in ihrem Sinne abgeändert oder öffentlich relativiert. Auf den ›Climate Action Report 2002‹, in dem die Klimaerwärmung durch Treibhausgase erstmals offiziell anerkannt wurde, erklärte die Bush-Regierung, keine Reduktion der Treibhausgase anzustreben. Stattdessen sei Anpassung an veränderte Klimaverhältnisse gefragt, keine Belastung der Wirtschaft durch Emissionshandel und keine Umstellung auf nachhaltige Energien. Die Öllobby hatte in Präsident Bush, Vizepräsident Dick Cheney und Sicherheitsberaterin (später Außenministerin) Condoleezza Rice zuverlässige Verbündete gegen den Klimaschutz. Abrupter Klimawandel jedoch musste die Aufmerksamkeit einer Administration erregen, die überall Bedrohungen sah und die nationale Sicherheit als Kernbereich ihres neokonservativen Staatsverständnisses definierte.

Die Studie der Futuristen Schwartz und Randall kam jedoch nicht aus heiterem Himmel. 2002 hatte der Nationale Forschungsrat[9] ein Buch über plötzlichen Klimawandel veröffentlicht. Es enthält auch ein knappes Kapitel über mögliche ökonomische und soziale Folgen. Die Studie wurde durch das Forschungsprogramm ›Globaler Wandel‹ in Auftrag gegeben und finanziert[10], das 1989 auf Initiative des Präsidenten – damals George H.W. Bush – gegründet und 1990 vom amerikanischen Kongress per Gesetz institutionalisiert worden war. Vorsitzender des Komitees für abrupten Klimawandel[11], dem die Autoren angehörten, war Richard B. Alley. Das Thema kam auch im Januar 2003 auf dem Weltwirtschaftsforum in Davos zur Sprache, wo der Ozeanologe Robert B. Gagosian über abrupten Klimawandel referierte.[12] Wissenschaftlich war die Debatte also in vollem Gang, als das Pentagon auf den Gedanken kam, abrupter Klimawandel könnte zu einem Sicherheitsrisiko für die Vereinigten Staaten werden. Die Frage war in der Studie des Nationalen Forschungsrates übergangen worden. Um sie zu klären, beauftragte das Pentagon zwei Futuristen aus der Privatwirtschaft. Peter Schwartz, der unter anderem als CIA-Berater und Planungschef der Erdölfirma Royal Dutch/Shell Group tätig gewesen war, und Doug Randall gehörten der Beratungsfirma ›Global Business Network‹ (GBN) an. Schwartz ist sogar einer ihrer Mitbegründer.

Die GBN ist auf den Entwurf von Zukunftsszenarien spezialisiert. Sie ist Teil der ›Monitor Group‹ und berät privatwirtschaftliche Unternehmen, Nichtregierungsorganisationen und Regierungen bei der strategischen Planung. Die Studie ging durch die internationale Presse, wenn auch unter manchen Verzerrungen. So titelte der britische ›Observer‹ am 22. Februar 2004, jetzt teile das Pentagon Bush mit, der Klimawandel könne in einer globalen Katastrophe enden. Ein angeblich geheimer Bericht warne vor Aufständen und einem Atomkrieg, und Großbritannien werde in weniger als 20 Jahren sibirische Verhältnisse haben. Die Bedrohung sei größer als die durch den internationalen Terrorismus.

In Wahrheit war der Bericht weder geheim, noch sagte er die Zukunft voraus. »Szenarien sind keine Vorhersagen. Es ist einfach nicht möglich, die Zukunft mit Gewissheit vorherzusagen. Ein altes arabisches Sprichwort sagt: ›Wer die Zukunft vorhersagt, lügt, selbst wenn er die Wahrheit sagt.‹ Sie sind eher ein Mittel zum Lernen«,[13] schreibt Peter Schwartz in seinem inzwischen klassischen Buch über die »Kunst der Weitsicht«. Die Qualität von Vorhersagen misst sich an der Wahrscheinlichkeit ihres Eintretens, während Szenarien oft eher unwahrscheinliche Entwicklungen in Betracht ziehen und deren mögliche Folgen erwägen, um Entscheidungsträger auf das Unerwartete und Unwahrscheinliche vorzubereiten und um Schwächen in Organisationen und Institutionen aufzudecken. Schwartz und Randall räumten ausdrücklich ein, es sei unvorhersehbar, wann es zu einer Störung der thermohalinen Zirkulation komme. Die Jahresangaben zu den beschriebenen Ereignissen waren also offensichtlich willkürlich. Es war eine absichtsvolle Dramatisierung, nur eines unter vielen möglichen Folgeszenarien zu entwickeln, nämlich dasjenige mit den bedrohlichsten Konsequenzen – so wie Emmerichs Klimakatastrophe im Kino-Zeitraffer. Es ist bei Szenarien sinnvoll, von extremen Annahmen auszugehen, wenn man die Belastbarkeit von Organisationen testen will. Auch Risiko- und Katastrophenmanagement arbeiten mit solchen Verfahren. Hier sind Szenarien fest etabliert und längst unentbehrlich geworden. Der Katastrophismus hat also System.

Tatsächlich erinnert die Pentagon-Studie an »ein Drehbuch zu einem Katastrophenfilm«, wie ein Kritiker bemerkte.[14] Gleichwohl antwortete Doug Randall, in einem Interview nach Parallelen zu »The Day After Tomorrow« befragt, zwar habe er den Film nicht gesehen, aber dieser sei »science fiction«, nicht »science fact«. Lassen sich »fact« und »fiction« hier wirklich noch deutlich voneinander unterscheiden? Randalls Antwort auf die Frage, was ihn während der Arbeit an der Studie am meisten überrascht habe, hilft die unbequeme Nähe zu erklären, die zwischen den Szenen des Emmerich-Films und dem Szenario der Futuristen besteht: »Ich war wirklich erstaunt, wie viel die Wissenschaftler über die Geschichte des Klimawandels wussten und wie wenig über seine Zukunft, und wie schwer es ist, die Verbindung zwischen beidem auch nur annähernd mit dem Grad an Gewissheit herzustellen, den Politiker und Förderer gerne hätten.«[15]

Klima-GAU '86   Die Gesellschaft für deutsche Sprache kürte das Wort »Klimakatastrophe« im Jahre 2007 zum »Wort des Jahres«. Nach Erscheinen des vierten und vorläufig letzten Sachstandsberichtes des Weltklimarates (IPCC: Intergovernmental Panel on Climate Change) war es in aller Munde – zumindest in Deutschland. 2008 löste die Finanzkrise die Klimakatastrophe als Topthema in den Medien und als »Wort des Jahres« ab. »Klimakatastrophe« erscheint als eine Wortkomposition der deutschen Mediensprache. Es waren aber sehr wahrscheinlich Wissenschaftler, die zuerst von einer bevorstehenden Klimakatastrophe sprachen. Schon 1977 tauchte das Wort in einem Artikel des bedeutenden deutschen Klimaforschers Hermann Flohn auf. Von »Klimakatastrophe« war dort jedoch nur im Titel die Rede. Der Text stellte den anthropogenen Klimawandel als Problem dar. Die Gleichsetzung, die dies implizierte, blieb in einigen späteren Veröffentlichungen bestehen und ist auch heute weiter gebräuchlich: Klimakatastrophe gleich anthropogener Klimawandel und seine erwarteten Folgen. Am 22. Januar 1986 warnte der Bonner Physiker Klaus Heinloth, stellvertretend für den ›Arbeitskreis Energie‹ der ›Deutschen Physikalischen Gesellschaft e.V.‹, vor einer Klimakatastrophe und verband dies mit einem Plädoyer für Atomenergie, wie es auch heute wieder zu hören ist.[16] Eine massive Reduktion von Treibhausgasen, allen voran CO_2, sei nur durch die Abkehr von fossilen Energieressourcen zu erreichen. Kritiker fassten diese Argumentation als offene Parteinahme für die Atomlobby auf. Klimaskeptiker machten daraus sogar eine Verschwörungstheorie, die sich bis heute gehalten hat. Wie jede Verschwörungstheorie hat auch diese feste Feindbilder, trägt paranoide Züge und ist resistent gegen besseres Wissen. So sind einige Klimaskeptiker fest davon überzeugt, die Klimaerwärmung und ihre anthropogene Verursachung seien Erfindungen einer wirtschaftlichen Interessengruppe mit Hauptsitz in den USA. Diese vermarkte ihre »Klimalüge« mit Unterstützung des IPCC, der von ihr ins Leben gerufen worden sei. In Klimaskeptikerkreisen ist das Wort »Klimakatastrophe« zum Synonym für die »Klimalüge« geworden, für einen Schwindel mit dem anthropogenen Treibhauseffekt.

Ganz andere Reaktionen löste die Verbindung zwischen Klima und Atomenergie bei Grünen und Umweltschützern aus. Von der Atomlobby besetzt, rückte die Klimakatastrophe für sie auf einen hinteren Rang der Umweltthemen. Bürgerbewegungen gegen den Bau von Atomkraftwerken hatten die Entstehungsgeschichte der Grünen Partei stark geprägt. Anti-Atomkraft war und ist ein Kernstück grüner Identität, härter und kompromissloser als der Klimaschutz. Zwar setzte man in der Auseinandersetzung mit Pro-Kernkraft-Vertretern auf alternative, nachhaltige Energien, doch waren Solar- und Windkraftwerke vor 20 Jahren noch weniger als heute in der Lage, den Strombedarf eines Hochindustrielandes zu decken. So schien die Atomlobby im Vorteil, und sie wäre es vermutlich noch länger geblieben, wäre ihre Argumentation nicht durch ein einschneidendes Ereignis nachhaltig diskreditiert worden: Am 26. April 1986 explodierte Block 4 des Kernkraftwerks Tschernobyl in der Sowjetunion und löste die bis heute schwerwiegendste atomtechnische

Katastrophe aus. Auch sie war zuvor oft in Szenarien antizipiert, apokalyptisch überzeichnet oder banalisiert worden.

Erst nach Monaten kehrte die Klimakatastrophe in die Schlagzeilen zurück. »Der Spiegel« druckte das Wort auf dem Titel seiner Ausgabe vom 11. August 1986 (Abb. 10). Das zugehörige Bild zeigt den Kölner Dom, ein deutsches Nationalsymbol, mit nassen Füßen in den grenzenlosen Weiten des Atlantik. Die Titelgeschichte lieferte das Szenario dazu: »Überraschend war die Katastrophe nicht gekommen. Wissenschaftler hatten beizeiten gewarnt, Umweltschützer unermüdlich demonstriert. Schließlich hatten sogar die Politiker den Ernst der Lage erkannt – zu spät: Das Desaster, der weltweite Klima-GAU, war nicht mehr aufzuhalten. Jetzt, im Sommer 2040, ragen die Wolkenkratzer New Yorks weit vor der Küste wie Riffs aus der See. Überflutet, vom Meer verschluckt, sind längst auch Hamburg und Hongkong, London, Kairo, Kopenhagen und Rom.« Die Witterung in polaren Gebieten ist milder geworden, im Mittelmeergebiet herrscht »eine ähnlich mörderische Dürre wie einst in der afrikanischen Sahelzone«, und die Extreme haben zugenommen, insbesondere bei Niederschlägen und Stürmen. »Für die mehr als neun Milliarden Erdbewohner hat ein erbarmungsloser Kampf ums Überleben begonnen. Fast täglich flammen in den Krisenregionen lokale Kriege auf. Gekämpft wird um Trinkwasser-Reservoire, um die letzten noch intakten Seehäfen oder um ein paar Quadratkilometer Ackerland.« Die Sowjetunion gehört zu den Gewinnern der Erwärmung, die USA zu den Verlierern, deren Wirtschaft sich im Niedergang befindet. Die »Falken in der US-Regierung« rüsten »zum letzten Gefecht mit dem Sowjetreich, das mühelos, nur vom Klima begünstigt, Amerika überflügelt hat.« Der Artikel fragt dann selbst: »Alles nur Hirngespinste, Ausgeburten einer schwarzen Fantasie?« Und antwortet: »Vielleicht – doch was sich liest wie ein Drehbuch des Science-fiction-Filmers Stanley Kubrick, ist, Punkt für Punkt, Ergebnis wissenschaftlich fundierter Spekulationen: So gründlich derangiert, wie von planetarischen Fieberanfällen geschüttelt, könnte die Welt schon in wenigen Jahrzehnten aussehen – falls die düsteren Prognosen der Klimaforscher Wirklichkeit werden.«[17] Dennoch löste der Artikel bei Wissenschaftlern einige Entrüstung aus. Den Machern des »Spiegels«, allen voran Rudolf Augstein (1923–2002), wurde

DER SPIEGEL

C 7007 C
Nr. 33
40. Jahrgang · DM 4,–
11. August 1986

Ozon-Loch, Pol-Schmelze, Treibhaus-Effekt: Forscher warnen
DIE KLIMA-KATASTROPHE

10 Titelbild des Spiegelheftes 33/1986

Panikmache vorgeworfen. Die Fotomontage des Kölner Doms auf der Titelseite sei unseriös und kontraproduktiv. Mit Angst könne man nichts erreichen. Die Meinungen darüber gehen bis heute auseinander. Die Bedrohung durch eine Katastrophe, so einige Gegenstimmen, sei ein starkes Handlungsmotiv, etwas zu ändern. Katastrophenszenarien gelten in dieser Perspektive als legitimes Vehikel massenmedialer Information zur Verbreitung von Klimawissen der in westlichen Demokratien nötigen Akzeptanz für klimapolitische Maßnahmen.

Heute, mehr als zwei Jahrzehnte später, verblüfft nicht so sehr die Aufmachung des Spiegel-Artikels von 1986, die seinerzeit als »Sensationsmache« kritisiert wurde. Vielmehr überrascht, wie gut der anthropogene Treibhauseffekt und die für das 21. Jahrhundert erwartete Zunahme der globalen Mitteltemperaturen beschrieben werden. Obwohl die Klimatologie inzwischen ein großes Stück weitergekommen ist, gleichen ihre Prognosen den früheren, und sogar einige der Szenarien ähneln denen, die im Jahr 1986 entworfen wurden. Noch immer werden die Szenarien für den globalen Klimawandel aus den gleichen Erwartungen gespeist: steigende Meeresspiegel, Umverteilung von Niederschlagsregimen, häufigere und verstärkte Extreme, bedrohliche Konflikte um knapper werdende Ressourcen, vor allem um knapper werdendes Trinkwasser. Der Spiegel-Text von 1986 wurde in ganz anderer Hinsicht, nämlich durch den unvorhergesehenen weltpolitischen Wandel der Zwischenzeit überholt: die Sowjetunion existiert nicht mehr, und die Umweltschützer gehen nicht mehr auf die Straße. Gesellschaft und Politik schieben das Klima auf die lange Bank.

Klimakatastrophismus Viele Wissenschaftler meiden das Wort »Klimakatastrophe«, halten es für irreführend, eine intellektuelle Fehlleistung und unredliche Angstmache. Im Selbstverständnis wissenschaftlicher Rationalität hat Angst keinen Platz. Selten jedoch reflektieren Wissenschaftler den perspektivischen Charakter ihrer Einwände, noch seltener die gesellschaftliche Funktion, die das öffentliche Reden von einer bevorstehenden Klimakatastrophe besitzt. Ein typischer Einwand eines Sozialwissenschaftlers oder Historikers gegen diesen Begriff lautet: Klima und Natur kennen keine Katastrophen, sondern nur der Mensch. Man kann daher gar nicht von »Klimakatastrophe« sprechen, so wenig wie von einer »Naturkatastrophe«. Soziologen oder auch Katastrophenmanager würden einen zweiten Einwand hinzufügen: »Katastrophe« meint ein plötzlich und unerwartet eintretendes Ereignis mit Schadensfolge, sei es an der Gesundheit von Menschen, sei es an ihrem Eigentum. Meteorologische Katastrophen wie Hurrikane und andere Stürme oder extreme Niederschläge oder Hitzewellen können diese Kriterien erfüllen, nicht jedoch der Klimawandel, der nur langsam vonstattengeht und als Ereignis gar nicht greifbar ist. Ein dritter Einwand, der sich keiner besonderen wissenschaftlichen Perspektive zuordnen lässt, entlarvt das Wort »Klimakatastrophe« als deutsche Erfindung, die keine Übersetzung in andere Sprachen habe. Im Englischen kenne man kein »climate disaster«.

Man kann alle diese Einwände leicht entkräften. Ein Blick über die Fachgrenzen hinaus in die Begriffsgeschichte genügt. Der bereits erwähnte Katastrophismus in der Geologie des 19. Jahrhunderts liefert unzählige Beispiele dafür, dass jede Art von Umwälzungsprozess als ›Katastrophe‹ bezeichnet werden konnte, auch ›rein‹ natürliche Vorgänge, die lange vor der Zeit liegen, in der Menschen in der Erdgeschichte auftauchten. Das griechische Wort ›katastrophé‹ wird dadurch keineswegs überstrapaziert. Es bedeutet schlicht »Umwälzung«. Wer Anthropozentrik zum Kriterium erhebt, missachtet die Anpassungsfähigkeit dieser Bedeutung, ihre Unschärfe, die es ermöglicht, dass ein weites Spektrum völlig verschiedener Vorgänge mit dem Wort »Katastrophe« belegt wird. Die anthropozentrische Perspektive übersieht weiter, dass für die Einschätzung der Folgen des Klimawandels eine rapide Veränderung der Ökosysteme von entscheidender Bedeutung ist. Das Artensterben und die Verbreitung von Krankheitsüberträgern können als katastrophal wahrgenommen werden, auch wenn die Auswirkungen auf die Gesellschaft dabei nicht im Mittelpunkt stehen. Mit dem geologischen Katastrophenverständnis lässt sich auch der zweite Einwand ausräumen. Das Kriterium der Plötzlichkeit gehört zu den klassischen Attributen der Katastrophe. Was ›plötzlich‹ oder ›Ereignis‹ bedeutet, ist aber relativ. Es verändert sich mit den Zeithorizonten, die vor allem von den Wissenschaften für Prozesse verschiedenen Typs ausgemacht wurden. In geologischen Zeitdimensionen können Vorgänge damit beschrieben werden, die sich menschlicher Wahrnehmung völlig entziehen. Im Vergleich zu Jahrmillionen sind tausend Jahre oder kürzere Zeitspannen nur ein Augenblick. Gemessen an Dimensionen von 4,6 Milliarden Jahren für die gesamte Erdgeschichte kann man also bei einem Klimawandel in Zeiträumen von tausend, hundert oder einigen zehn Jahren durchaus von einer plötzlichen Umwälzung, also von einer »Klimakatastrophe« sprechen. Schließlich das Sprachargument: Es mag sein, dass »Klimakatastrophe« nicht wörtlich in andere Sprachen übersetzbar ist. Ein Begriff ist jedoch mehr als nur ein Wort. Er umfasst auch das, was mit dem Wort gemeint ist. Und dieses Gemeinte findet in Wirklichkeit viele mögliche Übersetzungen. Geologen haben von »catastrophic climate change« oder, mit Bezug auf den Klimawandel, von »global disaster« gesprochen. Ein Rückblick in die Geschichte der Entdeckung des abrupten Klimawandels liefert weitere Belege. So warnte Humphreys 1932, ein Rückfall in eine Eiszeit würde sich vielleicht erst in einigen Millionen Jahren einstellen, aber »wir sind nicht völlig sicher vor einer solchen Weltkatastrophe (world catastrophe).«[18] Das Englische kennt überdies den »collapse«, den Zusammenbruch einer ganzen Zivilisation, für den Jared Diamond in seinem gleichnamigen Bestseller einige Beispiele untersucht hat. Die Klimakatastrophe ist also sicher keine deutsche Obsession.

In den Einwänden gegen die »Klimakatastrophe« und ihrer Entkräftung kommen einige grundsätzliche Verständigungsprobleme in der heutigen Klimadebatte zum Vorschein: Viele wissenschaftliche Disziplinen, die Öffentlichkeit und die Politik reden mit. Die Beteiligung aller ist notwendig und gut. Aber schon den Wissenschaftlern untereinander fehlt ein klarer Referenzrahmen. Viele der Einwände offenbaren ein mangelndes Bewusstsein über diese Tatsache und führen darum in eine Sackgasse. Sie schließen den Denkhorizont statt ihn zu öffnen. Der Klimakatastrophismus hat viele Varianten, populäre und wissenschaftliche. Man kann ihn darum leicht als unsicheres Machwerk entlarven. Das bedeutet leider nicht, dass die »Klimakatastrophe« nicht eintreten könnte. Und doch hat sie den Charakter eines Nichtereignisses, solange sie immer wieder aus der Blackbox unsicherer und undurchschaubarer Prognosen gezogen wird. Der Fehler liege nicht bei der Wissenschaft, sondern beim Publikum, wenden einige ein. Es nimmt Science-Fiction-Filme so ernst, wie es die Gefahren des Klimawandels verdrängt. Die Unterschiede zwischen Realität und Fiktion verschwimmen im Ungewissen. Aber eigentlich geht es Wissenschaftlern kaum anders.

Peter Schwartz, einer der Verfasser der Pentagon-Studie, ist Koautor eines Buches mit dem Titel »The Long Boom«, das 1999 erschien und der Weltwirtschaft lange, rosige Zeiten prophezeite. Nur neun Jahre danach befindet sie sich in einer Rezession, wie seit dem Jahrzehnt der Weltwirtschaftskrise, das auf den Börsencrash von 1929 folgte, nicht mehr. Stellen wir uns einmal vor, Schwartz hätte 1999 vorausgesehen, dass in den nächsten zehn Jahren eine gigantische Spekulationsblase platzen und die Welt in eine neue ökonomische Jahrhundertkrise mitreißen würde. Was hätte ein solcher Kassandraruf verändert? Vor zehn Jahren war die Krise nicht in Sicht. Und als sie sich für viele abzuzeichnen begann, blieb ihr Ausmaß unklar, bis es zu spät war. Die Vorhersage eines Futurologen wäre im Strudel der Ereignisse für Beteiligte und Betroffene wohl so bedeutungslos gewesen wie die Prognose einer Wahrsagerin oder die Weisheiten der Ökonomen. Globale Kettenreaktionen wie die sogenannte Finanzkrise lassen sich ab einem bestimmten Punkt nicht mehr aufhalten. Möglich wäre es überhaupt nur mit dem Wissen, wann dieser Punkt erreicht wird, und der Macht, ein so komplexes System wie die Weltwirtschaft umzulenken, ehe der »point of no return« erreicht ist. Das Gleiche gilt wohl für eine Klimakatastrophe durch einen plötzlichen Klimaumschwung.

Ein Futurologe hätte auf solche Skepsis noch etwas zu erwidern: Die Imagination von Szenarien könnte sehr wohl einen Unterschied machen. Auch wenn Szenarien nicht die Zukunft vorhersagen, öffnen sie doch den Denkhorizont. Es sind Experimente, die unsere stillschweigenden, manchmal auch unbewussten Annahmen offenlegen und in Frage stellen können. Das erweitert das Blickfeld, das in Wirtschaft, Wissenschaft und Politik zu oft auf kurzfristiges Handeln und seine unmittelbaren Folgen eingeschränkt ist. Vielleicht braucht Klimapolitik heute tatsächlich nichts so dringend wie Weitsicht.

ANHANG

Anmerkungen und Literaturhinweise

Katastrophen in Geschichte und Gegenwart
Gerrit Jasper Schenk

ANMERKUNGEN

1. Dikau/Weichselgartner: Planet.
2. In Abwandlung der Begrifflichkeit von Weingarten: Krise unter ökologischem Vorzeichen ist der Untergang von Gesellschaften auch das Thema von Diamond: Kollaps, mit im Einzelnen diskutablen Thesen.
3. Zu den folgenden Abschnitten Perry: Disaster; Quarantelli: Epilogue; Schenk: Historical Disaster Research.
4. Berlioz/Quenet: Catastrophes, S. 24–28; Massard-Guilbaud: Introduction, S. 12f.; Groh/Kempe/Mauelshagen: Einleitung, S. 15–19.
5. Meier, M.: Zur Terminologie der (Natur-)Katastrophe in der griechischen Historiographie – einige einleitende Anmerkungen, in: Schenk, G. J./Engels, J. I. (Hg.): Historical Disaster Research. Concepts, Methods and Case Studies, Köln 2007 (Historical Social Research, 121 = Vol. 32.3, 2007), S. 44–56, hier: S. 45f., 53–55.
6. Helisaeus Rößlin, Tractatvs| Meteorastrologiphysicus|. Das ist / | Auß richtigem lauff der Co=|meten / zusammenleuchtung der Planeten / etlicher hern Nativiteten / | Natúrliche Vermútungen und / ein Weissagung [...], Straßburg 1597, S. 14: »Welches [Planetenkonjunktion] dann ein anzeigung gibt und anders nit bedeuten kann / dann daß obermelter Cometen bedeutung inn den Niderlándi=schen/ Frantzósischen handlungen sich so lang erstrecken wird/ biß sie ihr endschafft erzaichen / oder ein Catastrophen und außschlag der Sachen bekommen / erst umb ermelte Zeit/.« Ausführlicher dazu Schenk: Dis-Astri.
7. Felgentreff/Glade: Naturrisiken.
8. Gegen Oliver-Smith: Theorizing disasters, S. 24. Auch ›technische‹ Katastrophen wie der Untergang der Titanic 1912 oder die Kernschmelze im Kernkraftwerk Tschernobyl 1986 haben erhebliche naturale Anteile.
9. Bankoff, G.: Comparing Vulnerabilities: Toward Charting an Historical Trajectory of Disasters, in: Schenk, G. J./Engels, J. I. (Hg.): Historical Disaster Research. Concepts, Methods and Case Studies, Köln 2007 (Historical Social Research, 121 = Vol. 32.3, 2007), S. 103–114.
10. Vgl. Richter, D.: Der Vesuv. Geschichte eines Berges, Berlin ²2007, S. 133–137.
11. Forschungsüberblicke: siehe Anm. 3f., ferner z. B. Kempe/Rohr: Coping; Ranft/Selzer: Städte.

12 Borst, A.: Das Erdbeben von 1348. Ein historischer Beitrag zur Katastrophenforschung, in: Historische Zeitschrift 233 (1981), S. 529–569, hier: S. 532.
13 Zu den Konzepten vgl. Bankoff: Cultures, S. 5–17, 152–183 und Beck: Risikogesellschaft.
14 Rahmstorf/Schellnhuber: Klimawandel; Diamond: Kollaps.
15 Zu diesem Abschnitt Koselleck, R.: Vergangene Zukunft. Zur Semantik geschichtlicher Zeiten, Frankfurt a. M. 1992, S. 38–66, besonders S. 64–66.
16 Vgl. nur Wehler, H.-U.: Aus der Geschichte lernen. Essays, München 1988, besonders S. 11–18; Herzog, R.: Kann man aus der Geschichte lernen? Rede des Bundespräsidenten Roman Herzog zur Eröffnung des 41. Deutschen Historikertages am 17. September 1996 in München mit einer Vorbemerkung von Eberhard Schmitt, Hamburg 1997 (Übersee. Kleine Beiträge zur europäischen Überseegeschichte, 30), S. 13–16.
17 Diamond: Kollaps, S. 634–643 stellt diese Frage zwar, beantwortet sie aber im Grunde genommen nicht.
18 Voss: Symbolische Formen, S. 276.
19 Zur Paläoklimatologie vgl. den Beitrag von F. Mauelshagen in diesem Buch; zur historischen Klimatologie und Meteorologie Glaser: Klimageschichte; Pfister: Klimawandel; Brázdil: Historical Climatology; zur historischen Hydrologie Brázdil: Special Issue; zur historischen Seismologie das maßgebliche Handbuch von Guidoboni/Ebel: Earthquakes.
20 Vgl. z. B. Li, L. M.: Fighting Famine in North China. State, Market, and Environmental Decline 1690s–1990s, Stanford 2007, S. 30–37, 66–68; Breidert, W. (Hg.): Die Erschütterung der vollkommenen Welt. Die Wirkung des Erdbebens von Lissabon im Spiegel europäischer Zeitgenossen, Darmstadt 1994.
21 Vgl. z. B. Walker, C. F.: Shaking the Unstable Empire. The Lima, Quito, and Arequipa Earthquakes 1746, 1783, and 1797, in: Johns, A. (Hg.): Dreadful Visitations. Confronting natural catastrophe in the age of enlightenment, New York/London 1999, S. 113–144; Bhargava, M.: Changing River Courses in North India: Calamities, Bounties, Strategies – Sixteenth to Early Nineteenth Centuries, in: The Medieval History Journal 10 (2007), S. 183–208.

Quellen- und Literaturhinweise

Bankoff, G.: Cultures of Disaster. Society and natural hazard in the Philippines, London/New York 2003.
Beck, U.: Risikogesellschaft. Auf dem Weg in eine andere Moderne, Frankfurt/M. 2003.
Berlioz, J./Quenet, G.: Les catastrophes: définitions, documentation, in: Favier, R./Granet-Abisset, A.-M. (Hg.): Histoire et mémoire des risques naturels. Actes du séminaire international »Histoire et mémoire des risques naturels en région de montagne«, Grenoble 2000, S. 19–37.
Brázdil, R. (Hg.): Special Issue: Historical Hydrology, in: Hydrological Sciences Journal 51/1 (2006), S. 733–985.
Brázdil, R. u. a.: Historical climatology in Europe – the state of the art, in: Climatic Change 70 (2005), S. 363–430.
Diamond, J.: Kollaps. Warum Gesellschaften überleben oder untergehen, Frankfurt a. M. 2005.
Dikau, R./Weichselgartner, J.: Der unruhige Planet. Der Mensch und die Naturgewalten, Darmstadt 2005.

Felgentreff, C./Glade, T.: Naturrisiken – Sozialkatastrophen: zum Geleit, in: Felgentreff, C./Glade, T. (Hg.): Naturrisiken und Sozialkatastrophen, Berlin/Heidelberg 2008, S. 1–10.

Glaser, R.: Klimageschichte Mitteleuropas. 1000 Jahre Wetter, Klima, Katastrophen, Darmstadt ²2008.

Groh, D./Kempe, M./Mauelshagen, F.: Einleitung. Naturkatastrophen – wahrgenommen, gedeutet, dargestellt, in: Groh, D./Kempe, M./Mauelshagen, F. (Hg.): Naturkatastrophen. Beiträge zu ihrer Deutung, Wahrnehmung und Darstellung in Text und Bild von der Antike bis ins 20. Jahrhundert, Tübingen 2003 (Literatur und Anthropologie, 13), S. 11–33.

Guidoboni, E./Ebel, J. E. (Hg.): Earthquakes and Tsunamis in the Past. A Guide to Techniques in Historical Seismology, Cambridge u. a. 2009.

Kempe, M./Rohr, C. (Hg.): Coping with the unexpected – Natural disasters and their perception, Isle of Harris 2003 (Special issue of Environment and History, 9/2).

Massard-Guilbaud, G.: Introduction: The urban catastrophe – challenge to the social, economic, and cultural order of the city, in: Massard-Guilbaud, G./Platt, H. L./Schott, D. (Hg.): Cities and catastrophes. Coping with emergency in European history, Frankfurt a. M. u. a. 2002, S. 9–42.

Oliver-Smith, A.: Theorizing disasters. Nature, power, and culture, in: Hoffman, S. M./Oliver-Smith, A. (Hg.): Catastrophe & culture. The anthropology of disaster, Santa Fe/Oxford 2002, S. 23–47.

Perry, R. W.: What is a disaster?, in: Rodríguez, H./Quarantelli, E. L./Dynes, R. R. (Hg.): Handbook of disaster research, New York 2006, S. 1–15.

Pfister, C.: Klimawandel in der Geschichte Europas. Zur Entwicklung und zum Potenzial der Historischen Klimatologie, in: Landsteiner, E. (Hg.): Klima Geschichten, Wien 2001 (Österreichische Zeitschrift für Geschichtswissenschaften, 12/2, 2001), S. 7–43.

Quarantelli, E. L.: Epilogue: Where we have been and where we might go. Putting the elephant together, blowing soap bubbles, and having singular insights, in: Quarantelli, E. L. (Hg.): What is a disaster? Perspectives on the question, London/New York 1998, S. 234–273.

Rahmstorf, S./Schellnhuber, H. J.: Der Klimawandel. Diagnose, Prognose, Therapie, München ⁵2007.

Ranft, A./Selzer, S. (Hg.): Städte aus Trümmern. Katastrophenbewältigung zwischen Antike und Moderne, Göttingen 2004.

Schenk, G. J.: Dis-Astri. Modelli interpretativi delle calamità naturali dal medioevo alla prima età moderna, in: Varanini, G. (Hg.): Le calamità ambientali nel tardo Medioevo europeo: realtà, percezioni, reazioni (XII convegno del »Centro studi per la storia del tardo medioevo« San Miniato) [erscheint voraussichtlich 2010].

Schenk, G. J.: Historical Disaster Research. State of Research, Concepts, Methods and Case Studies, in: Ders. (Hg.): Historical Disaster Research. Concepts, Methods and Case Studies/Historische Katastrophenforschung: Begriffe, Konzepte und Fallbeispiele, Köln 2007 (Historische Sozialforschung, 121 = Bd. 32.3, 2007/Historical Social Research, 121 = Vol. 32.3, 2007), S. 9–31.

Voss, M.: Symbolische Formen. Grundlagen und Elemente einer Soziologie der Katastrophe, Bielefeld 2006.

Weingarten, M.: Die Krise der gesellschaftlichen Naturverhältnisse. Annäherung an die kulturell konstituierte Differenzierung von Natur und Kultur, in: Hartmann, D./Janich, P. (Hg.): Die Kulturalistische Wende. Zur Orientierung des philosophischen Selbstverständnisses, Frankfurt a. M. 1998, S. 371–414.

Ausbruch des Vesuv 79
Mischa Meier

Anmerkungen

1 Strabon 5,4,8. Zum römischen Kampanien s. Pappalardo: Ausbrüche und Wiederherstellungen.
2 Vgl. zuletzt Aßkamp u. a.: Luxus und Dekadenz.
3 Inschrift: Corpus Inscriptionum Latinarum IV 4976 [online unter http://commons.wikimedia.org/wiki/File:4976(Sodoma_Gomora).jpg; letzter Zugriff 8. März 2009)]; Richter: Sodom und Gomorra.
4 Einige sehr qualitätvolle und anschauliche Abbildungen finden sich in Guzzo/Wieczorek: Stunden des Untergangs, S. 17, 21, 146, 162.
5 Vgl. De Carolis/Patricelli: Vesuvius, S. 25–40.
6 Plinius: Epistula 6,16; 6,20.
7 Plinius: Epistula 6,20,1 – Vergil: Aeneis 2,12f.
8 Glücklich: Pompeji lebt, S. 32–38.
9 Vgl. etwa Copony: Fortes fortuna iuvat; Winkler: Vesuvausbruch, S. 382; Sonnabend: Naturkatastrophen in der Antike, S. 14; Sonnabend: Wahrnehmung von Naturkatastrophen.
10 Zum Folgenden s. Sigurdsson/Cashdollar/Sparks: The Eruption of Vesuvius.
11 Vgl. Sigurdsson/Cashdollar/Sparks: The Eruption of Vesuvius, S. 44.
12 Sigurdsson/Cashdollar/Sparks: The Eruption of Vesuvius, S. 47–50; ihre Rekonstruktion wurde übernommen von Sonnabend: Wahrnehmung von Naturkatastrophen, S. 10–12, und De Carolis/Patricelli: Vesuvius, S. 83–99.
13 Sigurdsson/Cashdollar/Sparks: The Eruption of Vesuvius, S. 44.
14 Die Wirkung der vorüberziehenden Glutwolken wurde daher auch mit der zerstörerischen Kraft von Atombomben verglichen, vgl. Pappalardo: Ausbrüche und Wiederherstellungen, S. 269, Anm. 35.
15 Cassius Dio 66,23,4f.
16 Oracula Sibyllina 4,130–136.
17 Cassius Dio 66,21,1–23,5; zu den Giganten: 66,22,2; 66,23,1; Dürre und Erdbeben: 66,22,3; Seuche in Rom: 66,23,5; Sterben der Tiere/Tod im Theater: 66,23,3; zum Ausbruch 202: 77,2,1. Vgl. Pappalardo: Ausbrüche und Wiederherstellungen, S. 267; Winkler: Vesuvausbruch, S. 384; zur verbreiteten Vorstellung vom Vesuv als Wohnstätte der Giganten (dazu Philostratos: Heroikos 8,16; Claudianus: De raptu Proserpinae 3,184f.).
18 Vgl. etwa Martial 4,44; Statius: Silvae 4,4,82–85; 5,3,205–208; Tacitus: Historien 1,2,2; Tacitus: Annalen 4,67. Zu den antiken Bezugnahmen auf die Katastrophe s. Herrlich: Die antike Überlieferung; Winkler: Vesuvausbruch und Glücklich: Pompeji lebt.
19 Winkler: Vesuvausbruch, S. 387, Anm. 41f. (Belege). Der heidnische ›Philosophenkaiser‹ Marc Aurel sah im Untergang Pompejis und Herculaneums Exempla für die Vergänglichkeit alles Irdischen, vgl. Marc Aurel 4,48.
20 Plinius: Epistula 6,20,3.
21 Seneca: Naturales quaestiones 6,1,2.
22 Abbildung bei De Carolis/Patricelli: Vesuvius, S. 42. Bestätigung bei Plinius: Epistula 6,16,13; Cassius Dio 66,21,3.
23 Rosi/Santacroce: L'attività del Somma-Vesuvio.

24 Adam: Conséquences du séisme; Adam: Observations techniques.
25 Pappalardo: Ausbrüche und Wiederherstellungen, S. 269.
26 Dazu vgl. Meier: Kaiser.
27 Sueton: Titus 8,3f.
28 Vgl. Pappalardo: Ausbrüche und Wiederherstellungen, S. 270.
29 Seneca: Naturales quaestiones 6,1,10.
30 Statius: Silvae 3,5,71–74; 4,4,78–85.
31 Vgl. Pappalardo: Ausbrüche und Wiederherstellungen, S. 270–273.

Quellen- und Literaturhinweise

Adam, J.-P.: Conséquences du séisme de l'an 62 a Pompéi. Résumé de communication, in: Helly, B./Pollino, A. (Hg.): Tremblements de terre. Historie et archéologie, Antibes 1984, S. 165–171.

Adam, J.-P.: Observations techniques sur les suites du séisme de 62 à Pompéi, in: Livadie, C. A. (Hg.): Tremblements de terre, éruptions volcaniques et vie des hommes dans la Campanie antique, Neapel 1986, S. 67–87.

Aßkamp, R. u. a. (Hg.): Luxus und Dekadenz. Römisches Leben am Golf von Neapel, Mainz 2007.

Copony R.: Fortes fortuna iuvat. Fiktion und Realität im 1. Vesuvbrief des jüngeren Plinius VI, 16, in: Grazer Beiträge 14 (1987), S. 215–228.

De Carolis, E./Patricelli, G.: Vesuvius, A.D. 79: The Destruction of Pompeii and Herculaneum, Neapel 2003.

Glücklich, H.-J.: Pompeji lebt. 2000 Jahre Texte, Bilder, Opern und Filme, Göttingen 2008.

Guzzo, P. G./Wieczorek, A. (Hg.): Pompeji. Die Stunden des Untergangs. 24. August 79 n. Chr., Stuttgart 2004.

Herrlich, S.: Die antike Überlieferung über den Vesuv-Ausbruch im Jahre 79, in: Klio 4 (1904), S. 209–226.

Meier, M.: Kaiser und Katastrophe. Zum Umgang römischer Principes mit ›Naturkatastrophen‹ in iulisch-claudischer Zeit (1. Jh. n. Chr.), in: Historical Disaster Experiences: Politics, Religion, Science, and the Media, hg. v. A. Janku, F. Mauelshagen und G. J. Schenk [in Vorbereitung 2010].

Pappalardo, U.: Vesuvius. Große Ausbrüche und Wiederherstellungen, in: Olshausen, E./ Sonnabend, Holger (Hg.): Stuttgarter Kolloquium zur historischen Geographie des Altertums 6, 1996: »Naturkatastrophen in der antiken Welt«, Stuttgart 1998, S. 263–274.

Richter, D.: Sodom und Gomorra. Luxuskritik und die Katastrophe als Strafgericht, in: Aßkamp, R. u. a. (Hg.): Luxus und Dekadenz. Römisches Leben am Golf von Neapel, Mainz 2007, S. 47–55.

Rosi, M./Santacroce, R.: L'attività del Somma-Vesuvio precedente l'eruzione del 1631: dati stratigrafici e vulcanologici, in: Livadie, C. A. (Hg.): Tremblements de terre, éruptions volcaniques et vie des hommes dans la Campanie antique, Neapel 1986, S. 15–33.

Sigurdsson, H./Cashdollar, St./Sparks, St. R. J.: The Eruption of Vesuvius in A.D. 79: Reconstruction from Historical and Volcanological Evidence, in: American Journal of Archaeology 86 (1982), S. 39–51.

Sonnabend, H.: Naturkatastrophen in der Antike. Wahrnehmung – Deutung – Management, Stuttgart/Weimar 1999.

Sonnabend, H.: Wahrnehmung von Naturkatastrophen in der Antike: Das Kampanien-Erdbeben von 62 n. Chr. und der Ausbruch des Vesuv 79 n. Chr., in: Groh, D./Kempe, M./Mauelshagen, F. (Hg.): Naturkatastrophen. Beiträge zu ihrer Deutung, Wahrnehmung und Darstellung in Text und Bild von der Antike bis ins 20. Jahrhundert, Tübingen 2003, S. 37–44.

Winkler, G.: Der Vesuvausbruch vom August 79 n. Chr. in der antiken Überlieferung, in: Olshausen, E./Sonnabend, H. (Hg.): Stuttgarter Kolloquium zur historischen Geographie des Altertums 6, 1996: »Naturkatastrophen in der antiken Welt«, Stuttgart 1998, S. 376–395.

Brand- und Erdbebenkatastrophen in Antiocheia 525 bis 528
Mischa Meier

Anmerkungen

1 Zu den Katastrophen im 6. Jahrhundert, den sie begleitenden Endzeiterwartungen und den Folgen dieser Konstellation siehe ausführlich Meier: Das andere Zeitalter. Die nachfolgenden Überlegungen stützen sich insbesondere auf Kapitel 4.1.2. (S. 345–356). Zur Pest siehe darüber hinaus Meier: »Hinzu kam auch noch die Pest ...«; Little: End of Antiquity.
2 Zur ›Liturgisierung‹ siehe Meier: Sind wir nicht alle heilig?; Cameron: Images of Authority; vgl. auch Cameron: Theotokos, besonders S. 80–82, S. 107f.
3 Zur Geschichte der Stadt ist noch immer grundlegend Downey: History of Antioch; ferner Liebeschuetz: Antioch; zu den innerchristlichen Konflikten vgl. Hahn: Gewalt und religiöser Konflikt. Zu den Katastrophen der Jahre 525 bis 526: Downey: History of Antioch, S. 519–530; Sonnabend: Naturkatastrophen in der Antike; Meier: Das andere Zeitalter, S. 229–231, 345–356.
4 Cassius Dio: 68,24f.
5 Zur Chronik des Johannes Malalas und ihren Anliegen siehe den instruktiven Überblick von Jeffreys: Byzantine Chronography; Edition: Thurn: Chronographia; deutsche Übersetzung: Thurn/Meier: Weltchronik. Einschlägig sind für die nachfolgenden Überlegungen folgende Passagen: Malal. S. 344,52–61 (Brand 525); S. 346,92 bis S. 350,34 (Erdbeben 526); S. 369,78 bis S. 370,88 (Erdbeben 528). Bei den (im Wesentlichen) von Malalas abhängigen späteren Zeugnissen handelt es sich insbesondere um:
– Johannes von Ephesos (ein syrisch schreibender Kirchenhistoriker aus dem späten 6. Jahrhundert; der Text ist fragmentarisch erhalten in der »Chronik von Zuqnîn« aus dem 8. Jahrhundert). Englische Übersetzung: Witakowski: Pseudo-Dionysius; vergleiche dort S. 22 (Brand 525); S. 44–48 (Erdbeben 526); S. 67–69 (Erdbeben 528).
– Euagrios (ebenfalls ein Kirchenhistoriker aus dem späten 6. Jahrhundert). Griechischer Text mit deutscher Übersetzung: Hübner: Evagrius Scholasticus; vergleiche Euagr. HE 4,5 (Brand 525; Erdbeben 526); Euagr. HE 4,6 (Erdbeben 528).
– Johannes von Nikiu (ein ägyptischer Bischof und Chronist aus dem späteren 7. Jahrhundert). Englische Übersetzung: Charles: The Chronicle of John; vergleiche Joh. Nik. 90,24f., S. 135 (Brand 525); Joh. Nik. 90,26–34, S. 135–137 (Erdbeben 526).

– Theophanes (ein byzantinischer Chronist, der um die Wende zum 9. Jahrhundert wirkte). Edition: de Boor: Theophanis Chronographia,; vergleiche Theoph. a.m. 6018, S. 172,1–11 (Brand 525); a.m. 6018/6019, S. 172,11–173,13 (Erdbeben 526); a.m. 6021, S. 177,22–178,7 (Erdbeben 528).

– Michael Syrus (ein syrisch schreibender Chronist und Patriarch der syrisch-orthodoxen Kirche aus dem 12. Jahrhundert). Französische Übersetzung: Chabot: Chronique de Michel le Syrien; vergleiche Mich. Syr. 9,16 (Brand 525; Erdbeben 526); Mich. Syr. 9,21 (Erdbeben 528).

Weitere Quellen zu den behandelten Ereignissen finden sich bei Meier: Das andere Zeitalter, S. 345, Anm. 12 (Brand 525); S. 346, Anm. 19 (Erdbeben 526); S. 660, Anm. 34f. (Erdbeben 528).

6 Malal. S. 344,52–55; vergleiche Joh. Eph. in der »Chronik von Zuqnîn« S. 22; Theoph. a.m. 6018, S. 172,3f.
7 Joh. Nik. 90,24f., S. 135; Mich. Syr. 9,16.
8 Vgl. Malal. S. 344,58f.; vergleiche Joh. Eph. in der »Chronik von Zuqnîn« S. 22; Theoph. a.m. 6018, S. 172,8.
9 Malal. S. 346,95 bis S. 347,20.
10 Malal. S. 346,95–97; S. 349,86–89; vergleiche Joh. Eph. in der »Chronik von Zuqnîn« S. 44.
11 Vgl. Meier: Naturkatastrophen in der christlichen Chronistik.
12 Malal. S. 347,20–22.
13 Malal. S. 347,39f.
14 Vergleiche Malal. S. 348,54–75.
15 Malal. S. 348,75f.
16 Malal. S. 349,89–93; vgl. Joh. Eph. in der »Chronik von Zuqnîn« S. 46.
17 Vgl. Malal. S. 349,6–350,34; Joh. Eph. in der »Chronik von Zuqnîn« S. 47f.; Joh. Nik. 90,34, S. 136f.; Theoph. a.m. 6019, S. 173,1–13.
18 Malal. S. 346,14.
19 Malal. S. 349,94.
20 Joh. Eph. in der »Chronik von Zuqnîn« S. 46f.
21 Theoph. a.m. 6021, S. I 177,31f. de Boor: Theophanis Chronographia (4870); vergleiche Malal. S. 370,84 (circa 5000); Mich. Syr. 9,21 (4770).
22 Theoph. a.m. 6021, S. I 177,34–178,2, de Boor: Theophanis Chronographia.
23 Theoph. a.m. 6021, S. I 178,2–5, de Boor: Theophanis Chronographia.
24 Chrysos: Eine Konjektur; Meier: Das andere Zeitalter, S. 231 mit Anm. 662 (Literatur).
25 Vgl. Meier: Kaiser.
26 Malal. S. 357,64–80; dazu Meier: Das andere Zeitalter, S. 355f.

Quellen- und Literaturhinweise

Cameron, A.: Images of Authority: Elites and Icons in Late Sixth-Century Byzantium, in: Past and Present 84 (1979), S. 3–35.

Cameron, A.: The Theotokos in Sixth-Century Constantinople, in: Journal of Theological Studies 29 (1978), S. 79–108.

Chabot, J.-B. (Hg.): Chronique de Michel le Syrien, Patriarche Jacobite d'Antioche (1166–1199). Éditée pour la première fois et traduite en français, Tome II, Paris 1901.

Charles, R. H. (Hg.): The Chronicle of John (c. 690 A.D.), Coptic Bishop of Nikiu, London 1916.

Chrysos, E.: Eine Konjektur zu Johannes Malalas, in: Jahrbuch der Österreichischen Byzantinistik 15 (1966), S. 147–152.
de Boor, C. (Hg.): Theophanis Chronographia, Vol. I, Leipzig 1883.
Downey, G.: A History of Antioch in Syria from Seleucus to the Arab Conquest, Princeton 1961.
Hahn, J.: Gewalt und religiöser Konflikt. Studien zu den Auseinandersetzungen zwischen Christen, Heiden und Juden im Osten des Römischen Reiches (von Konstantin bis Theodosius II.), Berlin 2004.
Hübner, A. (Hg.): Evagrius Scholasticus, Historia Ecclesiastica – Kirchengeschichte, 2. Teilband. Übersetzt und eingeleitet von A. Hübner, Turnhout 2007.
Jeffreys, E.: The Beginning of Byzantine Chronography: John Malalas, in: Marasco, G. (Hg.): Greek and Roman Historiography in Late Antiquity. Fourth to Sixth Century A.D., Leiden/Boston 2003, S. 497–527.
Liebeschuetz, J. H. W. G.: Antioch, Oxford 1972.
Little, L. K. (Hg.): Plague and the End of Antiquity. The Pandemic of 541–750, Cambridge 2007.
Meier, M.: »Hinzu kam auch noch die Pest ...«. Die sogenannte Justinianische Pest und ihre Folgen, in: Ders. (Hg.): Pest – Die Geschichte eines Menschheitstraumas, Stuttgart 2005, S. 86–107; 396–400.
Meier, M.: Das andere Zeitalter Justinians. Kontingenzerfahrung und Kontingenzbewältigung im 6. Jahrhundert n. Chr., Göttingen ²2004.
Meier, M.: Kaiser und Katastrophe. Zum Umgang römischer Principes mit ›Naturkatastrophen‹ in iulisch-claudischer Zeit (1. Jh. n. Chr.), in: Historical Disaster Experiences: Politics, Religion, Science, and the Media, hg. v. A. Janku, F. Mauelshagen und G. J. Schenk [in Vorbereitung 2010].
Meier, M.: Naturkatastrophen in der christlichen Chronistik. Das Beispiel Johannes Malalas (6. Jh.), in: Gymnasium 114 (2007), S. 559–586.
Meier, M.: Sind wir nicht alle heilig? Zum Konzept des »Heiligen« (sacrum) in spätjustinianischer Zeit, in: Millennium. Jahrbuch zu Kultur und Geschichte des ersten Jahrtausends n. Chr. 1 (2004), S. 133–164.
Sonnabend, H.: Naturkatastrophen in der Antike. Wahrnehmung – Deutung – Management, Stuttgart/Weimar 1999, S. 31–37.
Thurn, J. (†) (Übers.)/Meier, M. (Bearb.): Johannes Malalas, Weltchronik, Stuttgart 2009.
Thurn, J. (Hg.): Ioannis Malalae Chronographia, Berlin/New York 2000.
Witakowski, W. (Hg.): Pseudo-Dionysius of Tel-Mahre. Chronicle, Part III. Translated with Notes and Introduction, Liverpool 1996.

Die Marcellusflut an der Nordseeküste 1219
Gerrit Jasper Schenk

ANMERKUNGEN

1 Zu den ersten drei Abschnitten: Reinhardt: Kein Deich, S. 6–18; Schwarz: Ur- und Frühgeschichte, S. 39, 62–73; Schwarz: Archäologische Quellen; Meier: Land unter, S. 46–90; Streif: Das ostfriesische Küstengebiet, S. 262f.; Kramer: Sturmfluten, S. 10–36; Augustyn/Verhulst: Deich- und Dammbau.

2   Dazu Knotterus: Räume, S. 31f.; Schreiner: Schauzwang, S. 21f., 33f. Goldbeck, J.: Die Deichgenossenschaften. Eine Analyse ihrer historischen Entwicklung auf der Basis der Kollektivgüter- und Genossenschaftstheorie, Münster 1991, S. 63–78 argumentiert sehr normativ und dürfte weitgehend eine rechtshistorische Fiktion konstruiert haben.
3   Zu diesem Abschnitt Streif: Das ostfriesische Küstengebiet, S. 82–93; Rieken: Nordsee, S. 72–75.
4   Woebcken: Deiche, S. 63–114; Weikinn, C.: Quellentexte zur Witterungsgeschichte Europas von der Zeitenwende bis zum Jahre 1850. Hydrographie Teil 1 (Zeitenwende–1500), Berlin 1958 (Quellensammlung zur Hydrographie und Meteorologie, 1), S. 52, 60–62, 64–66, 69f.; Streif: Das ostfriesische Küstengebiet, S. 87–91; Boeselager: Sturmfluten.
5   Gelhorn: Chronik, S. 5–14; Ehbrecht: Landesherrschaft, S. 70–93; Jansen/Janse: Kroniek, S. IX–XXVI; Kohl: Bistum, S. 118, 122.
6   Jansen/Janse, Kroniek: S. XVIf., XXf., XXIVf.
7   Rieken: Nordsee, S. 165–167; Rieken, B.: Emo van Wittewierum, in: F. W. Bautz/ T. Bautz (Hg.): Biographisch-Bibliographisches Kirchenlexikon, Bd. 29, Ergänzungen 16, Nordhausen 2008, Sp. 575–578 (Zitat).
8   Vgl. Butzer, G.: Soliloquium. Theorie und Geschichte des Selbstgesprächs in der europäischen Literatur, München 2008, S. 129–143; dies gilt auch für Emos naturphilosophische Interessen, die letztlich in augustinischer Tradition stehen, vgl. Labbé, Connaissance.
9   Fast wörtliches Zitat von Quintus Horatius Flaccus: Carmina 1, 4.
10 Emo, ed. Jansen/Janse: Kroniek, S. 110–114; von mir durchgesehene Übersetzung von Rieken: Nordsee, S. 127f., dort auch Anm. 147 zur Tageseinteilung.
11 Jankrift: Brände, S. 40; Kritik daran schon bei Rieken: Nordsee, S. 138f., der ich mich in den folgenden Abschnitten weitgehend anschließe.
12 Dazu Speer: Entdeckte Natur, S. 130–221. Anstelle der besseren, aber seltenen Edition G. Maurach (Hg.): Wilhelm von Conches. Philosopia, Pretoria 1980 (University of South Africa, Studia 16) wird hier die leichter zugängliche Edition in Migne: Honorii opera, Sp. 39–102, hier besonders Sp. 81B (fälschlich Honorius Augustodinensis zugeschrieben) herangezogen. Zu den Gezeitentheorien Lohrmann: Pariser Traktat.
13 Zur Elementelehre Böhme/Böhme: Feuer, besonders S. 93–126, 164–171, 193–197, 221–227, 269–275; Wilhelm von Conches, ed. Migne, Honorii opera, Sp. 48D–55B.
14 Emo, ed. Jansen/Janse: Kroniek, S. 114 (Zitat), zum Folgenden Sp. 114–118.
15 Wilhelm von Conches, ed. Migne, Honorii opera, Sp. 83C–84B.
16 Emo, ed. Jansen/Janse: Kroniek, S. 118 (Zitat).
17 Zur 15-Zeichen-Lehre vgl. Kursawa, H.-P.: Antichristsage, Weltende und Jüngstes Gericht in mittelalterlicher deutscher Dichtung. Analyse der Endzeiterwartungen bei Frau Ava bis zum Parusiegedicht Heinrichs von Neustadt vor dem Horizont mittelalterlicher Apokalyptik, Köln 1976.
18 Vgl. Avicenna, ed. Alonso Alonso, Homenaje, S. 306–308.
19 Zum Toledobrief zuletzt Mentgen: Astrologie, S. 17–158; zur Verurteilung Flasch, K.: Aufklärung im Mittelalter? Die Verurteilung von 1277. Das Dokument des Bischofs von Paris eingeleitet, übersetzt und erklärt, Mainz 1989 (Excerpta classica, 6), S. 232 (Zitat).
20 Emo, ed. Jansen/Janse: Kroniek, S. 50, 118 (Zitat), 118–134 zu diesem und den folgenden Abschnitten.

21 Zu diesem und den folgenden Abschnitten Ehbrecht: Landesherrschaft, S. 74–81, 118–121; Jansen/Janse: Kroniek, S. XVII–XX; Kohl: Bistum, S. 118, 122; Schreiner: Schauzwang, S. 21–39; Lengen, H. v. (Hg.): Die Friesische Freiheit des Mittelalters – Leben und Legende, Aurich 2003.
22 Emo, ed. Jansen/Janse: Kroniek, S. 120.
23 Kohl: Bistum, S. 122.
24 Zum Konflikt Emo, ed. Jansen/Janse, Kroniek, S. 120–122; Ehbrecht: Landesherrschaft, S. 118f.; Lengen, H. v.: Bauernfreiheit und Häuptlingsherrlichkeit im Mittelalter, in: Behre, K.-H./Lengen, H. v. (Hg.): Ostfriesland. Geschichte und Gestalt einer Kulturlandschaft, Aurich 1995, S. 113–134, hier: S. 116f.
25 Emo, ed. Jansen/Janse: Kroniek, S. 142–146; Ehbrecht: Landesherrschaft, S. 118–124.

Quellen- und Literaturhinweise

Alonso Alonso, M.: Homenaje a Avicena en su milenario. Las traducciones de Jean González de Burgos y Saloma, in: Al-Andalus 14 (1949), S. 291–319.

Augustyn, B./Verhulst, A.: Deich- und Dammbau, in: Lexikon des Mittelalters. Studienausgabe Bd. 3, Stuttgart/Weimar 1999, Sp. 640–648.

Boeselager, E. v.: Sturmfluten an der norddeutschen Küste im Mittelalter – Erlebnis und Konsequenz, in: Dilg, P. (Hg.): Natur im Mittelalter. Konzeptionen – Erfahrungen – Wirkungen. Akten des 9. Symposiums des Mediävistenverbandes, Marburg, 14.–17. März 2001, Berlin 2003, S. 227–242.

Böhme, G./Böhme, H.: Feuer, Wasser, Erde, Luft. Eine Kulturgeschichte der Elemente, München 2004.

Ehbrecht, W.: Landesherrschaft und Klosterwesen im ostfriesischen Fivelgo (970–1290), Münster 1974 (Geschichtliche Arbeiten zur Westfälischen Landesforschung, 13; Veröffentlichungen der Historischen Kommission für Westfalen, 22).

Gelhorn, J.: Die Chronik Emo's und Menko's von Floridus hortus, Danzig o.J. [1873].

Jankrift, K. P.: Brände, Stürme, Hungersnöte. Katastrophen in der mittelalterlichen Lebenswelt, Ostfildern 2003.

Jansen, H. P. H./Janse, A. (Hg.): Kroniek van het klooster Bloemhof te Wittewierum, Hilversum 1991 (Middeleuwse Studies en Bronnen, 20).

Knotterus, O. S.: Räume und Raumbeziehungen im Ems Dollart Gebiet, in: Knotterus, O. S. u. a. (Hg.): Rondom Eems en Dollard. Historische verkenningen in het grensgebied van Noordoost-Nederland en Noordwest-Duitsland, Groningen/Leer 1992, S. 11–42, 484–496.

Kohl, W. (Hg.): Das Bistum Münster, Bd. 7,1: Die Diözese, Berlin/New York 1999 (Germania Sacra Neue Folge, 37,1: Die Bistümer der Kirchenprovinz Köln).

Kramer, J.: Sturmfluten. Küstenschutz zwischen Ems und Weser, Norden [7]1993.

Labbé, T.: De la connaissance textuelle et de l'observation des phénomènes naturels: Le système du monde au XIIIe siècle dans la chronique de Wierum en Hollande, in: Le Moyen Âge 114 (2008), S. 335–351.

Lohrmann, D. (Hg.): Ein Pariser Traktat zur Gezeitentheorie (Ende 13. Jahrhundert), in: Il teatro della natura/The Theatre of Nature, Firenze 1996 (Micrologus, 4), S. 105–128.

Meier, D.: Land unter! Die Geschichte der Flutkatastrophen, Ostfildern 2005.

Mentgen, G.: Astrologie und Öffentlichkeit im Mittelalter, Stuttgart 2005 (Monographien zur Geschichte des Mittelalters, 53).

Migne, J.-P. (Hg.): Honorii Augustodinensis opera omnia, Paris 1854 (Patrologiae cursus completus, series latina, 172).
Reinhardt, W.: Kein Deich – kein Land – kein Leben. Wandel der mittelalterlichen Küstenlandschaften durch Landesausbau und Binnenkolonisation, Wilhelmshaven 1983 (Schriftenreihe der Nordwestdeutschen Universitätsgesellschaft, Heft 62).
Rieken, B.: »Nordsee ist Mordsee«. Sturmfluten und ihre Bedeutung für die Mentalitätsgeschichte der Friesen, Münster u. a. 2005 (Abhandlungen und Vorträge zur Geschichte Ostfrieslands, 83; Nordfriisk Instituut, 186).
Schreiner, J.: Der Schauzwang auf Deich und Schleuse. »Die dwanck op den dijck ind sluese«. Die Entwicklung der Deichschauen am unteren Niederrhein vom Spätmittelalter bis zur Mitte des 17. Jahrhunderts, Bielefeld 1995 (Schriften der Heresbach-Stiftung Kalkar, 2).
Schwarz, W.: Archäologische Quellen zur Besiedelung Ostfrieslands im frühen und hohen Mittelalter, in: Behre, K.-E./Lengen, H. v. (Hg.): Ostfriesland. Geschichte und Gestalt einer Kulturlandschaft, Aurich 1995, S. 75–92.
Schwarz, W.: Ur- und Frühgeschichte, in: Behre, K.-E./Lengen, H. v. (Hg.): Ostfriesland. Geschichte und Gestalt einer Kulturlandschaft, Aurich 1995, S. 36–74.
Speer, A.: Die entdeckte Natur. Untersuchungen zu Begründungsversuchen einer »scientia naturalis« im 12. Jahrhundert, Leiden/New York/Köln 1995 (Studien und Texte zur Geistesgeschichte des Mittelalters, 45).
Streif, H.: Das ostfriesische Küstengebiet. Nordsee, Inseln, Watten und Marschen, Berlin/Stuttgart ²1990 (Sammlung geologischer Führer, 57).
Woebcken, C.: Deiche und Sturmfluten an der deutschen Nordseeküste, Bremen/Wilhelmshaven 1924, Nachdruck Walluf 1973.

Erdbeben von Neapel 1456
Gerrit Jasper Schenk

Anmerkungen

Alle Übersetzungen stammen vom Autor, sofern nicht anders angegeben.
1 Anfang von Psalm 90 der Vulgata, entspricht Psalm 91 der Lutherbibel: »Wer unter dem Schirm des Höchsten sitzt/ und unter dem Schatten des Allmächtigen bleibt,/ der spricht zu dem Herrn:/ Meine Zuversicht und meine Burg,/ mein Gott, auf den ich hoffe ...«.
2 Gemeint sind König Alfons I. von Aragón und Sizilien (1416–1458), als Alfons V. der Großmütige seit 1442 zugleich König von Neapel, und sein natürlicher Sohn Ferdinand I. (genannt Ferrante) von Aragón, Herzog von Kalabrien (*1431, †1494).
3 Brief von Bindo Bindi an Siena, ediert Figliuolo: Terremoto, Bd. 2, S. 9–12.
4 Grundlegend, auch im Folgenden: Figliuolo: Terremoto, hier besonders Bd. 1, S. 93, 104–108, 165 und Bd. 2, S. 28 (Tote), 37–45 (Quellen); Guidoboni/Comastri: Catalogue, S. 625–724, hier: 626 (Zitat zur Seismik Italiens), 630 (Tote), 632 (Quellen), 633, 649 (Manetti).
5 Bericht von Giannozzo Manetti in Figliuolo: Terremoti, Bd. 2, S. 20; ferner Guidoboni/Comastri: Catalogue, S. 628, 695–697 mit fig. 123 (Berichte von Paolo Rucellai und Filippo Strozzi).
6 Für einen Tsunami plädieren Guidoboni/Comastri: Catalogue, S. 631, 718.
7 Brief von Paolo Rucellai in Guidoboni/Comastri: Catalogue, S. 695.

8 Wichtige Bibelstellen: Mt 27,51f. und Offb 16,18; Draelants: Phénomènes, S. 209; Marmo: Teoria. Predigten: Dessí: Prédication. Bilder: Sebald: Kunstdenkmäler, S. 292–297. Straftheologie: Groh/Kempe/Mauelshagen: Einleitung, S. 20; Hanska: Strategies, S. 116–126.
9 K. Groll: Januarius, in: F.-W. Bautz/T. Bautz (Hg.): Biographisch-Bibliographishes Kirchenlexikon, Bd. 2, Herzberg 1990, S. 1558. Ferner Schenk: Lektüren. Zur Frage der Theodizee ausführlich auch Manetti ed. Scopelliti, S. 51.
10 So auch Matteo dell'Aquila: Tractatus ed. Figliuolo, S. 66–68.
11 Zu diesem und den folgenden Abschnitten Figliuolo: Terremoti, Bd. 1, S. 143–188; Guidoboni/Comastri: Catalogo, 642; Heitzmann: Giannozzo, S. 746f.
12 Vgl. zu diesem und den folgenden Abschnitten Simek: Erde; Jenks: Astrometeorology; Garin: Astrologie; North: Celestial; Guidoboni: Earthquakes.
13 Isidor von Sevilla: Etymologien, Buch 14, 1–3 (De terra et partibus), ed. Lindsay, Bd. 2 (unpaginiert); Isidor von Sevilla: De natura rerum, Kapitel 46, 1ff., ed. Fontaine, S. 319–321. In den Klammern werden jeweils die antiken Vorbilder genannt.
14 Zu den folgenden Abschnitten vor allem Figliuolo: Terremoti, Bd. 1, S. 17–28, 188–242; Yeomans: Comets, S. 24–33, 407f.; Pagolo di Matteo Petriboni/Matteo di Borgo Rinaldi: Priorista ed. Gutwirth, S. 395–397, 433; Mentgen: Astrologie, S. 104–106; Weltecke: Konjunktion.
15 Mt 2; vgl. Massing: Stern, bes. S. 164–171.
16 Antoninus Florentinus: Tertia pars, fol. 184r–185v; Paolo Toscanelli: Celoria, Osservazioni, Fototipia N. 8; Guglielmo Becchi: Beyer, De significazione, S. 208; Georg von Peuerbach: Lhotsky/d'Occhieppo, Gutachten, S. 271–276.
17 Zu vermuten ist, dass es sich bei dem italienischen Neologismus um einen humanistischen Einfall handelt, aus der bislang in lateinischen Lexika nicht nachweisbaren Verbindung der negativ konnotierenden Vorsilbe ›dis-‹ und dem lateinischen ›astrum‹ (d.h. Stern, aus griechisch ›ástron‹: Sternbild, Gestirn, Stern) das volkssprachliche Wort ›disastro‹ zu bilden, das Eingang in viele europäische Sprachen fand; vgl. unter ›Disastro‹ die Datenbank: Opera del Vocabolario Italiano, Tesoro della Lingua Italiana delle Origini (http://www.tlio.ovi.cnr.it/TLIO; zuletzt aufgerufen am 6. Oktober 2008).
18 Traktate: Matteo dell'Aquila, Tractatus ed. Figliuolo; Manetti ed. Scopelliti (Übersetzung ins Italienische; eine kritische Textausgabe wird konkurrierend von Christian Heitzmann und Daniela Pagliara vorbereitet); vgl. Figliuolo: Terremoti, Bd. 1, S. 228f.; Heitzmann: Giannozzo.
19 Manetti ed. Scopelliti, S. 52f.

Quellen- und Literaturhinweise

Antoninus Florentinus: Tertia pars hystorialis venerabilis domini Antonini, Basel 1502.
Beyer, A.: De significatione cometae. Guglielmo De Becchis Traktat »De Cometa« (1456) und sein Einfluß auf die bildliche Kometenikonographie in Florenz, in: Prinz, W./Beyer, A. (Hg.): Die Kunst und das Studium der Natur vom 14. bis zum 16. Jahrhundert, Wiesbaden 1987, S. 181–211.
Celoria, G.: Sulle osservazioni di comete fatte da Paolo da Pozzo Toscanelli e sui lavori astronomici suoi in generale, Rom 1894, Nachdruck Mailand 1921 (Pubblicazioni del Reale Osservatorio astronomico di Brera in Milano, 55).
Dessí, R. M.: Entre prédication et réception. Les thèmes eschatologiques dans les »reportationes« des sermons de Michele Carcano de Milan (Florence, 1461–1466), in: Mélanges de l'École française de Rome 102,2 (1990), S. 457–479.

Draelants, I.: Phénomènes célestes et tremblements de terre au Moyen âge: enquête sur l'historiographie mediévale dans les limites de la Belgique actuelle (600–1200), in: Bennassar, B. (Hg.): Les catastrophes naturelles dans l'Europe médiévale et moderne, Toulouse 1996 (Actes des XVes journées internationales d'histoire de l'Abbaye de Flaran 10, 11 et 12 septembre 1993), S. 187–222.

Figliuolo, B.: Il terremoto del 1456, 2 Bde., Altavilla Silentina 1988 (Osservatorio vesuviano. Istituto italiano per gli studi filosofici. Storia e scienze della terra, collana di fonti e monografie, 1, 1 & 2).

Figliuolo, B. (Hg.): Matteo dell'Aquila. Tractatus de cometa atque terraemotu (Cod. Vat. Barb. Lat. 268), Salerno 1990 (Osservatorio vesuviano. Istituto italiano per gli studi filosofici. Storia e scienze della terra, collana di fonti e monografie, 2).

Fontaine, J. (Hg.): Isidore de Séville. Traité de la nature. Introduction, texte critique, traduction et notes, Paris 2002 (Collection des études Augustiniennes, Série Moyen-Âge et temps modernes, 39).

Garin, E.: Astrologie in der Renaissance, Frankfurt/New York 1997.

Groh, D./M. Kempe/Mauelshagen, F.: Einleitung. Naturkatastrophen – wahrgenommen, gedeutet, dargestellt, in: Diess. (Hg.): Naturkatastrophen. Beiträge zu ihrer Deutung, Wahrnehmung und Darstellung in Text und Bild von der Antike bis ins 20. Jahrhundert, Tübingen 2003 (Literatur und Anthropologie, 13), S. 11–33.

Guidoboni, E./Comastri, A. (Hg.): Catalogue of earthquakes and tsunamis in the Mediterranean area from the 11th to the 15th century, Rom/Bologna 2005.

Guidoboni, E.: Earthquakes. Theories from Antiquity to 1600, in: Good, G. A. (Hg.): Sciences of the Earth. An Encyclopedia of Events, People, and Phenomena, Vol. 1, New York/London 1998, S. 197–201.

Gutwirth, J. A./Battista, G. (Hg.): Pagolo di Matteo Petriboni, Matteo di Borgo Rinaldi. Priorista (1407–1459), with two appendices (1282–1406), Roma 2001 (Istituto nazionale di studi sul Rinascimento. Dalle biblioteche e dagli archivi toscani, fonti per la storia del tardo medioevo e della prima età moderna, 4).

Hanska, J.: Strategies of Sanity and Survival. Religious Responses to Natural Disasters in the Middle Ages, Helsinki 2002 (Studia Fennica, Historica, 2).

Heitzmann, C.: Giannozzo Manetti und das Erdbeben von 1456. Christlicher Humanismus und empirische Naturwissenschaft, in: Bihrer, A./Stein, E. (Hg.): Nova de veteribus. Mittel- und neulateinische Studien für Paul Gerhard Schmidt, München/Leipzig 2004, S. 735–748.

Jenks, S.: Astrometeorology in the Middle Ages, in: Isis 74 (1983), S. 185–210.

Lhotsky, A./Ferrari d'Occhieppo, K.: Zwei Gutachten Georgs von Peuerbach über Kometen (1456 und 1457), in: Mitteilungen des Instituts für österreichische Geschichtsforschung 68 (1960), S. 266–290.

Lindsay, W. M. (Hg.): Isidori Hispalensis Episcopi. Etymologiarvm sive Originum Libri XX, vol. 2, Oxford 1911, Nachdruck 1962.

Marmo, C.: La teoria del terremoto da Isidoro di Sìviglia alla rinascita carolingia, in: Guidoboni, E. (Hg.): I terremoti prima del mille in Italia e nell'area mediterranea. Storia, archeologia, sismologia, Bologna 1989, S. 322–330.

Massing, J. M.: Der Stern des Giotto. Naturschilderung und Symbolik in der Kometenikonographie des XIII. und XIV. Jahrhunderts, in: Prinz, W./Beyer, A. (Hg.): Die Kunst und das Studium der Natur vom 14. bis zum 16. Jahrhundert, Wiesbaden 1987, S. 159–179.

Mentgen, G.: Astrologie und Öffentlichkeit im Mittelalter, Stuttgart 2005 (Monographien zur Geschichte des Mittelalters, 53).

North, J. D.: Celestial Influence – the Major Premise of Astrology, in: Zambelli, P.: »Astrologi hallucinati«. Stars and the End of the World in Luther's Time, Berlin/New York 1986, S. 45–100.

Schenk, G. J.: Lektüren im Buch der Natur: Wahrnehmung, Beschreibung und Deutung von Naturkatastrophen, in: Rau, S./Studt, B. (Hg.): Geschichte schreiben. Ein Quellenhandbuch zur Historiographie (1350–1750), Berlin 2009 [im Druck].

Scopelliti, C. (Übers.): Giannozzo Manetti. De terraemotu libri tres, traduzione di Carlo Scopelliti, note a cura di Diego Molin e Carlo Scopelliti, Rom 1983 (Collana della Commissione Enea/Enel, Serie documentaziione, 1).

Sebald, E. (Bearb.): Die Kunstdenkmäler des Rhein-Hunsrück-Kreises. Teil 2: Ehemaliger Kreis St. Goar, 2: Stadt Oberwesel, Bd. 1, München 1997 (Die Kunstdenkmäler von Rheinland-Pfalz, 9), S. 292–297.

Simek, R.: Erde und Kosmos im Mittelalter. Das Weltbild vor Kolumbus, München 1992.

Weltecke, D.: Die Konjunktion der Planeten im September 1186. Zum Ursprung einer globalen Katastrophenangst, in: Saeculum 54 (2003), S. 179–212.

Yeomans, D. K.: Comets. A Chronological History of Observation, Science, Myth, and Folklore, New York u. a. 1991.

Erdbeben 1556 in Shaanxi (China)
Andrea Janku

Anmerkungen

1 Zeilinga de Boer und Sanders: Earthquakes in Human History.
2 Janku: What Chinese Biographies.
3 Ebrey u. a.: East Asia, S. 272.
4 Geiss: The Chia-ching reign, 1522–1566, S. 478.
5 Zhang: Mingshi, j. 30, S. 500.
6 Ming Shizong Xiao huangdi shilu, j. 430, S. 2540.
7 Lei: Mingdai de dizhen zaihai, S. 44.
8 Linjin xianzhi, zitiert in Lei: Mingdai de dizhen zaihai, S. 42.
9 Sanyuan xian xin zhi, 1880, j. 8, Nachdruck Taibei, S. 565.
10 Longzhou xuzhi, 1766, j. 1, Nachdruck Taibei, S. 127.
11 Chongxiu Wushan miao bei ji (Aufzeichnung über den Wiederaufbau des Wushan Tempels), in Longzhou xuzhi, 1766, j. 5, Nachdruck Taibei, S. 233, 285, 491. Lei: Mingdai de dizhen zaihai, S. 45.
12 Lei: Mingdai de dizhen zaihai, S. 48f.
13 Lei: Mingdai de dizhen zaihai, S. 47.
14 Ähnliches gilt für die Erforschung der Ursache von Erdbeben in der islamischen Welt. Akasoy: Interpreting Earthquakes in Medieval Islamic Texts, S. 184.
15 Die Yin-Yang-Theorie war die populärste und ist die einzige Erdbeben-Theorie, die in Needhams Science and Civilization in China (Bd. 3, S. 624–626) vorgestellt wird.
16 Lun dizhen (Über Erdbeben), in Chen: Gujin tushu jicheng, Bd. 45, S. 63b.
17 Dizhen (Erdbeben), in Chen: Gujin tushu jicheng, Bd. 45, S. 63a.
18 Li Kaixian: »Dizhen yi yun shi shou« (Zehn Verse zu einem Reim über das Erdbeben), zitiert in Lei: Mingdai de dizhen zaihai, S. 50.
19 Chen: Gujin tushu jicheng, Bd. 45, S. 40a.

20 »Pingyang ai«, zitiert in Lei: Mingdai de dizhen zaihai, S. 50.
21 Wang: Shanxi minju daolun, S. 47. Siehe auch Knapp: China's Old Dwellings, S. 209.
22 Zitiert in Lei: Mingdai de dizhen zaihai, S. 50f.
23 Ma Luan: Dizhen tan.
24 Janku: Towards a History of Natural Disasters in China, S. 278.
25 Zitiert in Lei: Mingdai de dizhen zaihai, S. 43.
26 Siehe beispielsweise What was Premier Wen Jiabao Looking at?

Quellen- und Literaturhinweise

Akasoy, A.: Interpreting Earthquakes in Medieval Islamic Texts, in: Mauch, C./Pfister, C. (Hg.): Natural Disasters, Cultural Responses. Case Studies Toward a Global Environmental History, Lanham 2009, S. 183–196.

Chen Menglei, Gujin tushu jicheng (Sammlung von Illustrationen und Texten aus alter und neuer Zeit), 1726. Nachdruck der 1934–36 Shanghai Zhonghua shuju Ausgabe, Taibei 1964.

Ebrey, P./Walthall, A./Palais, J. B.: East Asia. A Cultural, Social, and Political History, Boston 2006.

Geiss, J.: The Chia-ching reign, 1522–1566, in: Mote, F. W./Twitchett, D. (Hg.): The Cambridge History of China, Bd. 7: The Ming Dynasty, 1368–1644, Teil 1, Cambridge 1988, S. 440–510.

Janku, A.: Towards a History of Natural Disasters in China, in: The Medieval History Journal 10.1–2 (2007), S. 267–301.

Janku, A.: What Chinese Biographies of Moral Exemplars Tell Us about Disaster Experiences (1600–1900), in: Summermatter, S. u. a. (Hg.): Nachhaltige Geschichte. Festschrift für Christian Pfister, Zürich 2009 (im Druck).

Knapp, R.G.: China's Old Dwellings, Honolulu 2000.

Lei Jiasheng: Mingdai de dizhen zaihai ji qi yinying: yi Jiajing sanshisi nian Jin-Shan da dizhen wei li (Erdbebenkatastrophen in der Ming-Zeit und ihre Bewältigung: das Beispiel des Großen Erdbebens von 1556 in Shanxi und Shaanxi), in: Shiyun 7 (2001), S. 39–51.

Longzhou xuzhi (Fortgesetzte Lokalchronik von Longzhou), 1766, Nachdruck: Taibei 1976.

Ma Luan: Dizhen tan (Klage über das Erdbeben), in Linfen xianzhi (Lokalchronik von Linfen) 1730, Nachdruck: Beijing 1992, S. 782–783.

Ming Shizong Xiao huangdi shilu (Die wahrhaften Aufzeichnungen des Kaisers Xiao, Shizong der Ming Dynastie), Taibei 1963.

Needham, J.: Science and Civilization in China, vol. 3: Mathematics and the Sciences of the Heavens and the Earth, Cambridge 1959.

Sanyuan xian xinzhi (Neue Lokalchronik von Sanyuan), 1880, Nachdruck: Taibei 1976.

Wang Qijun: Shanxi minju daolun (Einführung zur Provinz Shanxi der Reihe Alte Häuser), in Lao fangzi: Shanxi minju, Nanjing 1994.

What was Premier Wen Jiabao Looking at? EastSouthWestNorth, Daily Brief Comments, May 2008, http://zonaeuropa.com/200805b.brief.htm (9.3.2009).

Zeilinga de Boer, J./Sanders, D. T.: Earthquakes in Human History: The Far-reaching Effects of Seismic Disruptions, Princeton 2005.

Zhang Tingyu: Mingshi (Geschichte der Ming), Beijing 1974.

Burchardi-Flut 1634 an der Nordseeküste
Marie Luisa Allemeyer

Anmerkungen

1 Alardus: Von einer uberaus hohen Wasserfluth/ dadurch den XI. Octobris, Anno 1634 Teiche und Dämme uberschwemmet und durchrissen sind, S. 54.
2 Lobedantz: Ach und Sache Des im Wasser ertrunckenen Marschlandes Nord Strandt.
3 Sax: Annales Eyderstadiensium, S. 190.
4 Lensch: Jan Adriaansz Leeghwater, S. 13, 17, 19.
5 Heimreich: Nordfriesische Chronik, Bd. 2, S. 134f.
6 Kruse: Topographie der Insel Nordstrand vor der Flut von 1634, S. 125f.

Quellen- und Literaturhinweise

Alardus, W.: Von einer uberaus hohen Wasserfluth/ dadurch den XI. Octobris, Anno 1634 Teiche und Dämme uberschwemmet und durchrissen sind/ und nicht nur in der Cremper und Wilster-Marsch/ sondern auch in Dithmarschen/ insonderheit im Nordstrande/ in Eiderstedte/ Juetlande / und an andern Orten / an Menschen und Vieh/ an Haeusern/ Eckern/ Getreide/ u. unwiederbringlicher Schade geschehen.«, in: Alardus, W.: Wetter Predigten: D[as] i[st]: Vier unterschiedliche Predigten, von schrecklichen Donner und Blitz, von starcken Sturm Winden, u. [...] Wasserfluten, auch unzeitigem [...] Regen, Dadurch Gott [...] seinen gerechten Eifer, u. [...] Zorn, [...] geoffenbaret hat. Zu Crempen in Holstein geh. [...], Leipzig 1636.
Allemeyer, M. L.: Bauen und Beten gegen den Blanken Hans. Der Deich als Ort physischer und metaphysischer Begegnung zwischen Mensch und Meer, in: Cardanus, Jahrbuch für Wissenschaftsgeschichte 8 (2008) (im Druck).
Allemeyer, M. L.: »Kein Land ohne Deich...!«. Lebenswelten einer Küstengesellschaft in der Frühen Neuzeit, Göttingen 2006 (Veröffentlichungen des Max-Planck-Instituts für Geschichte, 222).
Bantelmann, A./Fischer, F.: Alt-Nordstrand um 1634. Karte von Fritz Fischer mit Erläuterungen von Albert Bantelmann, in: Zeitschrift der Gesellschaft für Schleswig-Holsteinische Geschichte 102 (1978), S. 97–110.
Barz, P.: Der wahre Schimmelreiter. Die Geschichte einer Landschaft und ihres Dichters Theodor Storm, Hamburg 2000.
Duerr, H. P.: Rungholt. Die Suche nach einer versunkenen Stadt, Frankfurt/M. 2005.
Eßer, R.: »Ein sonderlich und erschröcklich Wasserflut«. Disaster-Management in der Frühen Neuzeit, in: Münch, P. (Hg.): »Erfahrung« als Kategorie der Frühneuzeitgeschichte, München 2001 (Historische Zeitschrift, Beihefte, N.F. 31), S. 216–227.
Hagemeister, J.: Rungholt. Sage und Wirklichkeit, Hamburg ^{5}1989.
Heimreich, A.: M. Anton Heimreichs, weiland Prediger auf der Insel Nordstrandischmohr, nordfriesische Chronik. Zum drittenmale mit den Zugaben des Verfassers und der Fortsetzung seines Sohnes, Heinrich Heimreich, auch einigen anderen zur nordfriesischen Geschichte gehörigen Nachrichten vermehrt herausgegeben von Dr. N. Falck, Professor des Rechts in Kiel, 2 Bde., Tondern 1819.
Henningsen, H.: Rungholt. Der Weg in die Katastrophe. Aufstieg, Blütezeit und Untergang eines bedeutenden mittelalterlichen Ortes in Nordfriesland, 2 Bde., Husum 1998–2000.

Hinrichs, B./Panten, A./Riecken, G.: Flutkatastrophe 1634. Natur, Geschichte, Dichtung, Neumünster 1985.
Homeier, H.: Die Allerheiligenflut von 1570 in Ostfriesland, in: De Vries, K./ Winsenius, J. P. (Hg.): De Allerheiligenfloed van 1570, Leeuwarden 1970, S. 62–78.
Jakubowski-Tiessen, M.: Sturmflut 1717. Die Bewältigung einer Naturkatastrophe in der Frühen Neuzeit, München 1992 (Ancien Régime, Aufklärung und Revolution, 24).
Jakubowski-Tiessen, M.: »Erschreckliche und unerhörte Wasserflut«. Wahrnehmung und Deutung der Flutkatastrophe von 1634, in: Ders./Lehmann, H. (Hg.): Um Himmels Willen, S. 179–200.
Jakubowski-Tiessen, M.: »Trutz Blanker Hans«. Der Kampf gegen die Nordsee, in: Lundt, B. (Hg.): Nordlichter. Geschichtsbewußtsein und Geschichtsmythen nördlich der Elbe, Köln, Weimar, Wien 2004, S. 67–84.
Jakubowski-Tiessen, M.: Die großen »Mandränken«. Sturmfluten in Nordfriesland, in: Steensen, T. (Hg.): Das große Nordfriesland-Buch, Hamburg 2000, S. 122–133.
Jakubowski-Tiessen, M.: Gotteszorn und Meereswüten. Deutungen von Sturmfluten vom 16. bis 19. Jahrhundert, in: Groh, D./Kempe, M./Mauelshagen, F. (Hg.): Naturkatastrophen. Zu ihrer Wahrnehmung, Deutung und Darstellung von der Antike bis zum 20. Jahrhundert, Tübingen 2002, S. 101–118.
Jakubowski-Tiessen, M./Lehmann, H. (Hg.): Um Himmels Willen. Religion in Katastrophenzeiten, Göttingen 2003.
Jankrift, K. P.: Brände, Stürme, Hungersnöte. Katastrophen in der mittelalterlichen Lebenswelt, Ostfildern 2003.
Karff, F.: Nordstrand. Geschichte einer nordfriesischen Insel, Hamburg ³1978.
Kruse, E. C.: Topographie der Insel Nordstrand vor der Flut von 1634, in: Schleswig-Holsteinische Provinzialberichte 1/2 (1795), S. 97–127.
Kuenz, K.: Nordstrand nach 1634: Die wiedereingedeichte nordfriesische Insel, [o.O.] 1978.
Lensch, M.: Jan Adriaansz Leeghwater und seine Beschreibung der großen Sturmfluth vom 11. Oktober 1634, in: Mitteilungen des Nordfriesischen Vereins für Heimatkunde und Heimatliebe 3 (1905/1906), S. 1–19.
Liliencron, D. von: Trutz, Blanke Hans, in: Wiese, B. von (Hg.): Detlev von Liliencron. Werke, Bd. 1: Gedichte – Epos, Frankfurt/M. 1977, S. 130f.
Lobedantz, M.: Ach und Sache Des im Wasser ertrunckenen Marschlandes Nord Strandt: Das ist: Von der uebergrossen [...] Wasserfluth, [...] 11. und 12. Oct. [...] in den beyden Fuerstenthuemern Schleswig und Holstein [...]: Eine Klag Predigt, Hamburg 1634.
Panten, A./Kühn, H. J.: Rungholt. Sage und Wirklichkeit, in: Steensen, T. (Hg.): Das große Nordfriesland-Buch, Hamburg 2000, S. 152–161.
Rheinheimer, M.: Die Dorfordnungen im Herzogtum Schleswig. Dorf und Obrigkeit in der frühen Neuzeit, 2 Bde., Stuttgart 1999 (Quellen und Forschungen zur Agrargeschichte, 46,1 und 46,2).
Sax, P.: Annales Eyderstadiensium. Ein kurtze Verzeichnis etzlicher Geschichten, so sich in den Landen, Eyderstett, Everschop und Utholm, in den gesetzten Jahren, zugetragen, zusammengebracht durch Petrum Sax, zu Coldenbüttel, in Eyderstett, Anno Christi 1637, hg. von Albert A. A. Panten, St. Peter-Ording 1985 (Werke zur Geschichte Nordfrieslands und Dithmarschens 2; Nordfriisk Instituut, 74b).
Storm, T.: Der Schimmelreiter, in: Laage, K. E./Lohmeier, D. (Hg.): Theodor Storm. Sämtliche Werke in vier Bänden, Bd. 3: Novellen 1881–1888, Frankfurt/M. 1988, S. 634–756.

Wade, M.: The Fifth Horseman. Discourses of Disaster and the »Burchardi Flut« 1634, in: Daphnis 24/2/3 (1995), S. 301–328.

Das jamaikanische Erdbeben 1692
Claudia Schnurmann

Anmerkungen

Diese Katastrophe wurde, wissenschaftlich dichter belegt, in ähnlicher Form im Aufsatz Schnurmann, Erdbeben analysiert. Die englischen Quellenzitate wurden vom Herausgeber ins Deutsche übertragen.

1 Unterwasserarchäologen entdeckten 1960 vor Fort James eine 1686 in den Niederlanden hergestellte Taschenuhr, deren Zeiger bei 11:43 Uhr stehen geblieben waren. Die Datumsangaben im Text folgen dem Kalender neuen Stils; die Daten der Quellen dem Kalender alten Stils.
2 Vgl. Bolt: Erdbeben; Gutdeutsch: Erdbeben als historisches Ereignis, S. 187f.; Harris: Agents of Chaos; Hoff, Chronik der Erdbeben, S. 343f.
3 NN: Anonymous Account, S. 569; John Danforth: Mr. Danforth's sermon, S. 17f.; Watts, The West Indies, S. 311 und 344, liefert keine konkreten Angaben über die Größe der jamaikanischen Bevölkerung zum Zeitpunkt des Erdbebens, sondern kann aufgrund der fehlenden Quellen nur mit Schätzwerten aufwarten. Für das Jahr 1675 vermutet er zirka 8600, für das Jahr 1698 zirka 7400 weiße Einwohner auf Jamaika. Im gleichen Zeitraum lag die Anzahl der versklavten Afrikaner zwischen 9500 (1675) und 40.000 (1698) Menschen. Aus den wenigen Quellen, die Zahlen liefern, geht nicht hervor, ob bei den Opfern Weiße und Schwarze berücksichtigt wurden oder ob Sklaven, nach geltendem Recht als Sachen betrachtet, bei der Zählung der verunglückten Menschen ausgeklammert wurden.
4 Vgl. Oldmixon: Gross-Brittannisches America, S. 782–786; zwar spricht auch er von dem Erdbeben als einem entsetzlichen Gericht Gottes, Oldmixon geht jedoch nicht auf moralische Verfehlungen und menschliche Sünden als die möglichen Ursachen des göttlichen Schuldspruchs ein, stattdessen übt er sich in säkularer Kritik an der den natürlichen Gegebenheiten unangemessenen Bauweise der englischen Kolonisten: Er verweist darauf, dass die Engländer sich nicht wie die Spanier, die früheren Herren der Insel, den örtlichen Standorterfordernissen anpassten und leichtes Baumaterial (vermutlich Kalkstein und Lehm) mit einer geschickten Pfahlbauweise kombinierten, sondern Backsteinhäuser im englischen Stil auf Jamaika errichtet hatten, die den klimatischen Bedingungen wenig angemessen waren und bei Erdschwankungen zu tödlichen Fallen wurden.
5 Das Erdbeben von Lissabon findet das ungebrochene Interesse unterschiedlicher Forschungsdisziplinen: Geologen, Literaturwissenschaftler, Historiker und Philosophen analysieren dieses Ereignis in eindrucksvollen Studien; Mendes/Oliveira/Ribeiro: The 1755 Lisbon earthquake; Lauer/Unger: Das Erdbeben von Lissabon; Braun/Braun/Radner: Lisbon earthquake.
6 Vgl. Oldmixon: Gross-Brittannisches America, S. 785–796.
7 Vgl. Spanish Town/Jamaika. Angesichts der großen Begeisterung der Zuckerrohrpflanzer für Wilhelm III., der kurz zuvor auf den englischen Thron gekommen war und dessen Glorreiche Revolution nachhaltigen Einfluss auf die internen Machtgefüge der Insel genommen hatte, ist die Namensgebung als Tribut der Kolonie an

den neuen König zu verstehen. Siehe dazu Schnurmann: Zank um ein Schiff, S. 103–121.
8 Vgl. dazu Delumeau: Angst im Abendland, S. 352, der darauf hinweist, dass unter englischen Theologen jeglicher Couleur Endzeiterwartungen kursierten, die mithilfe biblischer Zahlensymbolik und moderner mathematischer Errungenschaften wie den Logarithmen den Beginn der Apokalypse glaubten berechnen zu können. Je nach gewählter Methode schwankten die Kenner zwischen 1690, dann 1695 und 1700; zu frühneuzeitlichen Milleniumsängsten und Krisengefühlen vgl. Jakubowski-Tiessen: Krisen des 17. Jahrhunderts; Lehmann/Trepp: Zeichen der Krise.
9 N.N.: Anonymous Account, S. 568f.
10 Zur wirtschaftlichen Situation auf Jamaika vgl. Zahedieh: The Merchants of Port Royal, S. 570–593; Zahedieh: Making Mercantilism work.
11 N.N.: Anonymous Account, S. 569.
12 N.N.: Anonymous Account, S. 569.
13 N.N.: Anonymous Account, S. 569.
14 Zu dem besonderen Status der karibischen Inselwelt in Hinblick auf altweltliche Rechtsprinzipien vgl. Fisch: Die europäische Expansion.
15 Kupperman: Fear of hot Climates, S. 213–240; Dunn: Sugar and Slaves, S. 309; Burnard: Inheritance and Independence, S. 98f; sowie die zeitgenössische Darstellung von Trapham: Discourse.
16 Borst: Erdbeben von 1348, S. 559.
17 Vgl. dazu: Athenian Mercury, April 25, 1691. Das erklärt Überlegungen von der angeblichen Dekadenz oder Jugend anderer Weltgegenden, die in England bereits 1691 diskutiert wurden und die in Deutschland erst sehr viel später aufgegriffen wurden. Dazu Gerbi: The Dispute.
18 Ähnliche Reaktionen fanden sich nach dem Erdbeben von Lissabon 1755, als die zahlreichen Gedichte und Geschichten bestimmte Standardelemente und Klischees enthalten mussten, um dem Publikumsgeschmack zu entsprechen. Vgl. dazu Breidert: Erschütterung der vollkommenen Welt, S. 10f.
19 London Gazette, August 8 to August 11, 1692; zum Zeitungswesen Winkler: Wörterkrieg; Winkler: Handwerk und Markt.
20 London Gazette, August 15 to August 18, 1692.
21 N.N.: Anonymous Account, S. 569: »... Einige wurden bis zum Nacken verschluckt und die Erde wälzte sich über sie und quetschte sie zu Tode, und auf diese Weise wurden einige gefunden, die vom Erdreich begraben waren, doch mit den Köpfen herausragten; die Hunde aßen nur einige Köpfe, andere wurden von den Überlebenden mit Staub bedeckt, um den Gestank zu verhindern ...«.
22 Man beachte die intensive Werbung des Londoner Verlegers und Druckers John Dunton in seinem Blatt »The Athenian Mercury« im Oktober–November 1692 für das bei ihm erschienene Werk: Doolittle, T. oder S.: A Practical Discourse. Vgl. erstmalige Anzeige in »The Athenian Mercury«, October 8, 1692.
23 Doolittle, S.: Sermon occasioned, S. 21f.
24 Doolittle, S.: Sermon occasioned, S. 21f.; Cross: minister of the Gospel, S. 2.
25 Ray: Three Physico-Theological Discourses, S. 364–411; Doolittle, Earthquakes explained.
26 Ray: Three Physico-Theological Discourses, passim; Doolittle: Earthquakes explained, S. 55.
27 Doolittle, Earthquakes explained, S. 56.
28 Doolittle, Earthquakes explained, S. 26, 51f.
29 Doolittle, Earthquakes explained; Doolittle, Sermon occasioned, S. 19.

30 Ray: Three Physico-Theological Discourses, S. 393. Vgl. dazu Wetering, Moralizing, S. 417–438, die sich speziell mit Thomas Doolittles Einfluss auf die puritanische Kosmologie sowie deren Schwanken zwischen Rationalität und Mystizismus seit 1706, verstärkt zwischen 1727 (Erdbeben in New England) und 1755 (Erdbeben in Lissabon), beschäftigt. Siehe auch Greyerz: Secularization, S. 86–100; Landsman: From Colonials to Provincials.
31 Ray: Three Physico-Theological Discourses, S. 398: So weist er darauf hin, dass »die Zeit, da es sich hier in Engelland, und über dem Meer ereignet, ... etliche Minuten unterschieden zu seyn«.
32 Athenian Mercury, September 17, 1692.
33 Vgl. dazu Löffler: Lissabons Fall, S. 366, der auf Kants Abhängigkeit und Rezeption von Überlegungen hinweist, die John Ray wiederum in Anlehnung an italienische Vorbilder des 16. Jahrhunderts Ende des 17. Jahrhunderts weiterentwickelt hatte; Borst: Erdbeben von 1348, passim; Vermij: Natuurgeweld geduid, S. 59.

Quellen- und Literaturhinweise

The Athenian Mercury, Number 10, Saturday, April 25, 1691.
The Athenian Mercury, vol. 8, Number 12, Saturday, October 8, 1692.
The Athenian Mercury, vol. 8, Number 6, Saturday, September 17, 1692.
Bolt, B.: Erdbeben. Eine Einführung, Berlin 1984.
Borst, A.: Das Erdbeben von 1348. Ein historischer Beitrag zur Katastrophenforschung, in: Historische Zeitschrift 233 (1981), S. 529–569.
Braun, T./Braun, E. D./Radner, J. B. (Hg.): The Lisbon earthquake of 1755, Oxford 2005.
Breidert, W. (Hg.): Die Erschütterung der vollkommenen Welt. Die Wirkung des Erdbebens von Lissabon im Spiegel europäischer Zeitgenossen, Darmstadt 1994.
Burnard, T.: Inheritance and Independence: Women's Status in early Colonial Jamaica, in: William and Mary Quarterly 48 (1991), S. 93–114.
Cross, W.: W.C.M.A., minister of the Gospel, the Summ of two Sermons on the Witnesses, and the Earthquake That accompanies this Rescurrection, occasion'd from a late Earthquake, Sept. 8 and preach'd on the fast following Sept. 14, London, printed, and are to be sold by Jonathan Robinson at the Golden Lion in St. Paul's Church-Yard 1692.
Danforth, J.: Mr. Danforth's sermon occassioned by the late great earthquake, and the terrors that attended it, prepared for, and (in Part) Delivered at a fast in Dorchester, Nov. 7, 1727. And transcribed for the Press with some Enlargement. Boston 1728 [printed by Gamaliel Rogers for John Eliot at the south End].
Delumeau, J.: Angst im Abendland. Die Geschichte kollektiver Ängste im Europa des 14. bis 18. Jahrhunderts, Reinbek bei Hamburg ²1989.
Doolittle, S.: Sermon occasioned by the late Earthquake which happen'd in London, And other Places on the Eighth of September, 1692, preached to a Congregation in Reading, by Samuel Doolittle, London, printed by J. R. for J. Salusbery, at the Rising Sun near the Royal Exchange in Cornhill, 1692, To the Reverend, and his honoured Father, Mr. Thomas Doolittle.
Doolittle, T. oder S.: A Practical Discourse on the Late earthquakes; with an Historical Account of prodigies and their various effects by a Reverend Divine. London 1692, printed for John Dunton at the Raven in the Poultry, price 6d.
Doolittle, T.: Earthquakes explained and practically improved, occasioned by the late Earthquake on September 8, 1692 in London, many other parts in England, and

beyond Sea. Jamaica's Miseries shew London's Mercies, both compared, [London 1692] Reprinted at Boston by Benjamin Harris & are to be sold at his shop over against the Old-Meeting-House 1693.

Dunn, R.: Sugar and Slaves. The Rise of the Planter Class in the English West Indies, 1624–1713, London 1973.

Fisch, J.: Die europäische Expansion und das Völkerrecht. Die Auseinandersetzungen um den Status der überseeischen Gebiete vom 15. Jahrhundert bis zur Gegenwart. Stuttgart 1984 (Beiträge zur Kolonial- und Überseegeschichte, 26).

Gerbi, A.: The Dispute of the New World. The History of a Polemic, 1750–1900, Pittsburgh 1973.

Greyerz, K. von: Secularization in early modern England, 1660–c.1750, in: Lehmann, H. (Hg.): Säkularisierung, Dechristianisierung, Rechristianisierung im neuzeitlichen Europa. Bilanz und Perspektiven der Forschung. Göttingen 1997, S. 86–100.

Gutdeutsch, R. u. a.: Erdbeben als historisches Ereignis. Die Rekonstruktion des Bebens von 1590 in Niederösterreich, Berlin 1987.

Harris, S. L.: Agents of Chaos. Earthquakes, Volcanoes, and other natural Disasters. Missoula/MT 1990.

Hoff, K. E. A. von: Chronik der Erdbeben, Gotha 1840/41.

Jakubowski-Tiessen, M. (Hg.): Krisen des 17. Jahrhunderts. Interdisziplinäre Perspektiven, Göttingen 1999.

Kupperman, K. O.: Fear of hot Climates in the Anglo-American Colonial Experience, in: William and Mary Quarterly 41 (1984), S. 213–240.

Landsman, N. C.: From Colonials to Provincials. American Thought and Culture, 1680–1760, New York 1997.

Lauer, G./Unger, T. (Hg.): Das Erdbeben von Lissabon und der Katastrophendiskurs im 18. Jahrhundert, Göttingen 2008 (Das achtzehnte Jahrhundert, Suppl. 15).

Lehmann, H./Trepp, A.-C. (Hg.): Im Zeichen der Krise. Religiosität im Europa des 17. Jahrhunderts. Göttingen 1999 (Veröffentlichungen des Max-Planck-Instituts für Geschichte, 152).

Löffler, U.: Lissabons Fall – Europas Schrecken. Die Deutung des Erdbebens von Lissabon im deutschsprachigen Protestantismus des 18. Jahrhunderts, Berlin 1999.

The London Gazette, From Monday August 15 to Thursday August 18, 1692.

The London Gazette, From Monday August 8 to Thursday August 11, 1692.

London, National Archives: Foreign Office 33/2.

Mendes, L./Sousa Oliveira, V. C./Ribeiro, A. (Hg.): The 1755 Lisbon earthquake revisited, Berlin 2008.

NN: Anonymous Account of the earthquake in Jamaica, in: Browning, A. (Hg.): English Historical Documents, Bd. 8: 1660–1714, London 1966, S. 567–569.

Oldmixon, J.: Gross-Brittannisches America nach seiner Erfindung/ Bevoelckerung und Allerneuestem Zustand: Terre-Neuf, Neu-Schottland, Neu-Engelland, Neu-Yorck, Neu-Jersey, Pennsylvanien, Maryland, Virginien, Carolina, Hudsons-Bay, Barbados, St Lucia, St Vincent, Dominico, Antego, Montserrat, Nevis, Barbuda, Anguilla, Jamaica, Bahamas und Bermudas, Hamburg 1710.

Ray, J.: Three Physico-Theological Discourses, ... first published 1692, London ²1693; deutsche Übersetzung von Theodor Arnold, Drey physico-theologische Betrachtungen von der Welt Anfang, Veraenderung und Untergang, Leipzig 1732.

Schnurmann, C.: Das Erdbeben von Jamaika (Juni 1692) im zeitgenössischen Verständnis des englischen Kolonialreichs. Katastrophen als Mittel der Weltdeutung, in: Münch, P. (Hg.): »Erfahrung« als Kategorie der Frühneuzeitgeschichte, München 2001 (Historische Zeitschrift Beihefte Neue Folge, 31), S. 249–259.

Schnurmann, C.: Zank um ein Schiff: Die Instrumentalisierung eines Rechtsstreits im atlantischen Handel auf Jamaika, 1688–1690, in: Periplus. Jahrbuch für außereuropäische Geschichte 8 (1998), S. 103–121.

Spanish Town/Jamaika, Jamaica Archives: 1B/5/3/3b Jamaica Minutes of the Council 1687–1694, fol. 177, 1./17. 7. 1692 »Regulations for Building the new Towne to be called Kingstown in the Parish of St. Andrews«.

Trapham, T.: A Discourse of the State of Health in the Island of Jamaica, London 1679.

Vermij, R.: Natuurgeweld geduid. Feit & fictie, in: Tijdschrift voor de Geschiedenis van de Representatie 3/1 (1996), S. 50–64.

Watts, D.: The West Indies. Pattern of Development, Culture and Environmental Change since 1492, Cambridge 1990.

Wetering, M. van de: Moralizing in Puritan Natural Science: Mysteriousness in Earthquake Sermons, in: Journal of the History of Ideas 43 (1982), S. 417–438.

Winkler, K. T.: Handwerk und Markt. Druckerhandwerk, Vertriebswesen und Tagesschrifttum in London 1695–1750, Stuttgart 1993.

Winkler, K. T.: Wörterkrieg: politische Debattenkultur in England 1689–1750, Stuttgart 1998.

Zahedieh, N.: Making Mercantilism work: London Merchants and Atlantic Trade in the late seventeenth Century, London 1999.

Zahedieh, N.: The Merchants of Port Royal, Jamaica, and the Spanish Contraband Trade, 1655–1692, in: William and Mary Quarterly 43 (1986), S. 570–593.

Bergsturz von Goldau (Schweiz) 1806
Stephanie Summermatter

Anmerkungen

Das titelgebende Zitat findet sich bei Vögelin: Predigt, S. 3.

1 Zay: Goldau, S. 168–171.
2 Grundsätzlich ist die Forschung sich einig, dass es sich bei dem Ergeignis in Goldau nicht um einen Bergsturz, sondern um einen Bergrutsch handelte, der vom Ablauf her ähnlich aussieht wie eine Schneebrettlawine (vgl. Vögeli: Bergrutsch, S. 128–131). Gleichzeitig wird aber darauf hingewiesen, dass der Begriff ›Bergsturz‹ für Goldau weiterhin verwendet werden darf, da das Ereignis weithin als solcher bekannt ist.
3 Vgl. zur Beschreibung des Ereignisses: Fässler: Bund, S. 42–45; Hürlimann: Bergsturz, S. 21–32; Vögeli: Bergrutsch, S. 121.
4 Fässler: Bund, S. 45.
5 Vgl. zum geologischen Aufbau des Rossbergs Heim: Bergsturz, S. 71–74.
6 Meyer: Bergfall, S. 2f.
7 Zay: Goldau, S. 172.
8 Zay: Goldau, S. 173f.
9 Heim: Bergsturz, S. 197. »Dreißig Jahre warten wir jetzt schon darauf, dass der Berg kommt, jetzt wird er wohl noch warten, bis ich meine Pfeife gestopft habe!«
10 Fässler: Bund, S. 43.
11 Hürlimann: Bergsturz, S. 19.
12 Zay: Goldau, S. 85–96.

13 Vgl. zu den Notmaßnahmen und der folgenden Hilfe ausführlich Fässler: Bund, S. 50–76.
14 Schwyz, Staatsarchiv: Akten I, 264, Brief aus Basel, 13.09.1806, zitiert nach: Fässler: Bund, S. 56.
15 Fässler: Geburt, S. 60f.
16 Kreis: Solidarität, S. 112.
17 Bern, Staatsarchiv: B I, 203,38, Kreisschreiben des Landammanns der Schweiz an die Kantone, 08.11.1806, zitiert nach: Fässler: Bund, S. 66.
18 Bern, Staatsarchiv: B I, 203,38, Kreisschreiben des Landammanns der Schweiz an die Kantone, 08.11.1806, zitiert nach: Fässler: Geburt, S. 65.
19 Zay: Goldau, S. 330.
20 Fässler: Hilfsmassnahmen, S. 100–105.
21 Der literarische und künstlerische Niederschlag wird eingehend beschrieben in Zehnder: Bergsturz, S. 97–161.

Quellen- und Literaturhinweise

Fässler, A.: »... dass unser Bund ein wahrer Brüderbund in Freüd und Not seye«. Die Organisation der Hilfsmassnahmen anlässlich des Goldauer Bergsturzes 1806, in: Der Geschichtsfreund. Mitteilungen des Historischen Vereins der Fünf Orte Luzern, Uri, Schwyz, Unterwalden ob dem Wald und nid dem Wald und Zug 159 (2006), S. 39–80.

Fässler, A.: Geburt der gesamteidgenössischen Solidarität. Die Hilfeleistungen zur Bewältigung des Bergsturzes von Goldau 1806, in: Pfister, Ch. (Hg.): Am Tag danach. Zur Bewältigung von Naturkatastrophen in der Schweiz 1500–2000, Bern 2002, S. 55–68.

Fässler, A.: Hilfsmassnahmen und Diskurse zur Bewältigung des Bergsturzes von Goldau (1806), unveröffentlichte Lizentiatsarbeit, Historisches Institut der Universität Bern, Bern 1998.

Heim, A.: Bergsturz und Menschenleben, Zürich 1932 (Beiblatt zur Vierteljahrsschrift der Naturforschenden Gesellschaft in Zürich, 20).

Hürlimann, M.: Der Goldauer Bergsturz 1806. Geschichte der Naturkatastrophe und Betrachtungen 200 Jahre danach, Freienbach 2006 (Schwyzer Hefte, 89).

Kreis, G.: Eidgenössische Solidarität in Geschichte und Gegenwart, in: Linder, W./Landranchi, P./Weibel, E. R. (Hg.): Schweizerische Eigenart – eigenartige Schweiz. Der Kleinstaat im Kräftefeld der europäischen Integration, Bern/Stuttgart/Wien 1996, S. 109–127.

Meyer, J. H.: Der Bergfall bey Goldau im Canton Schwyz am Abend des zweyten Herbstmonats 1806. Mit zwey radierten Blättern, Zürich 1806.

Müslin, D.: Bettags-Predigt, gehalten im Münster zu Bern den 11. September 1806, aus Anlass des Unglücks zu Goldau, Bern 1806.

Ott, G.: Kurze Beschreibung des Bergsturzes vom Rossberg bei Goldau (Kt. Schwyz), Goldau 1920.

Urlich, M.: Gottes unerforschliche Rathschlüsse bei der Lebensrettung der einen und dem Untergange der Andern bei dem großen Bergsturze über Goldau und seine Umgebung im Kanton Schwyz, Altdorf 1836.

Vögeli, H.: Der Bergrutsch am Rossberg, in: Die Alpen. Zeitschrift des Schweizer Alpen-Club 58 (1982), S. 120–131.

Vögelin, S.: Predigt bey Anlass des am 2ten Herbstmonat erfolgten schauervollen Natur-Ereignisses im Kanton Schwyz. Gehalten in der Waysenkirche zu Zürich, Sonntags den 21. Herbstmonat 1806, Zürich 1806.

Zay, K.: Goldau und seine Gegend, wie sie war und was sie geworden, in Zeichnungen und Beschreibungen zur Unterstützung der übriggebliebenen Leidenden in Druck gegeben, Zürich 1807 (Nachdruck Schwyz 2006).

Zehnder, J./Zehnder N.: Das Goldauer Bergsturzmuseum. Die Rossbergkatastrophe vom 2. September 1806 in historischen Dokumenten, Schrifttum, Kunst und Ausgrabungsgegenständen, Goldau 1981.

Ausbruch des Tambora (Indonesien) 1815
Daniel Krämer

ANMERKUNGEN

Das Titelzitat befindet sich in Skeen: Year Without a Summer, S. 58. Das Zitat stammt ursprünglich aus einem Bericht eines Korrespondenten aus Paris, der am 9. Oktober 1816 im ›Boston Daily Advertiser‹ abgedruckt worden war.

1. Die folgenden Ausführungen basieren auf den Aufzeichnungen von Sir Thomas Stamford Raffles, der von 1811–1816 als Vizegouverneur von Java in Jakarta die britische Kolonie verwaltete. Nach dem Ausbruch des Tambora führte er unter seinen Statthaltern eine Umfrage durch, die ihm Aufschluss über die Folgen des Ausbruchs auf Java und den umliegenden Inseln liefern sollte. Vgl. dazu Raffles: Memoir, S. 267–285. Gute Zusammenstellungen der Berichte finden sich bei Oppenheimer: Tambora Volcano, S. 232–241, und Boers: Mount Tambora, S. 40–43.
2. Raffles: Memoir, S. 282–284.
3. Vgl. dazu Oppenheimer: Tambora Volcano, S. 240.
4. Vgl. dazu Oppenheimer: Tambora Volcano, S. 249.
5. Vgl. dazu Boers: Mount Tambora, S. 44f. und 49f.
6. Während die Kohlestaubpartikel nur relativ kurze Zeit in der Atmosphäre schwebten, blieb das Schwefeldioxid lange wirksam. Es oxidierte zu Sulfaten, welche die Sulfatschicht (durchschnittlich 20–22 Kilometer über der Erdoberfläche) anreicherten. Die Sonneneinstrahlung wurde dadurch reduziert. Siehe dazu Zeilinga de Boer/Sanders: Jahr ohne Sommer, S. 131.
7. Vgl. dazu Pfister: Wetternachhersage, S. 76 und 155. Vor dem Tambora waren bereits der Soufrière in St. Vincent im Jahr 1812 (VEI 4) und der Mayon auf den Philippinen im Jahr 1814 (VEI 4) ausgebrochen. Entscheidender als die Stärke der Explosion war allerdings die Schwefelmenge, die in die Atmosphäre gelangte.
8. Skeen: Year Without a Summer, S. 51.
9. Skeen: Year Without a Summer, S. 63.
10. Zitiert nach Stommel/Stommel: Jahr ohne Sommer, S. 76.
11. Vgl. dazu Skeen: Year Without a Summer, S. 64f. Der neue Kongress kehrte sofort zur alten Entschädigungsordnung zurück.
12. Vgl. dazu Pfister: Wetternachhersage, S. 70 und 153–157.
13. Zitiert nach Skeen: Year Without a Summer, S. 58.
14. Das ganze Gedicht findet sich in Byron: Don Juan, S. 786–788.

15 Für eine physikalische Erklärung des Phänomens siehe Stothers: Tambora Eruption, S. 1194f.
16 Die beiden Zitate stammen aus Müller: Hunger in Bayern, S. 222.
17 Vgl. dazu Post: Last Great Subsistence Crisis, S. 68.
18 Vgl. dazu Abel: Massenarmut, S. 35–61.
19 Zitiert nach Hippel: Armut, S. 10.
20 Vgl. dazu Eiselen: Hungersnot, S. 172. Der Text von Eiselen muss stellenweise allerdings mit Vorsicht betrachtet werden, weil er sich noch auf die Laichinger Hungerchronik stützt, die sich in der Zwischenzeit als Fälschung herausgestellt hat.
21 Vgl. dazu Huhn: Teuerungspolitik, S. 42.
22 Vgl. dazu Göttmann: Getreidemarkt am Bodensee, S. 402–407.
23 Vgl. dazu Müller: Hunger in Bayern, S. 2 und 221f.
24 Scheitlin: Meine Armenreisen, S. 100.
25 Vgl. dazu Specker: Die große Heimsuchung. S. 10.

Quellen- und Literaturhinweise

Abel, W.: Massenarmut und Hungerkrisen im vorindustriellen Deutschland, Göttingen ³1986.
Boers, B. de Jong: Mount Tambora in 1815. A Volcanic Eruption in Indonesia and Its Aftermath, in: Indonesia 60 (1995), S. 37–60.
Byron, G. G.: Don Juan. Gedichte, Bd. 2, München 1977 (Sämtliche Werke).
Eiselen, H.: Zum Beispiel. Die Hungersnot von 1816/17 in Württemberg und Baden, in: Ders. (Hg.): Brotkultur, Köln 1995, S. 164–175.
Fischer, K.: Das Hungerjahr 1816/17 in Tirol und der Ausbruch des Vulkans Tambora. Ein Beispiel der Wirksamkeit großer Vulkanausbrüche auf das Klimasystem der Erde, in: Der Schlern 73 (1999), S. 5–22.
Göttmann, F.: Getreidemarkt am Bodensee. Raum – Wirtschaft – Politik – Gesellschaft (1650–1810), St. Katharinen 1991 (Beiträge zur süddeutschen Wirtschafts- und Sozialgeschichte, 13).
Harington, C. R. (Hg.): The Year Without a Summer? World Climate in 1816, Ottawa 1992.
Hippel, W. von: Armut, Unterschichten, Randgruppen in der Frühen Neuzeit, München 1995 (Enzyklopädie Deutscher Geschichte, 34).
Huhn, M.: Zwischen Teuerungspolitik und Freiheit des Getreidehandels. Staatliche und städtische Maßnahmen in Hungerkrisen 1770–1847, in: Teuteberg, H.-J. (Hg.): Durchbruch zum modernen Massenkonsum. Lebensmittelmärkte und Lebensmittelqualität im Städtewachstum des Industriezeitalters, Münster 1987, S. 37–89.
Müller, G.: Hunger in Bayern 1816–1818. Politik und Gesellschaft in einer Staatskrise des frühen 19. Jahrhunderts, Frankfurt 1998 (Europäische Hochschulschriften, Reihe III, Geschichte und ihre Hilfswissenschaften, 812).
Oppenheimer, C.: Climatic, Environmental and Human Consequences of the Largest Known Historic Eruption. Tambora Volcano (Indonesia) 1815, in: Progress in Physical Geography 27/2 (2003), S. 230–259.
Pfister, C.: Wetternachhersage. 500 Jahre Klimavariationen und Naturkatastrophen, Bern 1999.
Post, J. D.: The Last Great Subsistence Crisis in the Western World, Baltimore 1977.
Raffles, T. S.: Memoir of the Life and Public Services of Sir Thomas Stamford Raffles. Edited by his widow [Sophia Raffles], London 1830.

Scheitlin, P.: Meine Armenreisen in den Kanton Glarus und in die Umgebungen der Stadt St. Gallen in den Jahren 1816 und 1817, nebst einer Darstellung, wie es den Armen des gesammten Vaterlandes im Jahr 1817 erging. Ein Beytrag zur Charakteristik unsrer Zeit, St. Gallen 1820.

Skeen, C. E.: »The Year Without a Summer«. A Historical View, in: Journal of the Early Republic 1/1 (1981), S. 51–67.

Specker, L.: Die große Heimsuchung. Die Hungerjahre 1816/17 in der Ostschweiz, 2 Bde., St. Gallen 1993–1995 (Neujahrsblatt, Nr. 133 und 135).

Stommel, H./Stommel, E.: 1816. Das Jahr ohne Sommer, in: Crutzen, P. J. (Hg.): Atmosphäre, Klima, Umwelt, Heidelberg ²1996 (Verständliche Forschung), S. 70–77.

Stothers, R. B.: The Great Tambora Eruption in 1815 and Its Aftermath, in: Science (New Series) 224/4654 (1984), S. 1191–1198.

Trigo, R. M. u. a.: Iberia in 1816, the Year Without a Summer, in: International Journal of Climatology 29/1 (2009), S. 99–115.

Vasold, M.: Das Jahr des großen Hungers. Die Agrarkrise von 1816/17 im Nürnberger Raum, in: Zeitschrift für bayerische Landesgeschichte 64/3 (2001), S. 745–782.

Zeilinga de Boer, J./Sanders, D. T.: Das Jahr ohne Sommer. Die großen Vulkanausbrüche der Menschheitsgeschichte und ihre Folgen, Essen 2004.

Zindel, U.: Ein Vulkan schreibt Weltgeschichte, in: Epoc 5/2 (2008), S. 28–34.

Dürre und Hunger in der Sahelzone 1913/14
Astrid Meier

Anmerkungen

1 Musa Madibu 1913, zitiert nach De Waal: Famine that Kills, S. 65 (Übersetzung aus dem Englischen durch die Autorin).
2 Überschwemmungen durch Regen oder übertretende Flüsse gehören auch während Trockenperioden zu den natürlichen Risiken in der Sahelzone, für eine Fallstudie siehe Tarhule: Damaging Rainfall and Flooding.
3 Dazu vor allem Weiss: Babban yunwa, S. 365–367.
4 Zu den Namen siehe Boureima: Une histoire des famines, S. 139–185.
5 Dazu De Waal: Famine that Kills, S. 75–77.
6 Der deutsche Anthropologe Gerd Spittler hat über lange Jahre zu diesen Themen gearbeitet und einige einschlägige Werke publiziert, die in der Bibliographie aufgeführt sind.
7 Dazu Nicholson: Climatic and Environmental Change; Brooks: Drought in the African Sahel.
8 Zu den Messungen siehe Grove: A Note; als Überblick Brooks: Drought in the African Sahel.
9 Spittler: Todesangst, S. 44.

Quellen- und Literaturhinweise

Batterbury, S./Warren, A. (Hg.): The African Sahel 25 Years After the Great Drought. Assessing Progress and Moving Towards New Agendas and Approaches, Special Issue Gobal Environmental Change 11/1 (2001).

Brooks, N.: Drought in the African Sahel. Long Term Perspectives and Future Prospects, Norwich 2004 (Tyndall Centre Working Paper, 61).
De Waal, A.: Famine That Kills. Darfur, Sudan, 1984–1985, Oxford 1989.
Gado, B.A.: Une histoire des famines au Sahel. Étude des grandes crises alimentaires (XIXe–XXe siècles), Paris 1993.
Grove, A.T.: A Note on the Remarkably Low Rainfall of the Sudan Zone in 1913, in: Savanna 2/2 (1973), S. 133–138.
Laya, D.: Interviews with Farmers and Livestocks[!]-owners in the Sahel, in: African Environment 1/2 (1975), S. 49–93.
Meier, A.: Hunger und Herrschaft. Vorkoloniale und frühe koloniale Hungerkrisen im Nordtschad. Wiesbaden 1995 (Beiträge zur Kolonial- und Überseegeschichte, 62).
Nicholson, S. E.: Climatic and Environmental Change in Africa during the Last Two Centuries, in: Climate Research 17 (2001), S. 123–144.
Pedersen, J.: Drought, Migration and Population Growth in the Sahel. The Case of the Malian Gourma, 1900–1991, in: Population Studies 49 (1995), S. 111–126.
Spittler, G.: Dürren, Krieg und Hungerkrisen bei den Kel Ewey (1900–1985), Stuttgart 1989 (Studien zur Kulturkunde, 89).
Spittler, G.: Die Bewältigung von Todesangst. Krieg und Hungerkrisen bei den Tuareg, in: Bosbach, F. (Hg.): Angst und Politik in der europäischen Geschichte, Dettelbach 2000, S. 29–51.
Tarhule, A.: Damaging Rainfall and Flooding. The Other Sahel Hazards, in: Climatic Change 72/3 (2005), S. 355–377.
Tschakert, P.: Views From the Vulnerable. Understanding Climatic and Other Stressors in the Sahel, in: Global Environmental Change 17/3–4 (2007), S. 381–396.
Watts, M.: Silent Violence. Food, Famine and Peasantry in Northern Nigeria, Berkeley 1983.
Weiss, H.: Babban yunwa. Hunger und Gesellschaft in Nord-Nigeria und den Nachbarregionen in der frühen Kolonialzeit unter besonderer Berücksichtigung der späten vorkolonialen Verhältnisse und der Einwirkung der Kolonialmächte, Helsinki 1997 (Bibliotheca historica, 22).

Kanto-Erdbeben in Japan 1923
Andreas Dix

ANMERKUNGEN

Zum titelgebenden Zitat siehe Anm. 14.
1. Coulmas: Kultur Japans, S. 64f.
2. Gudorf: Erdbeben, S. 13.
3. Schwind: Japanisches Inselreich, Bd. 1, S. 73f.
4. Schwind: Japanisches Inselreich, Bd. 1, S. 103.
5. Vgl. Documenting Disaster.
6. Schwind: Japanisches Inselreich, Bd. 1, S. 104; Clancey: Earthquake Nation, S. 113–117, 160.
7. Pohl: Geschichte Japans, S. 59–61.
8. Pohl: Geschichte Japans, S. 61.
9. Hartmann: Geschichte Japan, S. 11–78.
10. Jansen: Modern Japan, S. 537–575.

11 Hohn: Stadtplanung, S. 41–45.
12 The Great Earthquake, S. 10.
13 The Great Earthquake, S. 1f.
14 Poole: Old Yokohama, S. 31f.; Übersetzung aus dem Englischen von Gabriele Schenk.
15 The Great Earthquake, S. 53–58.
16 The Great Earthquake, S. 79.
17 The Great Earthquake, S. 50f.
18 The Great Earthquake, S. 20.
19 Storry: Japan and the Decline, S. 18.
20 Hammer: Yokohama Burning, S.154; Weiner: Korean Community, S. 164–192.
21 Hammer: Yokohama Burning, S. 153.
22 Weiner: Korean Community, S. 174; Hammer: Yokohama Burning 2006, S. 156.
23 Hammer: Yokohama Burning, S. 157f.
24 Hammer: Yokohama Burning, S. 166.
25 The Great Earthquake, S.17.
26 Hammer: Yokohama Burning 2006, S. 167f.
27 Clancey: Earthquake Nation, S. 212–233; The Great Kanto-Earthquake 1926, S. 33.
28 Japanische Personennamen werden traditionell in der Reihenfolge Nachname Vorname zitiert. Hohn: Stadtplanung, S. 225.
29 Hohn: Stadtplanung, S. 227f.
30 Hohn: Stadtplanung, S. 52f.
31 Vgl. Bestor: Tsukiji.
32 Hohn: Stadtplanung, S. 54f.
33 Schencking: Catastrophe, S. 842.
34 Schwentker: Doppelgeburt, S. 151.
35 Vgl. Kerr: Flames.
36 Flüchter: Tokio, S. 54–56.

Quellen- und Literaturhinweise

Bestor, T. C.: Tsukiji. The Fish Market at the Center of the World, Berkeley 2004.
Clancey, G.: Earthquake Nation. The Cultural Politics of Japanese Seismicity, 1868–1930, Berkeley u. a. 2006.
Coulmas, F.: Die Kultur Japans. Tradition und Moderne, München 2003.
Documenting Disaster. Natural Disasters in Japanese History 1703–2003, hg. v. National Museum of Japanese History, Tokio 2003.
Flüchter, W.: Tokyo vor dem nächsten Erdbeben. Ballungsrisiken und Stadtplanung im Zeichen des Katastrophenschutzes, in: Geographische Rundschau 52/7–8 (2000), S. 54–61.
The Great Earthquake of 1923 in Japan, hg. v. Bureau of Social Affairs, Home Office, Tokio 1926.
Gudorf, P.: Erdbeben. Vorsorgen statt verdrängen, in: JapanMarkt 14/10 (2005), S. 8–13.
Hammer, J.: Yokohama Burning. The deadly 1923 Earthquake and Fire that helped forge the Path to World War II, New York 2006.
Hartmann, R.: Geschichte des modernen Japan. Von Meiji bis Heisei, Berlin 1996.
Hohn, U.: Stadtplanung in Japan. Geschichte – Recht – Praxis – Theorie, Dortmund 2000.
Jansen, M. B.: The Making of Modern Japan, Cambridge Mass. 2002.

Kerr, E. B.: Flames over Tokyo. The U.S. Army Air Forces' Incendiary Campaign against Japan 1944–1945, New York 1991.

Pohl, M.: Geschichte Japans, München ³2005.

Poole, O.: Manchester: The Death of Old Yokohama in the Great Japanese Earthquake, London 1968.

Schencking, J. C.: Catastrophe, Opportunism, Contestation. The Fractured Politics of Reconstructing Tokyo following the Great Kanto Earthquake of 1923, in: Modern Asian Studies 40/4 (2006), S. 833–873.

Schwentker, W.: Die Doppelgeburt einer Megastadt. Tokyo 1923–1964, in: Ders. (Hg.): Megastädte im 20. Jahrhundert, Göttingen ²2009, S. 139–164.

Schwind, M.: Das Japanische Inselreich. Eine Landeskunde nach Studien und Reisen in 3 Bänden. Bd. 1: Die Naturlandschaft, Berlin 1967. Bd. 2: Kulturlandschaft. Wirtschaftsgroßmacht auf engem Raum, Berlin 1981.

Storry, R.: Japan and the Decline of the West in Asia 1894–1943, London u. a. 1979.

Weiner, M.: The Origins of The Korean Community in Japan 1910–1923, Manchester 1989.

Hamburger Sturmflut 1962
Jens Ivo Engels

QUELLEN- UND LITERATURHINWEISE

Arbeitsgruppe Küstenschutzwerke: Empfehlungen für den Deichschutz nach der Februar-Sturmflut 1962, in: Die Küste 10 (1962), S. 113–130.

Engels, J. I.: Da brach plötzlich der Deich. Die Hamburger Sturmflut 1962, in: Damals 34,2 (2002), S. 8–11.

Engels, J. I.: Vom Subjekt zum Objekt. Naturbild und Naturkatastrophen in der Geschichte der Bundesrepublik Deutschland, in: Groh, D./Kempe, M./Mauelshagen, F. (Hg.): Naturkatastrophen. Beiträge zu ihrer Deutung, Wahrnehmung und Darstellung in Text und Bild von der Antike bis ins 20. Jahrhundert, Tübingen 2003, S. 119–142.

Friedrich, O.: Bericht des vom Senat der Freien und Hansestadt Hamburg berufenen Sachverständigenausschusses zur Untersuchung des Ablaufs der Flutkatastrophe, Hamburg 1962.

Herlin, H.: Die Sturmflut. Nordseeküste und Hamburg im Februar 1962, Hamburg ²2005.

Schildt, A./Siegfried, D./Lammers, Ch. (Hg.): Dynamische Zeiten. Die 60er Jahre in den beiden deutschen Gesellschaften, Hamburg 2000.

Sethe, H.: Die große Flut 1962 an der schleswig-holsteinischen Westküste, Husum 1975.

Stenographische Berichte über die Sitzungen der Bürgerschaft zu Hamburg (Jahr 1962).

Wolfrum, E.: Die geglückte Demokratie. Geschichte der Bundesrepublik Deutschland von ihren Anfängen bis zur Gegenwart, Stuttgart 2006.

Marmara-Erdbeben 1999
Anna Akasoy

Anmerkungen

1. Drew: Gardens of Water, S. 35. Hier und im Folgenden meine Übersetzung. Der Roman ist unter dem Titel »Die Wasser des Bosporus« von Judith Schwaab ins Deutsche übersetzt worden.
2. Özerdem/Barakat: After the Marmara Earthquake, S. 435.
3. Siehe die Stellungnahme von John Sitilides in dem von der Zeitschrift Turkish Studies veranstalteten Runden Tisch zu aktuellen politischen Entwicklungen, in: Roundtable, S. 178f. Siehe auch Kinzer: Crescent and Star, S. 193f.
4. Barry Rubin in seinem Beitrag zum Runden Tisch, in: Roundtable, S. 174.
5. Siehe Guardian vom 7. September 1999, zu dem Radiointerview Die Zeit, Nr. 36 (1999) und Kinzer: Crescent and Star, S. 187f. Seit 1948 hat es mehr als ein Dutzend Amnestien für Vergehen im Baugewerbe gegeben, was langfristig kaum zu verantwortungsvollem Verhalten führen wird. Siehe Jacoby/Özerdem: The Role of the State, S. 303.
6. Für eine Einteilung negativer und positiver Entwicklungsmöglichkeiten infolge des Erdbebens siehe Özerdem/Barakat: After the Marmara Earthquake.
7. Kubicek: The Earthquake, Europe, S. 38.
8. Kemal Kirişci im Beitrag zum Runden Tisch, in: Roundtable, S. 182.
9. Mine Eder im Beitrag zum Runden Tisch, in: Roundtable, S. 176f. Siehe auch Kubicek: The Earthquake, S. 38.
10. Ein knapper Überblick über diese Entwicklungen inklusive einer Liste der politischen Parteien findet sich in Kreiser/Neumann: Kleine Geschichte der Türkei, S. 451–475.
11. Siehe auch Özerdem/Barakat: After the Marmara Earthquake, S. 436.
12. Akasoy: Islamic Attitudes, S. 404.
13. Özerdem/Barakat: After the Marmara Earthquake, S. 432.
14. Drew: Gardens of Water, S. 307.

Quellen- und Literaturhinweise

Akasoy, A.: Islamic Attitudes to Disasters in the Middle Ages. A Comparison of Earthquakes and Plagues, in: The Medieval History Journal 10 (2007), S. 387–410.
Drew, A.: Gardens of Water, London 2008.
Jacoby, T./Özerdem, A.: The Role of the State in the Turkish Earthquake of 1999, in: Journal of International Development 20 (2008), S. 297–310.
Jalali, R.: Civil Society and the State. Turkey after the Earthquake, in: Disasters 26 (2002), S. 120–139.
Karancı, A. N./Rüstemli, A.: Psychological Consequences of the 1992 Erzincan (Turkey) Earthquake, in: Disasters 19/1 (1995), S. 8–18.
Kasapoğlu, A./Ecevit, M.: Impact of the 1999 Marmara Earthquake in Turkey, in: Population and Environment 24/4 (2003), S. 339–358.
Kinzer, S.: Crescent and Star. Turkey between Two Worlds, New York 2002.
Kreiser, K./Neumann, C. K.: Kleine Geschichte der Türkei, Stuttgart 2003.
Kubicek, P.: The Earthquake, Europe, and Prospects for Political Change in Turkey, in: Middle East Review of International Affairs 5 (2001), S. 34–47.

Özerdem, A./Barakat, S.: After the Marmara Earthquake: Lessons for Avoiding Short Cuts to Disasters, in: Third World Quarterly 21/3 (2000), S. 425–439.
Roundtable, in: Turkish Studies 1 (2000), S. 172–189.
Sayers, D. S.: Muslim Theodicy as Reflected in Turkish Media Reactions to the 1999 Earthquake, in: Studies in Contemporary Islam 3 (2001), S. 1–37.

Tsunami im Indischen Ozean 2004 und Hurrikan Katrina 2005
Greg Bankoff

Anmerkungen

Übersetzung, auch der Zitate, aus dem Englischen von Vrushali Deshpande, Ina Messerschmidt, Gabriele und Gerrit Schenk.

1   »Disasters by design«, vgl. Mileti: Disasters by Design.
2   Beck: Living in the World Risk Society, S. 333: »World risk society«.
3   »Hazard prone«: vgl. Bankoff: Rendering the World Unsafe.
4   Abramovitz: Averting Unnatural Disasters, S. 124.
5   IFRCRCS 2007, S. 197–203.
6   Abramovitz: Averting Unnatural Disasters, S. 126.
7   Abramovitz: Averting Unnatural Disasters, S. 124; IFRCRCS 2007, S. 186f.
8   IFRCRCS 2007, S. 187.
9   Abramovitz: Averting Unnatural Disasters, S. 126f.; Doswell: Societal Impacts, S. 137, 144.
10 Donner/Rodríguez: Population Composition, S. 1096.
11 Abramovitz: Averting Unnatural Disasters, S. 131f.; Davis 2006.
12 Marshall/Picau: Postnormal Science, S. 239.
13 Marshall/Picau: Postnormal Science, S. 239.
14 Williams: Rethinking the Nature, S. 1120.
15 Clarke: Mission Impossible.
16 Marshall/Picau: Postnormal Science, S. 232.
17 Marshall/Picau: Postnormal Science, S. 241–244.
18 Steinberg u. a.: Natech Risk, S. 145f.
19 Brunsman/Picou: Disasters, S. 985.
20 Beck: Risikogesellschaft.
21 Beck: Living in the World Risk Society, S. 330.
22 Erikson: A New Species; Quarantelli: Emergencies; Beck: Living in the World Risk Society; Clarke: Worst Cases.
23 Beck: Living in the World Risk Society, S. 330.
24 Calgaro: Paradise in Tatters, S. 1.
25 Die Länder, die vom Tsunami getroffen wurden, sind: Indonesien, Malaysia, Thailand, Myanmar, Bangladesch, Sri Lanka, Indien, die Malediven, Somalia, Kenia, Tansania und die Seychellen. Clark: Disaster and Generosity, S. 384–386; Letukas/Barnshaw: A World System, S. 1066.
26 Townsend: The Asian Tsunami, S. 21.
27 Horton u. a.: Environmental and Socioeconomic Dynamics.
28 Bankhoff: Rendering the World Unsafe; Beck: Living in the World Risk Society, S. 339.
29 Williams: Rethinking the Nature, S. 1127.

30 Letukas/Barnshaw: A World System, S. 1066.
31 Clark: Disaster and Generosity, S. 384–386; Korf: Disaster, S. 246.
32 Korf: Disaster, S. 245.
33 Williams: Rethinking the Nature, S. 1123f., 1127.
34 Donner/Rodríguez: Population Composition, S. 1098; Freudenberg u. a.: Organizing Hazards, S. 1019.
35 Die zwei vorherigen Wirbelstürme waren Betsy 1965, als 15 Prozent von New Orleans überschwemmt und 76 Personen getötet wurden, und Camille 1969.
36 Laska und Morrow 2006/2007, S. 16f.
37 Donner/Rodríguez: Population Composition, S. 1093, 1095.
38 Freudenberg u. a.: Katrina.
39 Freudenberg u. a.: Organizing Hazards, S. 1030.
40 Brunsman/Picou: Disasters in the Twenty-First Century, S. 985; Steinberg u. a.: Natech Risk, S. 144, 146.
41 Laska/Morrow: Social Vulnerabilities, S. 18f.
42 Donner/Rodríguez: Population Composition, S. 1096f.
43 Laska/Morrow: Social Vulnerabilities, S. 19.
44 Laska/Morrow: Social Vulnerabilities, S. 22.
45 Grasso/Singh: Global Alert Service, S. 1837; Laituri/Kodrich: On Line Disasters, S. 3040f.
46 Laituri/Kodrich: On Line Disasters, S. 3039.

Quellen- und Literaturhinweise

Abramovitz, J.: Averting Unnatural Disasters, in: State of the World 2001, London 2001, S. 123–142.
Bankoff, G.: Rendering the World Unsafe. »Vulnerability« as Western Discourse, in: Disasters 25/1 (2001), S. 19–35.
Beck, U.: Risikogesellschaft. Auf dem Weg in eine andere Moderne, Frankfurt am Main 1986.
Beck, U.: Living in the World Risk Society, in: Economy and Society 35/3 (2006), S. 329–345.
Brunsma, D./Picou, J. S.: Disasters in the Twenty-First Century. Modern Destruction and Future Instruction, in: Social Forces 87/2 (2008), S. 983–991.
Calgaro, E.: Paradise in Tatters. An Analysis of the Vulnerability of the Tourism Community of Khao Lak, Thailand, to the 2004 Indian Ocean Tsunami, Stockholm 2005.
Clark, N.: Disaster and Generosity, in: Geographical Journal 171/4 (2005), S. 384–386.
Clarke, L.: Mission Improbable. Using Fantasy Documents to Tame Disaster, Chicago and London 1999.
Clarke, L.: Worst Cases: Terror and Catastrophe in the Popular Imagination, Chicago 2006.
Davis, M.: Planet of Slums, London and New York 2006.
Donner, W./Rodríguez, H.: Population Composition, Migration and Inequality. The Influence of Demographic Changes on Disaster Risk and Vulnerability, in: Social Forces 87/2 (2008), S. 1089–1114.
Doswell, C.: Societal Impacts of Severe Thunderstorms and Tornadoes. Lessons Learned and Implications for Europe, in: Atmosphere Research 67–68 (2003), S. 135–152.
Erikson, K.: A New Species of Trouble, New York 1994.

Freudenburg, W. u. a.: Katrina. Unlearned Lessons, in: Worldwatch September/October (2007), S. 14–19 (http://www.colorado.edu/hazards/resources/socy4037/Katrina.pdf; letzter Zugriff 15.05.2009).

Freudenburg, W. u. a.: Organizing Hazards, Engineering Disasters? Improving the Recognition of Political-Economic Factors in the Creation of Disasters, in: Social Forces 87/2 (2008), S. 1015–1038.

Grasso, V./Singh, A.: Global Alert Service (GEAS), in: Advances in Space Research 41 (2008), S. 1836–1852.

Horton, B. u. a.: Environmental and Socioeconomic Dynamics of the Indian Ocean Tsunami in Penang, Malaysia, in: Singapore Journal of Tropical Geography 29 (2008), S. 307–324.

IFRCRCS: International Federation of the Red Cross and Red Crescent Societies: World Disasters Report. Focus on Discrimination, Genf 2007.

Korf, B.: Disasters, Generosity and the Other, in: Geographical Journal 172/3 (2006), S. 245–247.

Laituri, M./Kodrich, K.: On Line Disaster Response Community. People as Sensors of High Magnitude Disasters Using Internet GIS, in: Sensors 8 (2008), S. 3037–3055.

Laska, S./Morrow, B. H.: Social Vulnerabilities and Hurricane Katrina. An Unusual Disaster in New Orleans, in: Marine Technology Society Journal 40/4 (2006/2007), S. 16–26.

Letukas, L./Barnshaw, J.: A World-System Approach to Post-catastrophe International Relief, in: Social Forces 87/2 (2008), S. 1063–1086.

Marshall, B./Picou, J. S.: Postnormal Science, Precautionary Principles, and Worst Cases. The Challenge of Twenty-First Century Catastrophes, in: Sociological Inquiry 78/2 (2008), S. 230–247.

Mileti, D.: Disasters by Design. A Reassessment of Natural Hazards in the United States, Washington D.C. 1999.

Quarantelli, E.: Emergencies, Disaster and Catastrophes, in: University of Delaware, Disaster Research Centre Preliminary Paper #304 (2000) (http://www.udel.edu/DRC/Preliminary_Papers/pp304.pdf; letzter Zugriff 15.05.2009).

Steinberg, L. u. a.: Natech Risk and Management. An Assessment of the State of the Art, in: Natural Hazards 46 (2008), S. 143–152.

Townsend, D.: The Asian Tsunami 2004, Oxford 2006.

Williams, S.: Rethinking the Nature of Disaster. From Failed Instruments of Learning to a Post-Social Understanding, in: Social Forces 87/2 (2008), S. 1115–1138.

Die Klimakatastrophe
Franz Mauelshagen

Anmerkungen

1 Emmerich hat in Interviews selbst von »Klimakatastrophe« gesprochen. Vgl. Roland Emmerich im SZ-Interview: »Ich bin nicht so naiv wie meine Filme«, in: Süddeutsche Zeitung v. 26.05.2004; vgl. auch Hamburger Abendblatt v. 27.05.2004.

2 »Superstürme, Fluten und Eiseskälte«. Der Regisseur Roland Emmerich über seinen Katastrophen-Film »The Day After Tomorrow«, in: KulturSPIEGEL 5/2004 v. 26.04.2004, S. 20.

3 Alley: Machine.

4 Vgl. Weart: Rapid Climate Change.
5 Der Stein von Rosette wurde 1799 im Niltal gefunden. Er enthält dreimal dieselbe Inschrift, auf Ägyptisch in Hieroglyphen, auf Ägyptisch in demotischer Briefschrift und auf Altgriechisch in griechischen Großbuchstaben. Anhand dieses Steines gelang 1822 Jean-Francois Champollion die Entzifferung der demotischen und hieratischen Schrift sowie der Hieroglyphen.
6 Alley: Key; übersetzt von Franz Mauelshagen.
7 Alley: Machine, S. 181; übersetzt von Franz Mauelshagen.
8 Schwartz: Scenario.
9 National Research Council.
10 U.S. Global Change Research Program.
11 Committee On Abrupt Climate Change.
12 Gagosian: Abrupt climate change.
13 Schwartz: Long view, S. 6; übersetzt von Franz Mauelshagen.
14 Gerhard Sardemann in einer Rezension der Studie von Schwartz und Randall. Vgl. den Artikel Klimawandel – eine Frage der Sicherheit? In: Technikfolgenabschätzung – Theorie und Praxis 13/2 (2004), S. 120–123, hier: S. 123.
15 Interview von Alex Steffen mit Doug Randall, Online-Magazin »Worldchanging«, 26. Mai 2004; http://www.worldchanging.com/archives/000760.html; letzter Zugriff 13.05.2009.
16 Vgl. Sinn: Paradoxon.
17 »Das Weltklima gerät aus den Fugen«, in: Der Spiegel, Nr. 33 v. 11.08.1986, S. 122–134. Zitate von S. 122f. Als »Falken« (engl. ›hawks‹) wurden in den USA seit den 1960er-Jahren diejenigen Politiker bezeichnet, die im Falle internationaler Auseinandersetzungen eine militärische Lösung der Diplomatie vorzogen. Ihre Gegner wurden »Tauben« (engl. ›doves‹) genannt.
18 Zit. nach Weart: Rapid Climate Change, S. 2; übersetzt von Franz Mauelshagen.

Quellen- und Literaturhinweise

Alley, R. B.: The two-mile time machine. Ice cores, abrupt climate change, and our future, Princeton, N.J. 2000.
Alley, R. B.: The key to the past?, in: Nature 409 (2001), S. 289–289.
Flohn, H.: Stehen wir vor einer Klimakatastrophe? Bleibt das Großklima stabil? Naturvorgänge und menschliche Eingriffe als Klimafaktoren, in: Umschau 77 (1977), S. 561–569.
Gagosian, R. B.: Abrupt climate change. Should we be worried? World Economic Forum, Davos, 27. Januar 2003.
Schwartz, P.: The art of the long view. Planning for the future in an uncertain world, New York 1995.
Schwartz, P. /Randall, D.: An Abrupt Climate Change Scenario and Its Implications for United States National Security, Pentagon-Studie 2003.
Sinn, H.-W.: Das grüne Paradoxon. Plädoyer für eine illusionsfreie Klimapolitik, Berlin 2008.
Weart, S. R.: Rapid Climate Change. Internetpublikation auf der Webseite »The Discovery of Global Warming«, Juni 2008, http://www.aip.org/history/climate; letzter Zugriff: 26.05.2009.

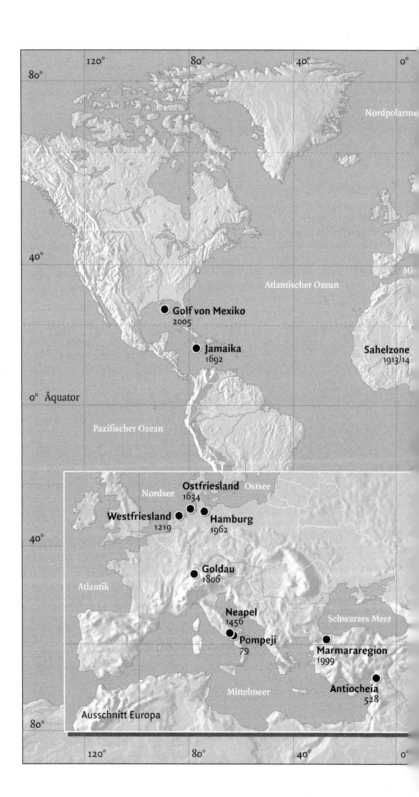

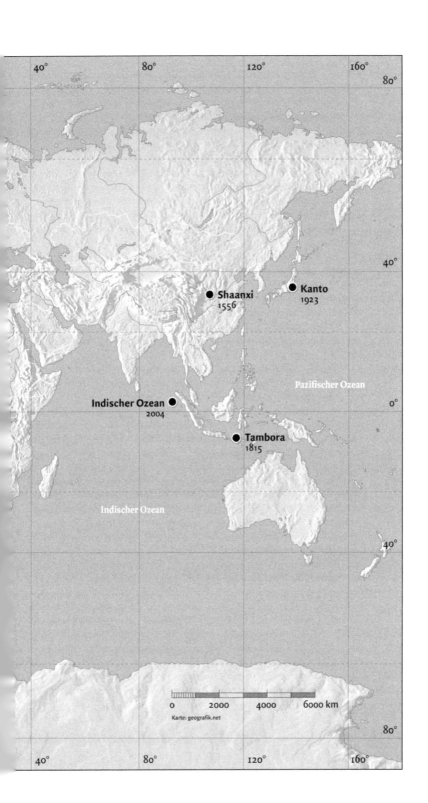

Glossar

Astrometeorologie Diese Art der Meteorologie hat den Anspruch, die langfristige Vorhersage der Witterung aus Sternkonstellationen ableiten zu können. Sie erfuhr große Verbreitung im ausgehenden Mittelalter. Auch Johannes Kepler (1571–1630) hat noch Astrometeorologie betrieben.

Dalton-Minimum Nach dem englischen Meteorologen John Dalton (1766–1844) benannt, war das Dalton-Minimum eine Periode niedriger solarer Aktivität und entsprechender Kälte in den Jahren von 1790 bis 1830.

Desertifikation Bedeutet die Ausdehnung von wüstenhaften Bedingungen wegen klimatischer Veränderungen und/oder menschlicher Aktivitäten wie Überweidung, Übernutzung, Abholzung und ungeeigneten Bewässerungsmethoden und gehörte zu den Fachbegriffen, mit der die sahelischen Krisen von 1973/74 und 1983/84 erklärt wurden. Heute ist die Nützlichkeit dieses Begriffes eher umstritten.

El-Niño-Effekt Meint das unregelmäßig, aber in Abständen von einigen Jahren auftretende ozeanographisch-meteorologische Phänomen, das sich durch außerordentlich hohe Oberflächentemperaturen des äquatorialen Pazifik vor Peru zeigt. Der Name verweist ursprünglich auf das regelmäßig zu beobachtende Ansteigen der Meerestemperatur vor Weihnachten (el niño, Spanisch für ›das Kind‹, ›Christkind‹), doch der sogenannte Effekt hat größere Dimensionen. Er führt zu global spürbaren Wetterveränderungen, darunter Dürren in Afrika.

Epizentrum Ist das senkrecht vom sogenannten Erdbebenherd auf die Erdoberfläche projizierte Zentrum eines Erdbebens und in der Regel das Gebiet mit dem höchsten Grad an Zerstörung.

Hydrographie Ist die Wissenschaft und die Praxis der Messung und Darstellung derjenigen Parameter, die notwendig sind, um die Beschaffenheit und Gestalt des Bodens von Gewässern, deren Beziehung zum festen Land sowie deren Zustand und Dynamik zu beschreiben.

Hydrologie, historische Ist eine junge interdisziplinäre Wissenschaft, die in einer Kombination von Methoden der Hydrologie (Wissenschaft vom Wasser) und weiterer Naturwissenschaften mit den Methoden der Geschichtswissenschaft (z. B. Quellenkritik, Chronologie, historische Ortsnamenkunde), Archäologie und weiterer Disziplinen vergangenes hydrologisches Geschehen (umfassend historische Hochwasser, Pegelstände, Eisstau usw.) zu rekonstruieren und zu interpretieren versucht.

Klimatologie, historische Ist eine junge interdisziplinäre Wissenschaft, die in einer Kombination von Methoden der Klimatologie (Wissenschaft vom Klima) und weiterer Naturwissenschaften mit den Methoden der Geschichtswissenschaft (z. B. Quellenkritik, Chronologie, historische Ortsnamenkunde), besonders der Umweltgeschichte, und weiterer Disziplinen vergangenes klimatisches Geschehen (z. B. Temperaturen, Niederschläge, Witterungsverläufe, Großwetterlagen) zu rekonstruieren und zu interpretieren versucht. Sie steht in enger Verbindung zur historischen Hydrologie und Meteorologie und trägt direkt zur historischen Klimawirkungsforschung und mit der gesellschaftlichen Deutung von klimatischen Ereignissen auch zur Kulturgeschichte des Klimas bei.

La-Niña-Effekt   Meint das unregelmäßig, aber in Abständen von einigen Jahren auftretende ozeanographisch-meteorologische Phänomen, das sich durch außerordentlich niedrige Oberflächentemperaturen des äquatorialen Pazifik vor Peru zeigt. Wie der gegenteilige El-Niño-Effekt führt dies zu global spürbaren Wetterveränderungen, vor allem heftigen Stürmen im Pazifik.

Magma   Ist eine Masse aus flüssigem Gestein, die im oberen Erdmantel und der tieferen Erdkruste vorkommt. Ihre Fließfähigkeit, das Aufsteigen des Magmas bis zur Erdoberfläche, ist die Ursache des Vulkanismus.

MCS-Skala   Die Mercalli-Cancani-Sieberg-Skala ist eine zwölfteilige Skala zur Ermittlung der Erdbebenstärke, welche die sicht- und fühlbaren Auswirkungen von Erdbeben auf der Erdoberfläche aufgrund des beobachteten Geschehens und des Ausmaßes der Zerstörung einteilt. Sie dient der Beschreibung von Schäden. Im Gegensatz zur Richterskala (s. u.) sind diese Angaben subjektiver und hängen vom Beobachter, den geologischen Beschaffenheiten und der lokalen Bebauung ab.

Meteorologie, historische   Ist eine junge interdisziplinäre Wissenschaft, die in einer Kombination von Methoden der Meteorologie (Wissenschaft vom Wetter) und weiterer Naturwissenschaften mit den Methoden der Geschichtswissenschaft (z. B. Quellenkritik, Chronologie, historische Ortsnamenkunde) und weiterer Disziplinen vergangenes meteorologisches Geschehen (vergangenes Wetter, Druckgebiete, Großwetterlagen usw.) zu rekonstruieren und zu interpretieren versucht.

Mont-Pelé-Phase   Eine insbesondere durch das Auftreten zerstörerischer Glutwolken (Nuée ardente) gekennzeichnete Phase eines Vulkanausbruchs des Mont-Pelé-Typus. Sowohl der Mont-Pelé-Typus als auch die Mont-Pelé-Phase wurden beim Ausbruch des Mont Pelé (Martinique) 1902 intensiv studiert und dienen seither als Beschreibungsmuster für vergleichbare Eruptionen.

Nuée ardente   Vgl. Pyroklastischer Strom.

Pyroklastischer Strom   Ist eine Masse aus Gas und Feststoff, die sich bei Vulkanausbrüchen mit hoher Geschwindigkeit hangabwärts bewegt. Er entsteht durch explosive vulkanische Eruptionen und ist von dem allgemein geläufigen Lavastrom zu unterscheiden. Im Deutschen wird als Synonym oft der Begriff »Glutlawine« verwendet.

Resilienz   Ist ein Fachbegriff, der sich sowohl auf Personen und gesellschaftliche Ordnungen als auch auf Ökosysteme beziehen kann. Er benennt die Widerstandsfähigkeit gegenüber Störungen und Risiken und wird als Gegenbegriff zu Verwundbarkeit verwendet.

Richterskala   Ist eine nach dem US-amerikanischen Seismologen Charles Francis Richter (1900–1985) benannte gebräuchliche Magnitudenskala, die zum Vergleich der Stärke von Erdbeben benutzt wird. Sie basiert auf seismographischen Messungen der Amplitude (Schwingungsweite) in der Nähe des Epizentrums.

Seismologie, historische   Ist eine junge interdisziplinäre Wissenschaft, die in einer Kombination der Methoden der Seismologie (Wissenschaft von Erdbeben) und weiterer Naturwissenschaften mit den Methoden der Geschichtswissenschaft (z. B. Quellenkritik, Chronologie, historische Ortsnamenkunde) vergangene Erdbeben zu rekonstruieren versucht (umfassend Ort, Stärke, Verlauf, Wirkungen, Ursachen usw.).

Subduktionszone   Bezeichnet eine Zone der festen Erdoberfläche, an der eine Platte der Erdkruste unter eine andere Platte abtaucht.

Subsistenzkrise Ist das besonders in der Frühen Neuzeit in Westeuropa häufige Phänomen der Unmöglichkeit, das zum Überleben nötige Existenzminimum aufrechtzuerhalten. Klimatisch oder kriegsbedingte schlechte Ernten führen zu extrem steigenden Getreidepreisen, Unterernährung und daraus resultierend hoher Sterblichkeit.

Tektonische Platten Auch Lithosphäreplatten genannt, sind sieben große und einige kleine Platten, in die die gesamte Lithosphäre (Gesteinshülle der Erde) unterteilt ist. Ihre Mobilität führt zu Vulkanismus und/oder Erdbeben, die ihrerseits wiederum Tsunamis auslösen können.

Thermohaline Zirkulation Der Begriff ›thermohalin‹ beschreibt die Eigenschaft des Meerwassers, aufgrund von Temperaturänderungen oder Änderungen seines Salzgehalts seine Dichte zu ändern. Der Begriff ›thermohaline Zirkulation‹ beschreibt einen Teil der ozeanischen Zirkulation. Durch die globalen Windsysteme mitverursacht, fließt warmes Oberflächenwasser im Atlantik nordwärts und wird im Nordatlantik stark abgekühlt. Sowohl Abkühlung als auch Steigerung des Salzgehalts bewirken eine Erhöhung der Dichte und damit des spezifischen Gewichtes des Wassers, was es absinken lässt. Das kalte Tiefenwasser strömt nun als nordatlantisches Tiefenwasser zurück in Richtung Süden und in den indischen und pazifischen Ozean. Durch diese thermohaline Zirkulation wird Wärme polwärts transportiert; sie spielt somit eine wichtige Rolle im globalen Wärmehaushalt der Erde.

Tsunami Ist eine sich mit großer Geschwindigkeit fortsetzende Meereswoge, die in den meisten Fällen durch ein Erdbeben auf dem Meeresgrund ausgelöst wird. Tsunamis sind daher grundsätzlich zu unterscheiden von Wellen jeglicher Art, die durch Wind und Gezeiten verursacht werden.

VEI Vulkanischer Explosionsindex; ist eine logarithmische Skala von 0 bis 8 zur Angabe der Stärke eines Vulkanausbruchs. Messgrößen sind die Menge an ausgestoßenem vulkanischem Material und die Höhe der Rauchsäule eines Ausbruchs. Eingeführt wurde sie 1982 von den US-amerikanischen Geologen Chris Newhall und Steve Self.

Verwundbarkeit (Vulnerabilität, von englisch ›vulnerability‹) ist ein zentraler Begriff der Katastrophenforschung, der die unterschiedliche Anfälligkeit und Betroffenheit von Personen, sozialen Gruppen und ganzen Gesellschaften gegenüber natürlichen, aber auch menschengemachten Risiken ausdrückt. In der letzten Zeit hat sich als Gegenbegriff Resilienz durchgesetzt.

Register

Personenregister

Adenauer, Konrad 171, 176
Aeneas 24
Alardus, Wilhelm 101, 106, 239
Albertus Magnus (der Große), Heiliger 76, 78f.
al-Dschazzār, Ibn 189
Alfons I., König von Aragón und Sizilien 73f., 79, 234, 243
Alley, Richard B. 209–212, 215, 257
Anastasios I., byzantinischer Kaiser 39
Antonius von Florenz, Heiliger, Erzbischof 78
Aristoteles 60, 62, 75
Astesano, Antonio 74
Augstein, Rudolf 220, 269
Augustinus von Hippo, Heiliger, Bischof 55f.
Augustus (Imperator Caesar Augustus), römischer Kaiser 35
Aunpeck von Peuerbach, Georg 78
Barakat, Sultan 184, 186, 253f.
Başioğlu, Sinan 182, 184, 190
Beck, Ulrich 196, 225, 254f.
Bindi, Bindo 69, 71–73, 75, 77, 234
Bonaparte, siehe Napoléon
Borst, Arno 13, 113, 225, 242f.
Braudel, Fernand 140
Bulwer-Lytton, Edward 24
Bush, George H. W., Präsident der USA 214
Bush, George W., Präsident der USA 214f.
Byron, Lord George Gordon 138, 247
Caminada, Christianus 130
Cassius Dio (Lucius Cassius Dio Cocceianus) 33f., 227–229
Champollion, Jean-François 257
Cheney, Richard Bruce »Dick« 214
Çiller, Tansu 187
Clarke, Lee 195f., 254f.
Coolidge, John Calvin Junior 164
Cuvier, Georges 211
Dalton, John 136, 260

Demokrit von Abdera 75
Diamond, Jared 222, 224f.
Dink, Hrant 187
Dio, siehe Cassius
Doolittle, Samuel 242f.
Doolittle, Thomas 115f., 242f.
Drew, Alan 182f., 190, 253
Eatwell, W. 132f.
Ecevit, Mehmet 183, 188, 253
Eder, Mine 186, 253
Eiselen, Hermann 141, 248
Emmerich, Roland 206, 209, 216, 256
Emo von Huizinge, Abt 54–56, 58, 64f., 232
Empedokles von Akragas 60
Erbakan, Necmettin 187
Erdoğan, Recep Tayyip 185
Erikson, Kai 196, 254, 256
Etter, Philipp 130
Euphrasios, Patriarch 47
Fabris, Pietro 13
Fässler, Alois 125, 127, 245f.
Fiorelli, Guiseppe 23
Flohn, Hermann 216, 257
Franziskus von Assisi, Heiliger 68
Friedrich I., König von Württemberg 143
Friedrich III., deutsch-römischer Kaiser 73
Friedrich, Caspar David 139
Gagosian, Robert B. 215, 257
Galen von Pergamon 60
Gallatin, Albert 137
Gennaro, Heiliger 71f.
Göçer, Veli 184
Goethe, Johann Wolfgang von 110
Göttmann, Frank 141, 248
Gürtuna, Müfit 185
Hadrian (Publius Aelius Hadrianus), römischer Kaiser 36
Hai Rui 83
Haien, Hauke 106

Halley, Edmond 78
Han Bangqi 91
Heim, Albert 122, 246
Heimreich, Anton 104–107, 239
Heinloth, Klaus 217
Herdricus von Schildwolde, Propst 65
Herzog, Roman 225
Hicks, Margaret de Forst 167
Hippokrates von Kos 60
Huhn, Michael 141, 248
Hürlimann, M. 123f., 245f.
Hutton, James 211
Huxley, Aldous 203
Isidor von Sevilla, Bischof 75, 235f.
Ito Noe 168
Jacoby, Tim 186, 253
Jalali, Rita 185, 253
Jankrift, Kay Peter 58, 232f., 240
Januarius, siehe Gennaro
Jefferson, Thomas, Präsident der USA 137
Jiajing (Shizong), Kaiser von China 82–84, 90, 237f.
Johannes von Ephesos, Bischof 47, 229
Johannes von Nikiu, Bischof 41, 229
Jong Boers, Bernice de 136, 248
Juliane von Nikomedien, Heilige 54, 56, 58
Justin I. (Flavius Iustinus), byzantinischer Kaiser 45, 49
Justinian I. (Flavius Petrus Sabbatius Iustinianus), byzantinischer Kaiser 49, 231
Kamer, Joachim 122
Kangxi (Shengzu), Kaiser von China 82
Kant, Immanuel 110
Karancı, A. Nuray 88, 253
Karl der Große, fränkisch-römischer Kaiser 63
Kasapoğlu, Aytül 183, 188, 253
Kepler, Johannes 11, 260
Kirişci, Kemal 185, 253
Konstantin I. (Gaius Flavius Valerius Constantinus), römischer Kaiser 43, 231
Korf, Benedikt 199, 255f
Kreis, Georg 125, 246
Kruse, Ernst Christian 105f., 239f.

Kubicek, Paul 186, 253f.
Kubrick, Stanley 218
Leeghwater, Jan Adriaan 103, 239f.
Li Kaixian 88–90, 237
Liliencron, Detlev von 93, 95, 107, 240
Lobedantz, Matthias 102, 106, 239f.
Lübke, Heinrich 176
Ludwig III. von Anjou, König von Sizilien 73
Lukrez (Titus Lucretius Carus) 75
Lyell, Charles 211
Ma Luan 90, 238
Madibu, Musa 147, 149, 249
Malalas, Johannes 40f., 43f., 45–47, 50, 229–231
Manetti, Giannozzo 69f., 79f., 234–237
Mao Zedong 81
Marc Aurel (Marcus Aurelius Antonius), römischer Kaiser 227
Marcellus, Heiliger 15, 52, 54–56, 64–66
Masahiko Amakasu 168
Matteo dell'Aquila, Abt 79, 235f.
Maximilian I., König von Bayern 142
Medici, siehe Piero de‹ Medici
Meiji (Tenno Mutsuhito), Kaiser von Japan 161, 164, 168, 170, 252
Menko (von Huizinge), Abt 55, 233
Merian, Andreas 125
Meyer, Johann Heinrich 128, 245f.
Mileti, Dennis 192, 254, 256
Mohammed, siehe Muhammad
Muhammad 189
Müslin, David 128, 246
Napoléon Bonaparte, Kaiser von Frankreich 139, 142f.
Neptun 61
Nevermann, Paul 179
Newhall, Chris 262
Oldmixon, John 110, 241f., 244
Oppenheimer, Clive 136, 247f.
Ōsugi Sakae 168
Özerdem, Alpaslan 184, 186, 253f.
Pfister, Christian 138, 225f., 238, 246–248
Pfyffer, Franz Ludwig 122
Philipps, Owen 134
Piccolomini, Enea Silvio 73, 76

Pius II, Papst, s. Piccolomini, Enea Silvio
Plinius der Ältere (Gaius Plinius Secundus Maior)   21, 26–28
Plinius der Jüngere (Gaius Plinius Caecilius Secundus)   21, 26, 28–34
Pomponianus   27
Poole, Otis Manchester   162, 251f.
Post, John D.   140, 248
Prokopios von Gaza   45f.
Qin Keda   91
Quarantelli, Enrico   196, 224, 226, 254, 256
Raffles, Sir Thomas Stamford Bingley   132–134, 247
Randall, Doug   213–216, 257
Ray, John   115–117, 242f., 245
Rectina   26
Rice, Condoleezza   214
Richter, Charles Francis   82, 182, 197, 261
Röslin, Helisäus   11, 224
Rubin, Barry   185, 253
Rucellai, Giovanni   70
Rucellai, Paolo   70, 72, 234
Rumsfeld, Donald   213
Rüstemli, Ahmet   188, 253
Sallust (Gaius Sallustius Crispus)   75
Sardemann, Gerhard   257
Sax, Peter   102, 239f.
Sayers, David   189, 254
Schmidt, Helmut   172f., 179
Schmitt, Eberhard   225
Schwartz, Peter   213–215, 223, 257
Self, Steve   262
Seneca der Jüngere (Lucius Annaeus Seneca)   34, 76, 227f.
Shelley, Mary   138
Shinpei Goto   168f.
Sinn, Hans-Werner   257
Skeen, C. Edward   137, 247–249
Spittler, Gerd   156, 249f.
Statius (Publius Papinius Statius)   36, 227f.
Steffen, Alex   257
Storm, Theodor   106f., 239, 240
Strabon von Amasia   20, 227
Strauß, Franz Josef   172
Strozzi, Alessandra   71
Strozzi, Filippo   71, 234
Sueton (Gaius Suetonis Tranquillus)   35, 228
Syrus, Michael   41, 230
Tacitus (Publius Cornelius Tacitus)   24, 28, 227
Tempier, Étienne, Bischof   63
Temür Khan (Chengzong), Kaiser von China   82
Theophanes Homologetes   230
Theophrastos von Eresos   75
Titus (Titus Flavius Vespasianus), römischer Kaiser   34–36, 225
Tokada, Janet   205f.
Toscanelli, Paolo dal Pozzo   78, 235
Trajan (Marcus Ulpius Nerva Traianus), römischer Kaiser   40
Triner, Xaver   129f.
Turner, Joseph   139
Uchida Yasuya   166
Vergil (Publius Vergilius Maro)   20, 24, 227
Vögelin, Salomon   128, 245, 247
Voss, Martin   14, 225f.
Weart, S.R.   257
Weber, Max   194
Well, Herbert George   210f.
Wilhelm I., König von Württemberg   143
Wilhelm von Conches   59–61, 232
Yoshino Sakuzo   167
Zay, Karl   120, 122, 126, 128, 130, 245–247
Zou Shouyu   85, 91

Ortsnamenregister

Abruzzen 79
Aceh (Provinz) 197
Afrika 17, 20, 33, 70, 148, 152, 218, 260
Ägypten 33, 38, 213
Air 149
Akasuka Park 166
Alaska 201
Algerien 213
Alt-Nordstrand 97, 99f., 104f., 239, 269
Amerika 17, 111, 137, 200–202, 213, 218
Anatolien 185
Antakya 39
Antarktis 205f.
Antiocheia 5, 37, 39f., 42f., 45f., 49–51
Aragón 73, 79, 234
Arequipa 225
Arktis 205
Ärmelkanal 54, 58
Arth 120, 123f.
Asien 17, 161, 193, 213
Athen 183
Äthiopien 150
Atlantik 94, 137, 206, 218, 262
Australien 198, 205
Babel 41
Babylon 113
Baden 140, 248
Banda Aceh 197
Barbados 112, 224
Basel (Kanton) 124, 235, 246
Basilicata 70
Batavia 132
Bayern (Königreich) 142f., 248
Belgrad 78
Bern (Kanton) 124, 128, 246, 248
Bethlehem 10
Birma 254
Bodensee 141, 143f., 248
Bridgetown 112
Bromo 132
Brüssel 179
Bundesrepublik Deutschland 14, 52, 171f., 177–181, 198, 213, 216, 242, 248, 252
Buosingen 120
Burkina Faso 150
Byzanz, siehe Reich, Byzantinisches

Capitanata 73
Capri 29
Celebes 132
Chaoyi 83
Chiba 162, 167
China 5, 17, 81f., 87, 191, 213, 225, 237f.
Connecticut 137
Cuxhaven 174
Dänemark 96
Darfur 147, 250
Deutsche Bucht 172
Deutschland, siehe Bundesrepublik
Dompo 134
Dugway Proving Ground 170
Düzce 183
Eider 181
Eiderstedt 102, 239
Eismeer, südliches 172
Elba 139
Elbe 172, 240
Ems 64f., 233
England 20, 58, 94, 113–115, 117, 242–245
Eritrea 150
Erzincan 188f., 253
Europa 5, 17, 52, 67, 69, 77, 80, 110, 112f., 138f., 140, 156, 168, 172, 193, 207, 212f., 226, 232, 234, 243f.
Fivelgo 54, 233
Flandern 117
Florenz 78f., 235
Foggia 68, 73
Föhr 103
Fort James 241
Frankreich 137f.
Friesland 53, 63
Fukuoka 161
Gallien 20, 36
Gambia 150
Gelber Fluss (Huang He) 84
Ginza 161f.
Glarus (Kanton) 144, 249
Gölcük 182
Goldau 6, 17, 119–121, 123, 125–128, 130f., 245–247
Golf von Mexiko 9, 191, 200

Golf von Neapel   23, 34f., 228
Golf von Tarent   70
Golgatha   116
Gomorrha   5, 20, 23, 62, 227
Gresik   133
Griechenland   183, 185
Groningen   53–55, 233
Grönland   207
Großbritannien   215
Hamburg   6, 171–181, 218, 252
Henan   83
Herculaneum   21, 23, 31–33, 36, 227f., 269
Hibiya   161
Holland   52, 117, 233
Holstein (Herzogtum)   97, 239f.
Hongkong   218
Honjo Ward   163, 166
Honshu   158
Hua, siehe Tong und Hua
Huang He, siehe Gelber Fluss
Huayue- und Zhongnanberge   84
Huazhou   81–83, 85
Huizinge   55
Hunsingo   54
Husum   103, 240
Ibaraki   162
Imperium Romanum, siehe Reich, Römisches
Indien   17, 20, 197, 213, 254
Indischer Ozean   7, 191f., 196–199, 203, 262
Indonesien   6, 132, 135, 254
Innsbruck   138
Irpinien   70
Israel   183, 213
Istanbul   182, 185, 187
Italien   23, 69f., 73, 77–80, 213, 234
Jakarta   132, 247
Jamaika   6, 109–115, 117, 241f., 245
Japan   6, 135, 158–162, 164, 167–170, 188, 213, 250–252
Japansee   159
Java   133, 247
Jerusalem   34
Kairo   189, 218
Kampanien   20, 33–36, 227, 229
Kanada   137, 205, 213
Kanagawa   162, 166f.
Kanto   6, 17, 158–160, 170, 251f.

Kap Misenum   29
Kap von Sorrent   20
Kaschmir   198
Kelut   132
Kingstown   111, 245
Kleinasien   182
Kobe   170
Kocaeli   183
Köln   3, 218, 220, 233
Konstantinopel   38, 45
Kopenhagen   218
Korea   161, 167
Kyoto   160f.
Lauerz   120, 131
Lauerzersee   120, 122, 129f.
Lima   225
Lindau   142
Linfen   238
Linjin   85, 237
Lintong   91
Lissabon   17, 109f., 118, 225, 241–244
London   111, 114f., 218, 243–245
Longzhou   85, 237f.
Los Angeles   208
Luzern (Kanton)   124, 246
Mailand   45
Makassar   132f., 146
Malaysia   197, 254, 256
Mali   150
Manhatten   208
Marmararegion   7, 182, 253f.
Marokko   213
Martinique   30, 261
Matese   70
Mauretanien   150
Mayon   247
Merapi   132
Mexiko   208, 213
Mino-Owari   160
Misenum   20, 26, 29f., 31f.
Mississippi   200
Mitteleuropa   159, 226
Mont Pelé   30–32, 261
Monte Cassino   71
München   142, 225
Narashino   167
Neapel   5, 10, 25, 67–75, 77–80, 234
Neu-Delhi   208
Neuseeland   135
New Orleans   199f., 202, 255f.

ANHANG **267**

New York 167, 208, 218
Niederlande 117, 174, 213, 241
Niedersachsen 172
Niger 150
Nigeria 150, 155, 250
Nordamerika 113, 135, 207f., 213
Nordatlantik 208, 262
Norddeutschland 174
Nordeuropa 212
Nordfriesland 103, 240f.
Nordpazifikraum 212
Nordsee 5f., 13, 52–54, 58, 65f., 93, 172, 174, 176, 232, 234, 240, 252
Nordstrand 97f., 104f., 239f.
Norwegen 54, 58
Ohio 137
Oplontis 36
Orléans 55
Osaka 163
Ostafrika 197
Ostfriesland 233f., 240
Oxford 55
Pakistan 198
Paris 55, 138, 232, 247
Pazifik 260f.
Pazifikküste 159
Pazifischer Ozean 159, 262
Pekat (Füstentum) 136
Pellworm 97
Penang 198, 256
Persischer Golf 213
Peru 260f.
Pescara 70
Philippinen 13, 135, 247
Plymouth 113
Pompeji 16, 21–23, 31–36, 227f., 269
Port Royal 109, 111–114, 242, 245
Pu, siehe Tong und Pu
Puzhou 83
Quebec 137
Quito 225
Reich, Byzantinisches 39, 46, 50, 229–231
Reich, deutsch-römisches 78
Reich, Oströmisches 37, 45f.
Reich, Römisches 37, 39, 49f., 231
Rhein 144, 234, 237
Rhode Island 206
Rigi 120, 126
Rom 33f., 49, 79, 94, 218, 227

Romerswerf 55
Römisches Reich, siehe Reich, Römisches
Rossberg 120–123, 130f., 245–247
Rotes Meer 150
Röthen 120, 122, 126
Rufiberg 121
Rungholt 93–96, 107, 239f.
Russland 213
Sachalin 213
Sahara 150, 155
Sahel(zone) 6, 17, 147–157, 218, 249f.
Saint-Pierre 31
Saitama 162
Sakarya 183
Samnien 70
Sanggar 134f.
Sanyuan 83, 85, 237f.
Saudi-Arabien 213
Schleswig (Herzogtum) 97, 240
Schleswig-Holstein 96, 180, 239f., 252, 269
Schottland 54, 244
Schweiz 6, 17, 119, 125f., 130f., 138, 141–144, 146, 246, 249
Schwyz (Kanton) 120, 123–128, 246f.
Seewen 120
Sendai 161
Senegal 150, 155
Senegambien 150
Shaanxi 5, 17, 81–83, 238
Shanxi 83, 85, 238
Shizuoka 162
Sibirien 135, 205, 213
Siena 69, 73, 75, 234
Sizilien 70, 73, 234
Sodom 5, 20, 23, 62, 113, 227f.
Sorrent 20
Soufrière 247
Sowjetunion 218, 220
Spanien 20, 28, 78, 213
Sri Lanka 197, 254
St. Lorenz-Strom 137
St. Vincent 244, 247
Stabiae 27, 32
Südamerika 17
Sudan 147, 150, 155, 250
Südasien 191
Südostasien 213
Sulawesi 132

Sumatra 197
Sumbawa 133f., 136
Syria (Provinz) 39, 231
Syrien 33
Taiwan 161
Tambora 6, 17, 132–137, 139, 146, 247–249
Tambora (Fürstentum) 133f.
Tangshan 81
Tarent 17
Thailand 197, 254f.
Theoupolis 49
Tibestigebirge 155
Tirol 138, 248
Toba 135
Tokio 158–163, 166, 168–170, 208, 251
Tong und Hua (Kreis) 91
Tong und Pu (Kreis) 91
Troia 24
Tschad 150, 155f., 250
Tschadsee 150
Tschernobyl 217, 224
Tsukiji 169, 251
Türkei 39, 183–188, 190, 253
Ungarn 78
Uri (Kanton) 124, 246
USA, siehe Vereinigte Staaten von Amerika

Utah 170
Vereinigte Staaten von Amerika (USA) 164, 195, 200–202, 214, 217f., 257
Vesuv 5, 13, 22–27, 30–36, 72, 77, 224, 227–229, 236, 269
Virginia 137
Vulture 70
Waterloo 139
Weddell-Meer 205f.
Weinan 83, 91
Weser 172, 233
Westeuropa 138, 181, 212, 262
Wei (Fluss) 84, 89
Wien 78, 139
Wierum 55, 64f., 232f.
Wilhemsbug 172, 174f., 177
Wittewierum, siehe Wierum
Württemberg (Königreich) 143, 248
Yalova 184
Yamanashi 162
Yokohama 158, 162–164, 167f., 251f.
Zanesville 137
Zhongnanberge, siehe Huayueberge
Zug (Kanton) 124, 246
Zugersee 120, 122, 129f.
Zürich (Kanton) 124, 247
Zypern 187

Bildnachweis

Cover: Württembergische Landesbibliothek, Stuttgart, aus: Sir William Hamilton: Campi Phlegraei, Neapel 1779;
S. 23: bpk/Giorgio Sommer;
S. 25: entnommen aus: Grant, M.: Pompeji – Herculaneum. Untergang und Auferstehung der Städte am Vesuv. Aus dem Englischen v. H. J. Baron von Koskull. Bergisch-Gladbach 1978, S. 25;
S. 59: University of Pennsylvania Library, Lawrence J. Schoenberg Collection, Manuscript Number ljs 384, fol. 131r;
S. 99: entnommen aus: Bantelmann, A. /Fischer, F.: Alt-Nordstrand um 1634. Karte von Fritz Fischer mit Erläuterungen von Albert Bantelmann, in: Zeitschrift der Gesellschaft für Schleswig-Holsteinische Geschichte 102 (1978), S. 97–110;
S. 129: Staatsarchiv Schwyz, Graphische Sammlung 317;
S. 145: entnommen aus: Neuer Appenzeller Kalender, Heiden, 1873. Bericht »Die Hungerjahre 1816 und 1817 im Kanton Appenzell«, o. A., o. S.;
S. 153: entnommen von: http://jisao.washington.edu/data/sahel/; letzter Zugriff: 29.5.2009;
S. 165: Corbis;
S. 175: bpk/Erich Andres;
S. 219: SPIEGEL-Verlag Rudolf Augstein GmbH & Co. KG;
S. 258/259: Axel Bengsch.

Verlag und Herausgeber danken den Rechteinhabern für die freundliche Genehmigung zum Nachdruck.

Autoren

Anna Akasoy, Dr., ist Fellow der British Academy an der Faculty of Oriental Studies, Universität Oxford (England).
Marie Luisa Allemeyer, Dr., ist Koordinatorin der Graduiertenschule für Geisteswissenschaften, Universität Göttingen.
Greg Bankoff, Dr., ist Professor of Modern History, Universität Hull (England).
Andreas Dix, Dr., ist Professor für Historische Geographie, Universität Bamberg.
Jens Ivo Engels, Dr., ist Professor für Neuere und Neueste Geschichte, Technische Universität Darmstadt.
Andrea Janku, Dr., ist Senior Lecturer für die Geschichte Chinas an der School of Oriental and African Studies, Universität London (England).
Daniel Krämer lic. phil., ist Assistent am Institut für Wirtschafts-, Sozial- und Umweltgeschichte, Universität Bern (Schweiz).
Franz Mauelshagen, Dr., ist Research Fellow am Kulturwissenschaftlichen Institut Essen und Koordinator des Forschungsschwerpunkts KlimaKultur.
Astrid Meier, Dr., ist Assistentin am Lehrstuhl für allgemeine Neuere Geschichte, Universität Zürich (Schweiz).
Mischa Meier, Dr., ist Professor für Alte Geschichte, Universität Tübingen.
Gerrit Jasper Schenk, Dr., ist Mittelalter-Historiker und leitet eine interdisziplinäre Nachwuchsgruppe über Katastrophenkulturen, Universität Heidelberg.
Claudia Schnurmann, Dr., ist Professorin für Außereuropäische Geschichte, Universität Hamburg.
Stephanie Summermatter, lic. phil., ist Mitarbeiterin des Historischen Lexikons der Schweiz, Bern.